중학교 900자

漢번에 끝내 字

|김미화 글·그림|

중앙에듀북스

머리말

이 지구상에 존재하는 문자는 셀 수 없이 많다. 하지만 오늘날 우리가 일상에서 사용하는 문자는 손가락으로 셀 정도이다. 그 가운데 어쩐지 고리타분하고 익히기도 까다로워 계륵(鷄肋)처럼 여겨지는 문자인 한자가 있다. 그런데 어느 날 갑자기 그 한자가 내 앞에 불쑥 나타나기라도 하면 그냥 외면하고 싶어진다. 아마도 나라에서 공식 선정한 중고등학교에서 배워야 할 한자 1800자만 제대로 익혔어도 한자에 대한 서먹함이나 두려움은 훨씬 줄어들었을지 모른다.

다행히 최근 각종 한자급수시험이 시행되고, 대학입시와 입사·승진시험에 한자 능력을 반영하는 기업이 늘어나는 등 사회적으로 한자에 대한 관심이 높아지고 있다. 그에 따라 이런저런 한자책을 사서 공부하는 사람들이 늘고 있는 것은 고무적인 현상이다.

한 가지 안타까운 점은 많은 사람들이 하루빨리 한자 실력을 키워야겠다는 마음이 앞서 사온 한자책을 첫 장부터 무조건 열심히 쓰고 외우기 시작한다는 것이다. 그러나 얼마 못가 덮어 버린다. 시간이 지날수록, 많이 외울수록 헷갈려서 공부의 즐거움을 느끼지 못한다.

왜 그럴까?

한자는 상형문자(象形文字)이기 때문에 각기 고유한 자원(字源)을 지닌 특징을 갖고 있다. 이 자원을 십분 활용해야 한자가 쉽게 외워진다. 간혹 학자 간에 이견이 있는 한자도 있고 유래가 확실하게 밝혀지지 않은 한자도 있다. 그런데 유래가 분명함에도 불구하고 개인적 해석을 남발하거나 게임 같은 파자(破字)의 원리를 자원인 양 설명하는 우(愚)를 범하는 경우도 적지 않다.

예를 들면 유래가 분명한 出(날 출)을 '山(산) 아래 또 山(산)이 솟아나오고 나가니 날 출'이라고 설명한 것은 파자의 원리이지 자원과 전혀 관계가 없다. 공부하는 입장에서 쉽게 외울지도 의심스럽지만 자원인 줄 알고 외웠다가 낭패를 볼 수 있다. 게다가 거시적 안목을 길러주는 올바른 한자 공부를 방해하기도 한다.

본서는 한문교육용 기초한자인 1800자를 풀이한 졸저 《그림으로 쉽게 배우는 한자 비타민 2000》을 기본으로 삼았다. 여기서 중학교용 900자(고등학교용 900자는 별권 출간)를 뽑아 자원을 설명하고 활용 단어를 실었다.

배열의 원칙은 부수 위주인 사전(辭典) 방식과 전혀 다르다. 중학교 900자를 먼저 주제별로 배열한 뒤 카드 안에 기본이 되는 대표한자의 자원을 밝히고, 관련 있는 파생한자를 연결했다. 이와 더불어 본서의 큰 특징은 유래를 밝혀주는 다채로운 그림을 넣어 문자의 변천과정을 한눈에 읽을 수 있게 한 점이다.

여기에 부수를 별도의 색으로 표시하고 필순과 총획순을 표시한 것은 더 많은 자료를 필요로 하는 독자들이 사전을 찾는 데 도움을 주기 위한 것이다. 중간 중간에 보이는 삽화 역시 한자를 이해하는 데 미력한 힘을 보태기 위함이다.

이 책을 항상 손닿는 곳에 두고 틈틈이 읽다보면 어느새 한자에 대한 두려움이 사라질 것이라 확신한다.

그동안 많은 수고를 마다하지 않으신 중앙에듀북스 직원들과 끝까지 믿고 기다려주신 김용주 사장님께 이 자리를 빌려 진심으로 감사를 드린다.

마지막으로 이 책을 집필하는 데 정신적으로 도움을 준 식구들과 지인들에게도 감사의 마음을 전한다.

김미화

CONTENTS

- **머리말** 4
- 육서를 알아야 한자가 즐겁다 8
- 필순의 기본 원리와 이해 10
- 부수는 한자의 기본 설계도 12
- 알기 쉬운 부수 해설 14
- 본문 순서대로 보는 중학교 900자 39
- 일러두기 45

01. 하늘	49
02. 땅	57
03. 동물	75
04. 식물	97
05. 신체·행동	114
06. 이목구비	153
07. 손	176
08. 발	200
09. 음식·재물	210
10. 제사·신	227
11. 생활도구	233
12. 건축	255
13. 교통	269
14. 의류·직물	274
15. 전쟁·무기	288
16. 숫자	309

부록

• 중학교 한자 900 찾아보기	314
• 한국어문회 8~4급 배정한자	328
• 참고문헌	338

육서를 알아야 한자가 즐겁다

　한자는 본래 의사전달을 위해 주변의 구체적인 사물의 모양을 본떠 그림으로 그리기 시작하면서 하나 둘 늘어났다. 시간이 흘러 사회 문화의 발달로 표현 욕구가 늘자 기존의 한자를 두세 개씩 조합해 만들어 쓰면서 기하급수적으로 늘어났다. 훗날 이 한자들을 여섯 가지로 분류하였는데 이를 육서라고 부른다. 육서(六書)는 음과 뜻을 쉽게 이해하기 위한 한 방편으로 공부해야 효과를 거둘 수 있다.

◆ 원시적인 그림에서 시작한 상형과 지사

① 상형(象形) : 구체적인 사물의 모양을 본떠서 만들었다.

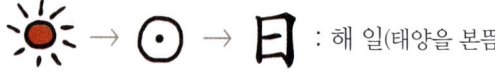

② 지사(指事) : 추상적인 생각이나 뜻을 점이나 선으로 나타낸다.

※ 상형과 지사는 모든 한자의 기본 글자로 부수(部首)가 대부분 여기에 속한다.

◆ 상형과 지사문자를 2, 3개 조합하여 만든 회의와 형성

③ 회의(會意) : 이미 만들어진 한자를 두 개 이상 결합하여 새로운 뜻을 나타낸다.

④ 형성(形聲) : 이미 만들어진 글자를 두 개 이상 결합하되 일부는 뜻(形)을 나타내고 일부는 음(聲)을 나타낸다.

〈1〉 뜻+음

조개=돈 (뜻)　재주 재(음)　재물 재

〈2〉 음이 변한 경우

마음 (뜻)　푸를 청→정(변음)　뜻 정

〈3〉 음으로 나온 한자가 뜻도 포함하는 경우

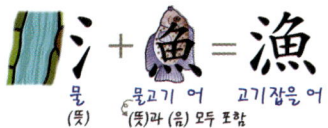

물 (뜻)　물고기 어 (뜻)과 (음) 모두 포함　고기잡을 어

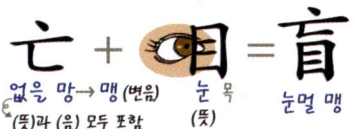

없을 망→맹(변음) (뜻)과 (음) 모두 포함　눈 목 (뜻)　눈멀 맹

형성의 원리는 전체 한자의 70% 이상을 차지한다. 한자를 보고 '음과 뜻'을 맞추는 요령을 터득하는 것이 쉽게 외울 수 있는 지름길이다. 부수는 일반적으로 '뜻'을 나타낸다. 부수를 알아야 하는 이유가 여기에 있다.

◆ 이미 만들어진 한자를 활용하는 전주와 가차

⑤ 전주(轉注) : 이미 만들어진 글자를 가지고 그 뜻을 유추(類推)하여 다른 뜻으로 굴리고(轉) 끌어대어(注) 활용하는 방법이다.

〈1〉 음이 변하는 것 [이음이의자(異音異義字)]

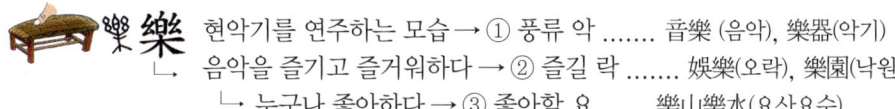

현악기를 연주하는 모습 → ① 풍류 악 .... 音樂 (음악), 樂器(악기)
└ 음악을 즐기고 즐거워하다 → ② 즐길 락 .... 娛樂(오락), 樂園(낙원)
　└ 누구나 좋아하다 → ③ 좋아할 요 .... 樂山樂水(요산요수)

〈2〉 음이 변하지 않는 것 [동음이의자(同音異義字)]

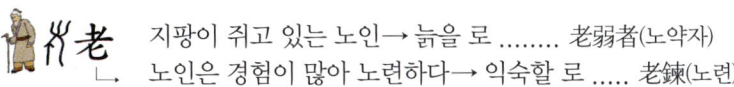

지팡이 쥐고 있는 노인→ 늙을 로 .... 老弱者(노약자)
└ 노인은 경험이 많아 노련하다→ 익숙할 로 ..... 老鍊(노련)

⑥ 가차(假借) : 이미 만들어진 한자의 뜻과 관계없이 음만 빌어다가 쓰는 것으로 외래어 표기에서 볼 수 있다.
Asia : 亞細亞(아세아 : 중국어 발음으로 아시아)
Coca Cola : 可口可樂(가구가락 : 중국어 발음으로 코카콜라)
France : 佛蘭西(불란서 : 중국어 발음으로 프랑스)
Dollar : 弗(달러기호인 $과 모양이 비슷해서 가차한 경우)

육서를 알아야 한자가 즐겁다

필순의 기본 원리와 이해

　한자의 필순이란 서체의 균형이나 쓰기의 편리성을 고려해 자연스럽게 정해진 순서나 규칙이다. 그러나 필순은 나라마다 다르고 심지어 서체나 개인에 따라 다르게 쓰기도 한다.
　우리나라도 정해진 표준 필순이 없어 사전이나 교과서마다 조금씩 다르다. 문제는 학교에서 애매한 필순을 출제해서 논란이 생기는 경우이다. 예컨대 飛(날 비)의 필순은 3가지가 넘는다. 이때는 출제자가 가르친 대로 답해야 정답으로 인정하는 것이 일반적이다. 그러나 학생 입장에서는 다른 필순으로 답해 오답 처리되면 너무 억울하지 않을까. 이런 점을 유의해서 필순 문제를 내야 시비가 붙지 않으며 출제의 의도도 분명해진다.
　따라서 초학자는 어느 정도의 필순의 기본 원칙은 익히되 유연성을 갖고 연습해야 한다.
　아래에 반드시 지켜야 할 필순의 일반 원칙, 유의해야 할 변형부수, 통일되지 않은 필순을 가진 한자들을 예시했다. 참고하면서 익히면 조금이나마 도움이 되리라 생각한다.

▣ 필순의 일반 원칙

• 위에서 아래로

• 왼쪽에서 오른쪽으로

• 좌우대칭일 때 가운데를 먼저

• 가로와 세로가 겹칠 때 가로 먼저

• 가운데를 꿰뚫는 획은 나중에

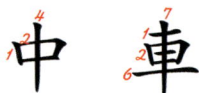

• 몸과 안으로 된 글자는 몸을 먼저

• 辶(책받침), 廴(민책받침)은 맨 나중에

• 오른쪽 위의 점은 나중에

▣ 유의해야 할 변형부수 필순

食 : 飢   牛 : 物   衣 : 被
먹을 식 먹을식변   소 우 소우변   옷 의 옷의변

犬 : 狗   邑 : 都   手 : 打
개 견 개사슴록변   고을 읍 우부방   손 수 재방변

水 : 江 泰   艹 : 花 花
물 수 삼수변 물수발   풀 초 초두머리

心 : 忄 忄 恭
마음 심 심방변 마음심발

▣ 통일되지 않은 필순 (대표적인 한자를 들고 관련 한자들을 예시함)

田 : 田   里 : 里   隹 : 隹
밭 전 예〉富 番 界 男 思 留 油 再 魚   마을 리 예〉理 重 量 童 野 勤   새 추 예〉進 唯 嘆 難

王 : 王   美 : 美   來 : 來
임금 왕 예〉主 住 現 珠   아름다울 미 예〉養 義 着   올 래 예〉麥

靑 : 靑   馬 : 馬   長 : 長
푸를 청 예〉淸 請 責 表 素   말 마 예〉帳   길 장 예〉帳

필순의 기본 원리와 이해

부수는 한자의 기본 설계도

　부수(部首)란 자전(字典)이나 사전(辭典)에서 한자를 찾는 데 필요한 기본이 되는 글자이다. 부수는 총 214개이며 단독의 글자로 사용될 때(=제부수)와 글자의 일부분으로 사용될 때의 자형(字形)이 달라지는 경우가 있다. 한자의 서체가 변하면서 정방형의 규격에 맞춰지면서 생긴 현상이다. 부수는 글자의 어느 위치에 놓느냐에 따라 8종류로 분류하는데 다음과 같다.

◎ **부수의 8종류**

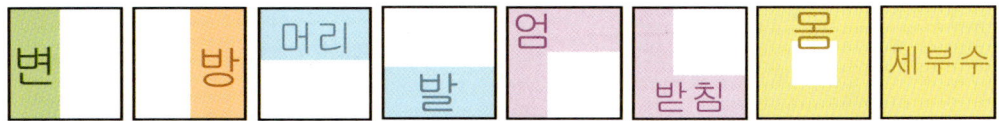

① 변(邊) : 글자의 왼쪽에 있는 부수

② 방(傍) : 글자의 오른쪽에 있는 부수

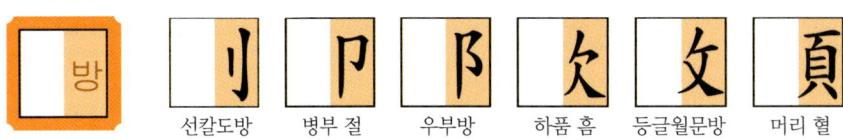

③ 머리(頭) : 글자의 위쪽에 있는 부수

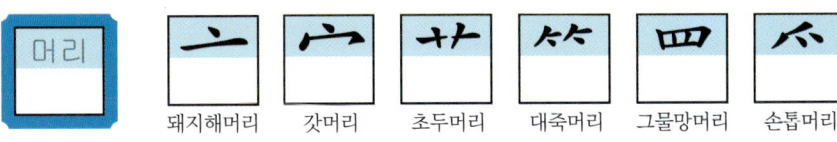

④ 발 : 글자의 아래에 있는 부수

⑤ 받침 : 글자의 왼쪽과 아래를 감싸고 있는 부수

⑥ 엄 : 글자의 위와 왼쪽 아래를 감싸고 있는 부수

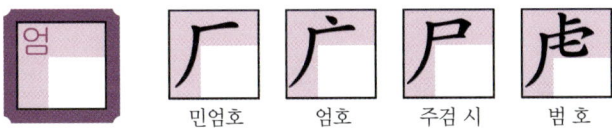

⑦ 몸(에운담) : 밖에서 글자를 에워싸고 있는 부수

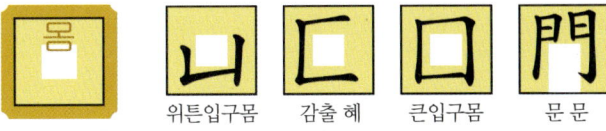

⑧ 제부수 – 한 글자가 그대로 부수인 것

알기 쉬운 부수 해설

• 총 214개 한자 부수의 명칭과 각각의 자원(字源)의 변천을 3단계로 나타내고 설명하였음.

1획	한 일	가로로 한 획을 그어 숫자 '하나, 처음, 모두'를 의미한다. 丁 장정 정 世 세상 세 七 일곱 칠	
	뚫을 곤	위에서 아래로 '관통'하는 모양을 본뜬 글자로 단독으로 나오지 않는다. 中 가운데 중	
	점 주	등불의 '불꽃'을 본뜬 글자로 단독으로 나오지 않는다. 主 주인 주 丹 붉을 단	
	삐칠 별	오른쪽에서 왼쪽으로 내리 삐치는 모양을 본뜬 글자로 단독으로 나오지 않는다. 之 갈 지 久 오랠 구 乃 이에 내	
	새 을	땅속에서 나오고 있는 '새싹'이라는 설과 (새의 가슴)을 그렸다는 설이 있다. 구부러지거나 곡선과 관련 있다. 乾 마를 건 乳 젖 유 亂 어지러울 란	
	갈고리 궐	낚싯바늘의 '갈고리'를 본뜬 글자로 단독으로 나오지 않는다. 了 마칠 료 事 일 사	
2획	두 이	가로로 두 획을 그어 숫자 '둘'이나 '다음'과 관련 있다. 五 다섯 오 亞 버금 아 云 말할 운	
	돼지해머리	돼지머리를 그렸다고 하나 설이 분명하지 않다. 亡 망할 망 京 서울 경 交 사귈 교	

2획

사람 인(사람인변)
사람이 서 있는 옆모습을 본뜬 글자로 사람의 다양한 모습과 행위와 관련 있다. 변형부수로 亻(사람인변)이 있다.
仙 신선 선   俗 풍속 속   他 다를 타   仁 어질 인

어진사람 인
사람의 건강한 두 다리를 강조해 그렸다. 사람의 동작이나 '겸손하고 어진 사람'과 관련 있다.
兄 형 형   兒 아이 아   元 으뜸 원

들 입
밖에서 안으로 들어가는 화살표 모양이라는 설과 땅속으로 들어가는 (나무뿌리)라는 설이 있다.
内 안 내   全 온전할 전   兩 두 량

여덟 팔
물건이 둘로 나누어지는 모양을 본뜬 글자로 '二(이)'의 네 배를 뜻하는 '여덟'이란 뜻이 나왔다.
公 공평할 공   兵 병사 병   典 법 전

멀 경
도성의 경계선 밖으로 멀리 떨어진 곳을 의미하며 단독으로 나오지 않는다.
册 책 책   再 다시 재

덮을 멱(=민갓머리)
물건을 덮는 바구니나 보자기를 본뜬 글자로 '덮어 가리다'와 관련 있다. 부수이름은 宀(갓머리)의 위 한 획이 빠져서 '冖(민갓머리)'라고 부른다.
冠 갓 관   冥 어두울 명

얼음 빙(=이수변)
얼음을 본뜬 글자로 '차다, 얼다'와 관련 있다. 氷(얼음 빙)은 뒤에 다시 만들었다. 부수이름은 氵(삼수변)에서 한 획이 빠져 冫(이수변)이라 부른다.
冬 겨울 동   冷 찰 랭   凍 얼 동

	부수	설명
2획	十 열 십	처음에는 세로줄만 있다가 뒤에 가운데 점이 찍히고 그 점이 가로줄로 변했다. 매듭을 묶은 끈을 그렸다는 설도 있다. 協 합할 협　　千 일천 천　　半 반 반
	卜 점 복	거북의 껍데기에 홈을 파고 불에 태워 길흉(吉凶)을 점쳤는데 이때 갈라진 금을 본뜬 글자이다. 占 점칠 점
	卩(㔾) 병부 절	무릎을 꿇고 명을 기다리는 사람을 본뜬 글자인데 왕과 지방관이 나누어 가진 병부(兵符), 부절(符節)로 차용되어 '병부 절'로 부른다. 危 위태할 위　　卷 책 권　　卽 나아갈 즉
	厂 언덕 한(=민엄호)	벼랑 끝 낭떠러지를 본뜬 글자로 '언덕, 절벽'과 관련 있다. 부수이름은 부수 广(엄호)의 위 한 획이 빠져서 厂(민엄호)라고 부른다. 厄 재앙 액　　厚 두터울 후　　原 근본 원
	厶 나 사	수확한 볏단을 끼고 있는 '팔꿈치'를 본뜬 글자로 '자기 자신의 것'과 관련 있다. 去 갈 거　　參 참여할 참
	又 또 우	오른손의 세 손가락을 본뜬 글자로 '손동작'과 관련 있다. 友 벗 우　　反 반대로 반　　取 가질 취
3획	口 입 구	사람의 입을 본뜬 글자로 '입, 출입구, 물건'과 관련 있다. **주의** 한자 속에 口(입 구)가 항상 입을 뜻하는 것은 아니다. 可 가히 가　　君 임금 군　　哀 슬플 애
	囗 에울 위(= 큰입구)	성벽이 사방을 에워싸고 있는 모습을 본뜬 글자로 口(입 구)보다 크다 하여 '큰입구'로 부른다. 囚 가둘 수　　回 돌 회　　國 나라 국

3획	土 흙 토	흙덩이 위로 새싹이 올라온 모습을 본뜬 글자이다. 地 땅 지　　坐 앉을 좌　　場 마당 장
	士 선비 사	땅에 도끼가 꽂힌 모양을 본뜬 글자로 '무사(武士)'를 가리키다가 '선비, 남자, 벼슬아치'로 뜻이 확대되었다. 壯 씩씩할 장　　壽 장수 수　　壬 아홉째천간 임
	夂 뒤져올 치	머뭇거리며 걸어가는 발의 모양을 본뜬 글자로 '남보다 뒤처져서 오다'는 뜻과 관련 있다.
	夊 천천히걸을 쇠	발을 끌고 천천히 앞으로 나가는 모습을 본뜬 글자로 '천천히 걷다'는 뜻과 관련 있다. 夏 여름 하
	夕 저녁 석	月(달 월)에서 한 획을 줄여 초승달을 본뜬 글자로 '저녁'과 관련 있다. 外 바깥 외　　夜 밤 야　　夢 꿈 몽
	大 큰 대	두 팔을 벌리고 당당히 서 있는 사람을 본뜬 글자로 '사람, 크다'와 관련 있다. 夫 남편 부　　央 가운데 앙　　天 하늘 천
	女 계집 녀	두 손을 가지런하게 무릎 위에 올리고 있는 여성을 본뜬 글자로 '여성의 행동이나 성질'과 관련 있다. 始 처음 시　　委 맡길 위　　婦 아내 부
	子 아들 자	두 팔을 벌린 아기의 모습에서 '아이, 아들, 새끼'라는 뜻으로 나온다. 字 아들 자　　孝 효도 효　　季 계절 계
	宀 집 면(=갓머리)	집의 지붕을 본뜬 글자로 '주거, 건축물'과 관련 있다. 부수로 나오며 '갓머리'라고 부른다. 宅 집 택　　客 손님 객　　富 부자 부

3획	寸 마디 촌	손목 아래 맥박이 뛰는 곳을 점으로 표시하여 손가락 한 마디 정도를 가리킨다. 一尺(일척=한 자)의 10분의 1에 해당된다. 한자 속에서 '손동작'이나 '조금'과 관련 있다. 寺 절 사　　專 오로지 전　　導 이끌 도
	小 작을 소	작은 낟알이나 모래알을 본뜬 글자로 '작다'와 관련 있다. 少 적을 소　　尖 뾰족할 첨　　尙 숭상 상
	尢 절름발이 왕	한쪽 다리가 굽은 절름발이를 본뜬 글자에서 '허물'이나 '절름발이'와 관련 있다. 尤 더욱 우　　就 나아갈 취
	尸 주검 시	몸을 구부리고 있거나 죽어 누워 있는 '시체'를 본뜬 글자이다. 뒤에 戶(집 호)에서 한 획이 빠져 '주택'과 관련된 뜻으로도 나온다. 尾 꼬리 미　　屈 굽힐 굴　　屋 집 옥
	屮 풀 철	풀 하나를 그렸다는 설과 (왼손 : '왼손 좌'로 읽음)을 그렸다는 설이 있다. 屯 진칠 둔
	山 메 산	세 개의 산봉우리를 본뜬 글자로 '산'과 관련 있다. 島 섬 도　　崇 숭상할 숭　　巖 바위 암
	川 개미허리(내 천)	흐르는 시냇물을 본뜬 글자이다. 州 고을 주　　巡 돌 순
	工 장인 공	장인(匠人)이 사용하는 자나 도끼를 그렸다는 설과 땅을 다지는 '(절굿공이)'라는 설이 있다. '연장, 도구'와 관련 있다. 左 왼 좌　　巧 공교할 교　　巨 클 거

알기 쉬운 부수 해설

	몸 기	매듭이 있는 구부러진 실을 본뜬 글자인데 뒤에 '몸, 나, 자신'이란 뜻으로 확대되었다. 주의 已(이미 이), 巳(뱀 사)와 다르다. 已 이미 이 巳 뱀 사 巷 거리 항
	수건 건	걸어놓은 수건을 본뜬 글자로 '직물'이나 '화폐'와 관련 있다. 常 항상 상 席 자리 석 幣 화폐 폐
	방패 간	끝이 갈라진 막대기를 본뜬 글자로 사냥도구였다가 뒤에 (방패)란 의미로 확대되었다. 幹 줄기 간 平 평평할 평 年 해 년
3획	작을 요	실의 가느다란 윗부분만 그렸다는 설과 태어날 (태아)를 그렸다는 설에서 '가늘다' '어리다'와 관련 있다. 幼 어릴 유 幽 그윽할 유 幾 몇 기
	집 엄(= 엄호)	산기슭에 기대고 있는 집을 본뜬 글자로 부수로 나오며 '건축물'과 관련 있다. 店 가게 점 廳 관청 청 庫 곳집 고
	길게걸을 인(=민책받침)	네거리를 '길게 끌며 걸어가는 모습'을 본뜬 글자로서 부수 이름은 辶(책받침)에서 위에 점이 빠져서 '민책받침'으로 부른다. 延 끌 연 建 세울 건
	맞잡을 공	공손하게 물건을 바치는 양 손을 본뜬 글자로 부수로 나오며 '양 손으로 바치는 행동'과 관계 있다. 弄 희롱할 롱
	주살 익	오늬에 줄을 매어 쏘는 화살을 본뜬 글자이다. 주의 戈(창 과)와 다르다. 式 법 식

	부수	설명
3획	弓 활 궁	활의 모양을 본뜬 글자이다. 弘 넓을 홍　　張 베풀 장　　强 강할 강
	⼹ 돼지머리 계	돼지머리를 본뜬 글자로 단독으로 나오지 않는다.
	彡 터럭 삼	빗질해서 가지런한 머리카락을 본뜬 글자로 단정하고 화려한 '무늬나 장식'과 관련 있다. 形 형상 형　　彩 무늬 채　　影 그림자 영
	彳 천천히걸을 척 (=두인변)	네거리의 왼쪽을 본뜬 글자로 '거리' '걸어가는 행위'와 관련 있다. 亻(사람인변)에서 한 획이 더 있어 부수 이름을 '두인변'으로 부르나 두 사람과 전혀 관계없다. 往 갈 왕　　後 뒤 후　　從 따를 종
4획	心 마음 심 (심방변, 마음심발)	생각의 원천인 심장을 본뜬 글자로 '생각' '감정' '마음'과 관련 있다. 변형부수로 忄(심방변)과 㣺(마음심발)이 있다. 志 뜻 지　　感 느낄 감　　忘 잊을 망
	戈 창 과	날이 옆에 달려 있는 창을 본뜬 글자로 '무기'나 '전쟁'과 관련 있다. 成 이룰 성　　戒 경계할 계　　戰 싸움 전
	戶 집 호	여닫을 수 있는 외짝 문을 본뜬 글자로 '집, 문, 방'과 관련 있다. 房 방 방　　所 바 소
	手 손 수(재방변)	다섯 손가락을 펴고 있는 모양을 본뜬 글자로 '손' '솜씨가 뛰어난 사람'과 관련 있다. 변형부수로 扌(재방변)이 있다. **주의** 扌(재방변)은 犭(개사슴록변), 才(재주 재)와 다르다. 折 꺾을 절　　招 부를 초　　指 손가락 지
	支 지탱할 지	十(대나무가지)를 쥐고 있는 又(손)을 본뜬 글자로 '가지, 나누다, 지탱하다'와 관련 있다.

알기 쉬운 부수 해설

획수	부수	설명
4획	칠 복 (등글월문)	ㅏ(막대기)를 들고 있는 又(손)을 본뜬 글자로 '때려서 고치는 동작'과 관련 있다. 변형부수로 攵(등글월문)이 있다. 改 고칠 개 政 정사 정 敎 가르칠 교
	글월 문	문신을 한 몸을 본뜬 글자로 '무늬, 글자, 문화'와 관련 있다.
	말 두	자루가 달린 국자를 본뜬 글자로 '양을 재는 도구'와 관련 있다. 뒤에 곡식의 분량과 부피를 재는 용량의 단위로 사용되었다. 料 헤아릴 료 斜 비낄 사
	도끼 근	자루 달린 도끼를 본뜬 글자로 '연장'과 관련 있다. 뒤에 무게의 단위로 사용되었다. 斥 물리칠 척 新 새 신 斷 끊을 단
	방향 방	농기구인 쟁기를 본뜬 글자로 '모가 나다, 방향, 방법'과 관련 있다. 旅 나그네 려 族 겨레 족 旗 깃발 기
	없을 무	춤추는 사람을 그린 無(없을 무)의 다른 모양이다. 변형부수 旡(이미 기)는 식사 후 고개를 뒤로 돌린 모습을 본뜬 글자이다. 旣 이미 기
	해 일	태양을 본뜬 글자로 '태양, 시간, 날씨'와 관련 있다. 明 밝을 명 昏 어두울 혼 是 옳을 시
	가로 왈	입에서 말이 나오는 모양을 본뜬 글자이다. 曰(왈)의 부수에 있는 한자는 모양이 변한 것으로 日(왈)과는 별 관련이 없다. 曲 굽을 곡 會 모일 회 最 가장 최
	달 월	차고 이지러지는 달을 본뜬 글자로 '달, 시간'과 관련 있다. 肉(고기 육)의 변형부수인 月(육달월변)과 구별해야 한다. 有 있을 유 朋 벗 붕 服 옷 복

木 나무 목	나무를 본뜬 글자로 '나무 종류나 나무로 만든 물건'과 관련 있다. 朱 붉을 주　　李 오얏 리　　材 재목 재	
欠 하품 흠	입을 벌리고 하품하는 모습을 본뜬 글자로 '입 벌리는 행위'와 관련 있다. **주의** 攵(등글월 문)과 다르다. 歌 노래 가　　歎 탄식할 탄　　欲 하고자할 욕	
止 그칠 지	길을 가다가 멈춰선 사람의 발자국을 본뜬 글자로 '발'과 관련 있다. 正 바를 정　　步 걸음 보　　歷 지날 력	
歹(歺) 뼈앙상할 알 (= 죽을사변)	죽은 사람의 앙상한 뼈를 본뜬 글자로 '죽음, 뼈'와 관련 있다. 부수 명칭은 '죽을사변'이라 부른다. 死 죽을 사　　殃 재앙 앙　　殆 위태로울 태	4획
殳 몽둥이 수	몽둥이 들고 있는 손을 본뜬 글자로 '때리는 행위'와 관련 있다. 段 조각 단　　殺 죽일 살　　毀 헐 훼	
毋 말라 무	몽둥이 든 여자가 "다가오지 마!" 하고 외치는 모습을 본뜬 글자로 금지하는 '말라'와 관련 있다. **주의** 母(어머니 모)와 다르다. 每 매양 매　　毒 독 독	
比 견줄 비	두 사람이 나란히 서 있는 모습을 본뜬 글자로 '비교'와 관련 있다.	
毛 털 모	새의 깃털이나 짐승의 털을 본뜬 글자로, '털'이나 '털로 만든 물건'과 관련 있다. 毫 터럭 호	
氏 성씨 씨	허리를 숙여 물건을 드는 모습이란 설과 땅속의 (뿌리)를 그렸다는 설이 있다. '성씨, 뿌리'의 뜻과 관련 있다. 民 백성 민	

알기 쉬운 부수 해설

4획	기운 기	공중으로 올라가는 수증기나 구름을 본뜬 글자로 '구름, 수증기, 기운'과 관련 있다. 氣 기운 기
	물 수(삼수변, 물수발)	아래로 흐르는 물을 본뜬 글자로 '물'과 관련 있다. 변형부수로 氵(삼수변)과 氺(물수발)이 있다. 江 강 강　　淸 맑을 청　　油 기름 유
	불 화(불화발)	활활 타오르는 불길을 본뜬 글자로 '불'과 관련 있다. 변형부수로 灬(불화발)이 있다. 熟 익을 숙　　熱 더울 열　　炎 불꽃 염
	손톱 조(손톱머리)	원래 새발톱이었는데 뒤에 '물건을 잡는 손'을 통칭하게 되었다. 변형부수로 爫(손톱머리)가 있다. **주의** 瓜(오이 과)와 다르다. 爭 다툴 쟁　　爲 할 위　　爵 벼슬 작
	아버지 부	손에 돌도끼를 들고 사냥을 하는 모습을 본뜬 글자로 '권위 있는 아버지'를 뜻한다.
	사귈 효	산가지를 서로 엇갈리게 놓은 모양을 본뜬 글자로 '점괘, 교차'와 관련 있다.
	조각 장	자른 나무의 왼쪽을 본뜬 글자로 將(장수 장)에서 음을 따서 '조각 장'이라 부른다. 牆 담 장
	조각 편	자른 나무의 오른쪽을 본뜬 글자로 '나무판자, 조각'과 관련 있다. 版 판목 판
	어금니 아	위아래 어금니가 맞물린 모양을 본뜬 글자이다.

	牛 소 우	소의 뿔을 강조해서 그린 글자로 '소'와 관련 있다. **주의** 午(낮 오)와 다르다. 物 물건 물　　牧 칠 목　　特 특별할 특
4획	犬(犭) 개 견(개사슴록변)	앞발을 들고 꼬리를 흔드는 개를 본뜬 글자로 '개와 비슷한 동물'이나 '짐승의 행위나 수렵'과 관련 있다. 변형부수로 犭(개사슴록변)이 있다. 犯 범할 범　　狗 개 구　　獸 짐승 수
	玄 검을 현	손에 있는 검은 실타래를 본뜬 글자이다. 玆 이에 자　　率 거느릴 솔
	玉(王) 구슬 옥(구슬옥변)	옥돌을 꿰어 끈으로 묶은 모습이 王(옥)이었다가 뒤에 王(왕)과 모양이 같아서 丶(점)을 찍어 구분하였다. 변형부수는 王(구슬옥변)이다. 珍 보배 진　　班 나눌 반　　球 공 구
	瓜 오이 과	덩굴에 매달려 있는 오이나 참외를 본뜬 글자로 덩굴식물의 '열매'와 관련 있다. **주의** 爪(손톱 조)와 다르다.
5획	瓦 기와 와	지붕 위에 포개져 있는 기와를 본뜬 글자로 불에 구운 '토기'와 관련 있다.
	甘 달 감	입 안에 맛있는 음식이 들어 있는 모양을 본뜬 글자이다.
	生 날 생	땅속에서 싹이 나오는 풀을 본뜬 글자로 '태어나다' '살다'는 뜻과 관련 있다. 産 낳을 산
	用 쓸 용	가축을 가두는 나무울타리를 본뜬 글자로 '쓸모가 있다'는 뜻과 관련 있다.

알기 쉬운 부수 해설

	부수	설명
5획	田 밭 전	잘 정리된 밭을 본뜬 글자로 '농경지'와 관련 있다. 男 사내 남　　畓 논 답　　界 지경 계
	疋 발 소	무릎 아래의 다리를 본뜬 글자로 足(발 족)과 비슷하며 활용이 많지 않다. 疎 드물 소　　疑 의심할 의
	疒 병들어기댈 녁	침상에 땀 흘리며 누워 있는 환자를 본뜬 글자로 '질병, 상처'와 관련 있다. 疾 병 질　　病 병 병　　症 증세 증
	癶 등질 발(= 필발머리)	자연스럽게 움직이는 두 발을 본뜬 글자로 '발동작'과 관련 있다. 부수이름은 '필발머리'로 부른다. 登 오를 등　　發 필 발　　癸 북방 계
	白 흰 백	엄지손톱을 본뜬 글자로 '첫째, 희다, 밝다'와 관련 있다. 百 일백 백　　的 과녁 적　　皇 임금 황
	皮 가죽 피	손에 칼을 들고 가죽을 벗기는 모습을 본뜬 글자로 '가죽, 껍질, 얇은 물건'과 관련 있다. 皺 주름 추
	皿 그릇 명	그릇을 본뜬 글자로 '생활 용기'와 관련 있다. 益 더할 익　　盜 훔칠 도　　盟 맹세 맹
	目(罒) 눈 목	눈을 본뜬 글자로 '눈, 보다'와 관련 있다. 直 곧을 직　　看 볼 간　　相 서로 상
	矛 창 모	장식이 달리고 자루가 긴 창을 본뜬 글자이다. 矜 불쌍히여길 긍

5획	矢 화살 시	화살의 모양을 본뜬 글자이다. 知 알 지　　短 짧을 단　　矯 바로잡을 교	
	石 돌 석	언덕 아래에 있는 돌을 본뜬 글자이다. 硏 갈 연　　破 깨뜨릴 파　　硬 굳을 경	
	示(礻) 보일 시(보일시변)	제물을 올린 제단 앞에 신(神)이 보인다는 뜻을 가진 글자로 '길흉화복, 제사, 신'과 관련 있다. 변형부수로 礻(보일시변)이 있다. 神 귀신 신　　祝 빌 축　　祭 제사 제	
	内 짐승발자국 유	바닥에 찍힌 짐승발자국을 본뜬 글자이다. 禽 날짐승 금	
	禾 벼 화	고개를 숙이고 있는 벼를 본뜬 글자로 '곡물의 종류, 수확, 조세'와 관련 있다. 私 사사로울 사　　秀 뛰어날 수　　租 조세 조	
	穴 구멍 혈(구멍혈머리)	사람들이 살았던 동굴이나 움막을 본뜬 글자로 '구멍, 굴'과 관련 있다. 변형부수로 ⺤(구멍혈머리)가 있다. 空 빌 공　　究 연구할 구　　突 갑자기 돌	
	立 설 립	땅 위에 두 팔을 벌리고 서 있는 사람을 본뜬 글자이다. 竝 나란히 병　　童 아이 동　　競 다툴 경	
6획	竹 대 죽	대나무 줄기와 잎을 본뜬 글자로 '대나무로 만든 용구'이거나 '문서'와 관련 있다. 변형부수로 ⺮(대죽머리)가 있다. 笑 웃을 소　　筆 붓 필　　節 마디 절	
	米 쌀 미	쌀의 낱알을 구체적으로 그린 글자로 껍질을 벗긴 '쌀'이나 '곡물'과 관련 있다. 粉 가루 분　　粧 단장할 장　　精 정할 정	

알기 쉬운 부수 해설

6획	糸(糸) 실 사(실사변)	실을 감아놓은 실타래를 본뜬 글자로 '실의 종류나 직물' 과 관련 있다. 부수로 나오며 이름은 '실사변' 이다. 綠 푸를 녹　　紀 벼리 기　　約 묶을 약
	缶 장군 부	술이나 간장을 담아두는 배가 불룩한 장군이라는 질그릇을 본뜬 글자로 '항아리, 단지' 와 관련 있다. 缺 이지러질 결
	网(罒) 그물 망(그물망머리)	그물의 코를 본뜬 글자로 '그물, 걸리다' 는 뜻과 관련 있다. 변형부수인 罒(망)이 주로 나온다. 罪 허물 죄　　罰 벌할 벌　　署 관청 서
	羊 양 양	양의 뿔을 강조해 본뜬 글자로 신에게 바치는 제물로 신성하게 취급했던 양은 '순하고 착한' 뜻으로 나온다. 美 아름다울 미　　義 옳을 의　　群 무리 군
	羽 깃 우	새의 깃털을 본뜬 글자로 '날개, 깃털로 만든 물건' 과 관련 있다. 習 익힐 습　　翼 날개 익　　翁 늙은이 옹
	老 늙을 로	흰머리에 휘어진 지팡이를 쥐고 있는 노인을 본뜬 글자로 '노인, 노련(老鍊)한 전문가' 와 관련 있다. 者 놈 자　　考 생각할 고
	而 말이을 이	턱수염을 본뜬 글자로 수염은 만지며 "아, 그래서…" 하며 계속 말하는 노인의 모습에서 접속사 '그리고, 그러나' 로 해석한다. 耐 견딜 내
	耒 쟁기 뢰	구부러진 쟁기를 본뜬 글자로 '경작' 과 관련 있다. 耕 밭갈 경

6획	耳 귀 이	귀를 본뜬 글자로 '듣는 행위나 총명함'과 관련 있다. 聞 들을 문 聲 소리 성 聰 총명할 총
	聿 붓 율	손에 잡고 있는 붓을 본뜬 글자로 '그림, 글씨, 필기구'와 관련 있다. 肅 엄숙할 숙
	肉(月) 고기 육(육달월변)	칼로 자른 고깃덩어리를 본뜬 글자로 '고기, 신체 부위'와 관련 있다. 변형부수가 月(달 월)과 모양이 같아 '육달월변'이라고 부른다. 肝 간 간 肥 살찔 비 育 기를 육
	臣 신하 신	고개를 숙이고 복종하는 신하의 눈을 본뜬 글자로 '신하, 굴복'과 관련 있다. 臥 누울 와 臨 임할 림
	自 스스로 자	사람의 코를 본뜬 글자인데 자신을 지칭할 때 코를 가리키자 '자신, 스스로'란 뜻으로 변했다. 臭 냄새 취
	至 이를 지	땅에 꽂힌 화살을 본뜬 글자로 '도달하다'와 관련 있다. 致 이를 치 臺 대 대
	臼 절구 구	곡물을 찧는 절구라는 설과 (양 손)이라는 설이 있다. '절구, 양 손으로 들어 올리다'는 뜻과 관련 있다. 舊 예 구 與 더불 여 興 일어날 흥
	舌 혀 설	입 밖으로 쑥 나온 혀를 본뜬 글자로 '혀, 맛보다, 말하다'와 관련 있다. 舍 집 사
	舛 어그러질 천	왼발과 오른발이 각기 다른 방향으로 가고 있는 모습을 본뜬 글자로 '어긋나다'와 관련 있다. 舞 춤출 무

알기 쉬운 부수 해설

부수	설명
舟 배 주	통나무를 잘라 만든 배를 본뜬 글자로 '배, 타는 것'과 관련 있다. 현재는 하늘은 나는 '비행기'에도 사용한다. 般 일반 반　　航 배 항　　船 배 선
艮 그칠 간	눈을 뒤로 돌려서 원망하는 표정을 본뜬 글자로 '정지, 외면, 원망'과 관련 있다. 良 어질 량
色 빛 색	위는 서 있는 사람을, 아래는 꿇어앉은 사람을 본뜬 글자로 사랑하는 남녀의 모습에서 '색깔, 안색'과 관련 있다.
艸(艹) 풀 초(초두머리)	무성한 풀을 의미하는 풀 두 개를 본뜬 글자로 '풀의 종류, 풀로 만든 물건'과 관련 있다. 변형부수로 艹(초두머리)가 있다. 花 꽃 화　　苗 싹 묘　　英 꽃부리 영
虎 범 호	호랑이의 머리와 무늬를 본뜬 글자로 '범'과 관련 있다. 虎 범 호　　處 곳 처　　虛 빌 허
虫 벌레 충	살무사 같은 뱀을 본뜬 글자였다가 뒤에 벌레의 총칭으로 나온다. 蛇 뱀 사　　蟲 벌레 충　　蜂 벌 봉
血 피 혈	그릇 안으로 떨어지는 동물의 피를 본뜬 글자로 '혈액'과 관련 있다. 衆 무리 중
行 다닐 행	사방으로 갈라진 네거리를 본뜬 글자로 '가다, 길거리'와 관련 있다. 街 거리 가　　術 재주 술　　衛 지킬 위
衣(衤) 옷 의(옷의변)	사람의 윗도리를 본뜬 글자로 '옷'과 관련 있다. 변형부수로 衤(옷의변)이 있다. **주의** 衤(옷의변)과 礻(보일시변)은 다르다. 被 입을 피　　表 겉 표　　裏 속 리

6획

6획	襾(西) 덮을 아	물건을 덮어놓은 모양을 본뜬 글자로 '덮는다'와 관련 있다. 要 요긴할 요　　覆 뒤집을 복
	見 볼 견	사람의 다리보다 눈을 크게 강조한 글자로 '보는 행위'와 관련 있다. **주의** 貝(조개 패)와 다르다. 視 볼 시　　親 친할 친　　覺 깨달을 각
	角 뿔 각	짐승의 뿔을 강조한 글자로 '뿔의 동작, 뿔로 만든 물건, 싸움'과 관련 있다. 解 풀 해　　觸 닿을 촉
	言 말씀 언	혀를 내밀고 있는 말하는 모양을 본뜬 글자로 '말'과 관련 있다. 記 기록 기　　詩 시 시　　訓 가르칠 훈
	谷 골 곡	산골짜기 사이로 흐르는 물을 본뜬 글자로 '계곡'과 관련 있다. 溪 시내 계　　豁 뚫린골 활
7획	豆 콩 두	굽이 높은 제기를 본뜬 글자인데 뒤에 '콩'을 가리키면서 '콩 두'로 부른다. 한자 속에서는 제기와 관련 있다. 豊 풍성할 풍　　豈 어찌 기
	豕 돼지 시	몸통과 꼬리까지 그린 돼지를 본뜬 글자로 '돼지처럼 생긴 동물'과 관련 있다. 豚 돼지 돈　　象 코끼리 상　　豪 호걸 호
	豸 벌레 치	사냥하는 맹수의 웅크린 몸을 본뜬 글자인데 발 없는 벌레를 포함시켜 지금은 '벌레 치'로 불린다. 貌 모양 모
	貝 조개 패	조개의 모양을 본뜬 글자로 고대에는 조개가 화폐로 통용되었으므로 '돈, 재산'과 관련 있다. 財 재물 재　　貪 탐낼 탐　　貧 가난할 빈

7획	붉을 적	불에 타고 있는 사람을 본뜬 글자이다. 赦 용서할 사 赫 붉을 혁
	달릴 주	팔을 흔들며 신나게 달리는 사람의 모습을 본뜬 글자로 '달리는 행위'와 관련 있다. 起 일어날 기 越 넘을 월 超 뛰어넘을 초
	발 족(발족변)	무릎에서 발목까지 본뜬 글자로 '발동작'과 관련 있다. 변형부수로 ⻊(발족변)이 있다. 路 길 로 跳 뛸 도 跡 발자취 적
	몸 신	뱃속에 태아가 있는 임산부의 몸을 본뜬 글자로 지금은 '신체'와 관련 있다.
	수레 거, 차	두 개의 수레바퀴를 그렸는데 생략되어 지금의 글자로 변했다. '수레의 종류나 움직이는 물건'과 관련 있다. 軍 군사 군 較 비교 교 輩 무리 배
	매울 신	죄인의 얼굴에 먹물을 입히는 묵형에 쓰던 칼을 본뜬 글자에서 '힘들다, 맵다'로 발전하였다. 辭 말씀 사 辯 말잘할 변 辨 분별할 변
	날 신, 별 진	대합껍질을 깎아 벼 베는 데 쓰던 농기구인 칼을 본뜬 글자에서 '날 신' '별 진'으로 발전하였다. 辱 욕될 욕 農 농사 농
	쉬엄쉬엄갈 착(책받침)	발을 들여놓고 네거리를 걸어가는 모양을 본뜬 글자로 '걷는 행동'과 관련 있다. 한자에서는 변형부수인 '⻌(책받침)'으로 나온다. 道 길 도 近 가까울 근 通 통할 통

7획	邑(阝) 고을 읍(우부방)	성 안에 백성들이 살고 있는 모습을 본뜬 글자로 '고을, 지역'과 관련 있다. 변형부수가 오른쪽에 놓여 阝(우부방)이라 부른다. 郡 고을 군　　都 도읍 도　　鄕 시골 향
	酉 닭 유	술항아리를 본뜬 글자로 '술'과 관계 있다. 뒤에 12지의 열 번째인 '닭'에 해당되자 '닭 유'라고 부른다. **주의** 西(서녘 서)와 다르다. 酒 술 주　　醉 취할 취　　醜 추할 추
	采 분별할 변	짐승의 발자국을 본뜬 글자로 어느 짐승발자국인지 살피고 따져보는 데서 '분별'과 관련 있다. 釋 풀 석
	里 마을 리	밭과 흙이 결합한 글자로 농사를 지을 수 있는 마을을 뜻한다. 뒤에 마을과 마을 사이의 '거리를 재는 단위'로도 나온다. 野 들 야　　重 무거울 중　　量 헤아릴 량
8획	金 쇠 금	흙속에 반짝이는 광물질을 본뜬 글자로 '쇠'를 뜻하며 가장 귀한 '황금'과 '돈'까지 포함한다. 성씨로 쓸 때는 '성 김'으로 읽는다. 針 바늘 침　　銀 은 은　　銃 총 총
	長 길 장	지팡이를 짚고 긴 머리카락을 늘어뜨린 노인을 본뜬 글자로 '길다, 어른, 우두머리'와 관련 있다.
	門 문 문	두 개의 문짝을 본뜬 글자로 '문'과 관련 있다. 間 사이 간　　開 열 개　　關 관계할 관
	阜(阝) 언덕 부(좌부변)	계단식으로 된 언덕을 본떠 만든 글자로 邑(고을 읍)의 변형부수가 阝(우부방)인 반면에 阜(언덕 부)의 변형부수는 왼쪽에 놓여 阝(좌부방)이라고 한다. 防 막을 방　　院 집 원　　限 한계 한

8획	隶 미칠 이	짐승 꼬리를 잡고 있는 손을 본뜬 글자로 '미치다, 따라잡다'는 뜻이 나왔다. 隸 종 례	
	隹 새 추	鳥(새 조)보다 몸집이 작고 꼬리도 짧은 새를 그렸다고 하나 시간이 흐르면서 구분하지 않고 '새의 총칭'으로 나온다. 주의 住(살 주)와 다르다 雄 수컷 웅　　雙 쌍 쌍　　集 모일 집	
	雨 비 우	먹구름 사이로 떨어지는 빗방울을 본뜬 글자로 '기후, 날씨'와 관련 있다. 雪 눈 설　　雲 구름 운　　電 번개 전	
	靑 푸를 청	새싹을 그린 生(생)과 丹(붉을 단 : 우물) 속의 맑은 물이 결합하여 '맑고 깨끗하다'는 뜻으로 나온다. 靜 고요할 정	
	非 아닐 비	양쪽의 두 날개가 서로 반대로 벌려 나는 새를 본뜬 글자로 부정적인 뜻인 '아니다, 그르다, 비난하다'와 관련 있다.	
9획	面 얼굴 면	사람의 얼굴과 눈을 본뜬 글자이다.	
	革 가죽 혁	가죽을 벗겨 햇볕에 말리는 모습에서 원래 모습에서 전혀 다르게 바뀐다 하여 '바꾸다, 가죽'과 관련 있다.	
	韋 가죽 위	성을 순찰하는 발을 그렸다는 설과 (무두질한 가죽)을 그렸다는 설이 있다. 韓 나라 한	
	韭 부추 구	땅 위에 자라고 있는 부추를 본뜬 글자이다.	

9획	音 소리 음	목구멍에서 나오는 소리를 본뜬 글자로 '소리, 음악'과 관련 있다. 韻 운 운　　響 울릴 향	
	頁 머리 혈	머리를 강조해 그린 글자로 사람의 '머리, 얼굴'과 관련 있다. 頭 머리 두　　順 순할 순　　題 제목 제	
	風 바람 풍	바람을 잔뜩 안고 있는 돛에 매달려 있는 벌레를 본뜬 글자이다.	
	飛 날 비	새가 양쪽 날개를 쭉 펴고 하늘을 나는 모습을 본뜬 글자이다 飜 번역할 번	
	食 먹을 식(먹을식변)	뚜껑을 덮은 그릇에 김이 나는 모양을 본뜬 글자로 '음식물, 먹다'와 관련 있다. 변형부수로 '飠(먹을식변)'이 있다. 飮 마실 음　　飯 밥 반　　飢 주릴 기	
	首 머리 수	사람의 머리털과 눈을 강조해 그린 글자로 '첫째, 우두머리'와 관련 있다.	
	香 향기 향	그릇에 담긴 향기로운 밥 냄새를 그린 글자이다.	
10획	馬 말 마	말의 갈기와 다리를 강조해 생동감 있게 표현했다. 騎 말탈 기　　驗 시험 험　　驚 놀랄 경	
	骨 뼈 골	뼈(冎)에 살(月)이 붙어 있는 모습을 그린 글자로 '뼈, 신체부위'와 관련 있다. 體 몸 체	
	高 높을 고	높은 누각을 본뜬 글자로 '높다, 비싸다'와 관련 있다.	
	髟 긴머리털 표	긴 머리털을 그린 글자이다. 髮 터럭 발	

알기 쉬운 부수 해설　35

10획	鬥 싸울 투	두 사람이 마주서서 주먹질을 하며 싸우는 모습을 본뜬 글자이다. 鬪 싸울 투	
	鬯 울창주 창	술항아리를 본뜬 글자이나 현재 활용이 거의 없다.	
	鬲 솥 격, 력	다리가 셋 달린 세발솥의 모양을 본뜬 글자로 '솥'과 관련 있다.	
	鬼 귀신 귀	제단 옆에 귀신의 가면을 쓴 형상에서 귀신을 뜻하게 된 글자로 '영혼, 초자연적인 현상'과 관련 있다. 魂 넋 혼	
11획	魚 물고기 어	물고기가 헤엄치는 모습을 본뜬 글자로 '어류'와 관련 있다. 鮮 고울 선	
	鳥 새 조	새의 얼굴과 몸통 그리고 긴 다리를 본뜬 글자로 '조류'와 관련 있다. 鳴 울 명　　鷄 닭 계　　鶴 학 학	
	鹵 소금 로	포대나 통 안에 소금을 넣은 모습을 본뜬 글자이다. 鹽 소금 염	
	鹿 사슴 록	사슴의 뿔과 네 발을 본뜬 글자이다. 麗 고울 려	
	麥 보리 맥	보리이삭만 그린 來(올 래)에다 뿌리를 아래에 추가해 麥(보리 맥)을 다시 만들었다.	
	麻 삼 마	집안에 삼 껍질을 벗겨 말리고 있는 모습을 본뜬 글자이다.	

12획	黃 누를 황	허리에 귀한 누런 옥을 차고 있는 귀족을 본뜬 글자로 '황색'과 관련 있다.
	黍 기장 서	물가 옆에 기장을 본뜬 글자이나 현재 거의 활용되지 않는다.
	黑 검을 흑	묵형을 당한 사람을 그렸다는 설과 굴뚝에서 나오는 그을음이란 설이 있다. 검은색에서 부정적인 뜻이 들어 있다. 잠잠할 묵　　點 점 점　　黨 무리 당
	黹 바느질할 치	옷감을 바느질하고 있는 모습을 본뜬 글자로 현재 거의 활용되지 않는다.
13획	黽 맹꽁이 맹	맹꽁이를 본뜬 글자로 현재 거의 활용되지 않는다.
	鼎 솥 정	청동으로 만든 세발 달린 솥을 본뜬 글자로 '권력'을 상징했다.
	鼓 북 고	장식이 달린 북을 북채로 치는 모습을 본뜬 글자이다.
	鼠 쥐 서	쥐의 이빨과 발톱, 꼬리를 본뜬 글자로 활용은 거의 없다.
14획	鼻 코 비	코를 그린 自(자)가 '나 자신'이란 뜻으로 쓰자 음으로 畀(줄 비)를 넣어 다시 만들었다.
	齊 가지런할 제	보리이삭이 패어 이삭 끝이 가지런해진 모양을 본뜬 글자이다.
15획	齒 이 치	윗니와 아랫니를 본뜬 위에 음으로 止(그칠 지→치)를 넣었다.

16획	龍 용 룡	머리에 뾰족한 뿔과 벌린 입, 그리고 기다란 몸통으로 하늘을 나는 상상의 동물인 용(龍)을 그렸다.
	龜 거북 귀	거북의 머리, 등짝, 발, 꼬리를 구체적으로 본뜬 글자로 뜻에 따라 3가지로 읽는다. 1. 거북 귀 2. 땅이름 구 3. 터질 균
17획	龠 피리 약	여러 개의 피리를 모아 불고 있는 모습으로 현재 거의 활용되지 않는다.

본문 순서대로 보는 중학교 900자

1. 하늘

日	春	早		
昌	唱			
朝	韓			
莫	暮			
易	陽	揚	場	傷
月	明			
夕	名	外	夜	
雨	雪	電		
云	雲	陰		
申	神	坤		

2. 땅

水	永	回	消
氷			
冬	終		
川	順	訓	
泉	線		
原	願			
昔	惜	借		
火	光	煙		
炎	談	榮	勞	
主	住	注	往	
山	仙	密		
凶	胸			
田	番	界		
土	均			
里	理			
石	研			
小				
少	省	妙		
上	下			
中	忠	患		
阜	追	師	官	陸
厂	厚			
谷	俗	浴	容	欲
堇	勤	漢	難	易

3. 동물

肉	有	脚		
多	移			
毛	尾			
角	解			
皮	彼	破	波	
牛				
告	造			
半	判			
犬	伏	然		
豕	家			
亥				
敢	嚴	巖		
羊	美	善	洋	養
義	議	達		
卯	柳	留		
馬				
能				
虎	號	處	虛	

禺 遇
羽 習
飛
非 悲 罪
鳥 島 鳴 烏
西
隹 唯 雖 推 進
　 雄 集 應 誰
雚 觀 歡 權 勸
魚 漁 鮮 再
貝 責 卵
辰 農
蟲
巳 已
蜀 獨

禾 利 私 和 香
穀 秀 年
秋 愁
米 氣 麥
來 生 姓 性 星 産
乙 乾
才 材 財 存 在
甲
艸 草 華 葉
不 否 杯
丬 壯 將 片
弟 第
商 適 敵

骨 別
死 列 烈 例
立 位 泣 競 端
夫 扶 紙 婚 低
氏 入 全 內
去 法 起 改
己 記 忙 望
亡 忘 效
交 校 射 謝
心 慈 愛 怨 慶
恒 惡
亞 英
央 快 決
夫 字 李 季
子 抱
包 流
充 統
育 兒 祝
儿 兄 勉 晚
免 思 細
凶

4. 식물

木 本 末 休 朱
　 東 乘 樹
果 課 妹
未 味
林 禁
東 速 練 笑
竹 算

5. 신체·행동

人 仁 久 保 但
以 佛 坐
大 太 天
因 恩
文 貨
化 花 混
比 皆
北

異						**6. 이목구비**			乃			
女	好	妻	汝	如					乎	呼		
		要	怒		耳	取	最		音	暗	意 憶	億
安	案				目	看			自	鼻		
母	每	海			相	想	霜		首	道	面	
也	地	他			見	視	現		頁	顔	夏	憂
老	考	孝			民	眠			元	完		
長					臣	臥			彡	須	參	修
壽					臤	堅	賢		而			
兌	悅	脫	稅	說	直	植						
台	始	治			德	聽				**7. 손**		
吳	誤				艮	根	恨 限	銀				
卩=巳	危	急				眼	退		手	拜	失	
令	命	冷	領		口	日	甘 齒	只	又	友	及	父
卯	仰	迎	印			句	喪		丑			
色	絕				古	故	苦 居	湖	反	飯		
執	藝	熱	勢		固	個			叔	淑		
黑	墨				吾	悟			力	男	協	
黃	廣				音	部			加	賀		
王	皇	帝			欠	吹	次		白	百		
呈	聖				可	河	歌 何		左			
廷	庭				言	語	信 計	調	右	若		
亟	極				舌	話	活		寸	村	守	
亦	赤				曷	渴			寺	時	詩 持	待
					于	宇				特	等	

본문 순서대로 보는 중학교 900자

爪	爲	浮					曾	增	會	
受	授						卽	節	鄕	旣
采	採	菜					旨	指		
爭	淨	靜					眞			
爰	暖						員		圓	貞
聿	書	畫	畵	筆			則		敗	
律	建	盡					酉	酒	醫	
君	郡						會	猶	尊	
史	使	事					畐	福	富	
更	便						由	油	宙	曲
共	暴						者	都	諸	暑	著
								着		
承							召	招		
其	期	基					勻	的	約	
泰	奉						斗	科	料	
舁	與	擧	興	學			必			
叚	假						臼	舊		
攴(攵)	敎	散	收				午	許	庚	
	數									
敬	驚									
支	枝	技								
殳	投	設	殺	聲						
尤	就									

8. 발

足 尺 之
止 此 步 歷
正 政 定
是 題
出
各 客 落
路 露
先 洗
志
走 徒
舛 降 舞
無
癶 發 癸
辶 逆 逢 過 選

9. 음식·재물

皿 盆 溫
血 衆
品
合 答 給 拾
公 松
食 飮

10. 제사·신

示 祭 察
宗 崇 店 朴
卜

兆
豆 頭
豐 禮 體
登 燈 證
且 助 祖
丙 病

11. 생활도구

刀 初
刑 形
分 貧
刃 忍 認
勿 物
斤 近 質 兵
工 空 功 江 紅
巨
方 防 訪 放 房
井 耕 丹
青 淸 晴 請 情
　　 精
册 典
侖 倫 論
扁 篇
卷

帚 婦 歸
買 賣 讀 續 價
貴 遺
貫 實
用 備
甬 勇 通
丁 打 頂 貯
兩 滿
平
金 針 鐵
圭 佳 街
樂 藥
喜
業 對
今 念 吟
玉
朋
南

12. 건축

門 問 聞 開 閉
　　 閑 間
戶 關 所

高 亭 停
商
喬 橋
京 凉 景
良 浪 郞
宀 宅 害 寒 宿
穴 窓 究
向 尙 常 當 堂
賞
庶 席 度
余 餘 除
舍
架 深 探
复 復
冓 講
瓦

13. 교통

行 得
從
車 連
軍 運
凡 風

同　洞
舟　船　前
朕　勝　送

14. 의류 · 직물

衣　依　哀　表　卒
求　展　製
　　救　種　希
重　動　布
巾　姉
市　素　緣　純　潔
絲　孫
系　幼　後　幾
幺　經　輕
至　壬
子　序　野
專　傳　惠
戀　變
奚　溪　鷄
乍　作　昨
袁　遠　園
裵　讓
匹　甚

15. 전쟁 · 무기

辛　新　親
章　接
妾　鐘
童　執　報　服
幸　仕
士　結
吉　伐
戈
武　我
或　國
戊　茂
成　城　誠　盛
戌　威　歲
咸　感　減
戔　栽　哉
哉　識
戟　錢　淺
弋　式　試　代
矛　柔　務
弓　引　弱　强
干
矢　短　知　矣

到　屋　室　至
施　遊　旅　致
　　　　族　於　瓜
圖　困　　　口
偉　　　邑
　　　　韋
　　　　革
戰　　　單
　　　　寅

16. 숫자

一　二　三　四　五
六　七　八　九　十
千
萬
世

일러두기

1. 교육용 중학교 한자 900자를 중심으로 100여 자를 추가해서 설명하였다.
2. 16개 주제로 분류하고 주제와 자원(字源)이 관련된 대표한자를 녹색카드에 넣었다.
3. 대표한자가 고등학교 900자인 경우 위에 고 로 표시했다.
4. 대표한자와 관련 있는 파생한자를 나열하고 자원을 설명했다.
5. 파생한자의 배치 기준은 아래와 같다.
   - 대표한자를 음으로 취한 한자
   - 파생한자와 모양이 유사한 한자
   - 모양이 다르나 자원이 통하는 한자
6. 대표한자를 음 혹은 변음으로 취한 경우 파생한자에서 일일이 표시하지 않았다.
7. 급수표시는 한국어문회 한자능력검정시험용 급수를 기준으로 표기했다.
8. 부수를 미리 익히면 학습효과를 높일 수 있다.

중학교 900자
漢번에 끝내字

테마별로 쉽게 배우는 중학교 한자

하늘 01

☀日 🌻卓 🌱莫 ⛰昜 🌙月 🌃夕 🌧雨 ☁云 ⚡申

8급

날 일

날마다 뜨는 ☀⊙日 (태양)을 그려 '해, 날, 하루, 매일'이란 뜻을 가진 '날 일'

- 日課 일과   날마다 일정하게 하는 일의 과정.
- 日光 일광   햇빛
- 日就月將 일취월장   날로 달로 자라고 발전함. 주로 학업에 쓰임.

7급

봄 춘

🌿𰀃夭 (풀) 사이로 ☀日(해)가 떠오르고 싹이 돋아나는 '봄 춘'

주의 泰(클 태), 奉(받들 봉), 奏(아뢸 주)와 다르다.

- 春季 춘계   봄의 계절. 봄철
- 春夢 춘몽   봄에 꾸는 짧은 꿈. '인생의 덧없음'을 비유.
- 春秋 춘추   ㉠ 봄과 가을 ㉡ 어른의 나이 ㉢ 역사책

4급

일찍 **조**

 日 (해)가  十 (숲속) 저 멀리에서 떠오르는 이른 아침에서 '일찍 조'

- 早退 조퇴 정해진 시간 이전에 물러남.
- 早熟 조숙 ㉠ 일찍 익음 ㉡ 나이보다 일찍 성숙함.
- 早朝 조조 이른 아침

3급

창성할 **창**

日 (태양)이 수면 위로 뜰 때 비치는 日 (태양 그림자)를 그려 번창한다는 '창성할 창'

- 昌盛 창성 한창 융성하여 잘 되어감.
- 繁昌 번창 한창 잘 되어 성함. 번성
- 昌大 창대 세력이 번창함.

5급

부를 **창**

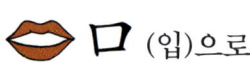 口 (입)으로  昌(우렁차게) 큰 소리로 노래 부르는 '부를 창'

- 合唱 합창 여럿이 함께 노래 부름.
- 唱劇 창극 창을 중심으로 연출되는 민속극의 하나. 전통적인 판소리나 또는 그 형식을 빌려서 꾸민 가극.
- 愛唱曲 애창곡 즐겨 부르는 노래.

6급

아침 **조**

卓 (초목 사이로 해)가 떠오르고 그 옆으로 떨어지는 月 (새벽 달)을 그려 '아침 조'

- 朝刊 조간 조간 신문의 준말. ↔ 夕刊(석간)
- 朝令暮改 조령모개 아침에 명령한 것을 저녁에는 고친다는 뜻으로, 법령을 자주 고쳐서 갈피를 잡기가 어려움을 이르는 말.

8급

나라 **한**

아침 ☀ 卓 (햇살)이 찬란하게 떠오르고  韋 (가죽)의 질긴 승부근성을 지닌 고요한 아침의 우리나라를 뜻하는 '나라 한'

- 韓英 한영　한국(韓國)과 영국(英國). 한글과 영어(英語)
- 三韓 삼한　상고시대에 한반도 남쪽에 있었던 마한(馬韓), 진한(辰韓), 변한(弁韓) 세 나라의 총칭.

3급

없을 **막**

🌱🌱 艹 艾 (풀과 풀) 사이로 ☀ 日 (해)가 떨어져 사라지는 '없을 막'

- 莫强 막강　더할 수 없이 강함.
- 莫大 막대　엄청나게 많거나 큼.
- 莫重 막중　더할 나위 없이 귀중함. 중요함.

3급

저물 **모**

풀숲으로 🌱 艹 莫 (사라져) 지평선 아래로 떨어진 ☀ 日 (해)를 강조한 '저물 모'

- 朝三暮四 조삼모사　원숭이들에게 아침에 세 개, 저녁에 네 개씩 먹이를 주겠다고 현혹한 데서 간사한 꾀로 남을 속인다는 뜻.
- 歲暮 세모　한 해의 마지막 때. 세밑

햇살 **양**

🏔 昜 (햇살)이 사방으로 퍼지는 '햇살 양'
한자 속에서 주로 음으로 나온다.

주의　易(쉬울 이)와 다르다.

6급

  阝(언덕) 위로 昜 (햇살)이 내리비치는 '볕 양'

- 陽氣 양기 양의 기운. 적극적인 기운. 만물이 움직이거나 생기려는 기운.
- 陽地 양지 볕이 바로 드는 땅.
- 太陽 태양 해

3급

 扌(손)을 치켜들고 흔들거나 이름을 드날린다는 '날릴 양'

- 揚名 양명 이름을 드날림.
- 讚揚 찬양 아름답고 훌륭함을 크게 드러냄.
- 止揚 지양 변증법상의 주요 개념으로 지금 것을 버리고, 더 높은 단계로 발전시킴.

7급

 土(땅) 위로 따스한 昜 (햇살, 양 → 장)이 내리비치는 넓은 장소인 '마당 장'

- 場所 장소 자리. 곳
- 登場 등장 ㉠ 무대나 연단에 나옴 ㉡ (소설 따위에) 어떤 인물이 나타남.

4급

 昜(양 → 상)에서 음을 취하고  (화살 맞은 병사)의 모습에서 '다칠 상'

- 傷心 상심 마음 아파함. 애태움.
- 傷處 상처 다친 자리. 피해를 받은 자취.
- 傷害 상해 남의 몸에 상처를 내어 해를 입힘.

8급

달 **월**

저녁에 뜨는 月(달)을 그려 '달', '한 달'을 뜻하는 '달월'

- 月刊 월간 매달 한 차례씩 인쇄물을 발행함. 또는 그 책이나 간행물.
- 月桂冠 월계관 고대 그리이스에서 경기 우승자에게 씌우던 월계 잎사귀로 엮은 관. '우승의 영예'를 비유하여 이르는 말.
- 月給 월급 다달이 받는 급료.

6급

밝을 **명**

月(창문) 밖에 月(달)이 휘영청 떠 있는 '밝을 명.' 日(해)와 月(달)이 결합했다는 설로 더 알려짐.

- 明年 명년 다음 해. 내년
- 明暗 명암 밝고 어두움.
- 明確 명확 똑똑하고 빠르게 판단함.

7급

저녁 **석**

달이 막 뜨기 시작할 무렵의 夕(희미한 달)을 그려 '저녁 석'

- 夕刊 석간 저녁 때 배달되는 신문. '석간 신문'의 준말.
- 朝夕 조석 아침과 저녁.

7급

이름 **명**

夕(저녁)에는 口(입)으로 소리 내어 사람을 부르는 데서 '이름 명'

- 名手 명수 기능·기술 등에서 뛰어난 솜씨나 재주를 가진 사람.
- 名勝 명승 빼어나게 이름난 경치. 훌륭하고 이름난 자연 풍치.
- 姓名 성명 성과 이름을 아울러 이르는 말.

8급

바깥 외

🌙夕 (저녁)에 🪨卜卜 (점)을 치면 잘 맞지 않고 벗어난다 하여 '바깥 외'

- 外界 외계　㉠ 자기 몸 밖의 모든 세계　㉡ 어떤 것의 주위. 바깥
- 外交 외교　외국과의 관계를 맺고 교섭하고 협상하는 활동.
- 外柔內剛 외유내강　겉으로 보기에는 부드러우나 속은 강함.

6급

밤 야

亦→衣 (또한 역→야)에서 음을 취하고 🌙夕 (달)을 넣어 한밤중을 뜻하는 '밤 야'

- 夜景 야경　밤의 경치
- 夜勤 야근　밤에 근무함.
- 夜學 야학　밤에 공부함.

5급

비 우

☁️霝雨 (구름 아래로 빗방울)이 떨어지는 모습으로 날씨와 관계 있는 '비 우'

- 雨後竹筍 우후죽순　비 온 뒤 죽순이 여기저기 돋아나듯이 '어떤 대상이 한때 많이 일어남'을 비유하는 말.
- 雨期 우기　일년 중 비가 많이 오는 시기.

6급

눈 설

송이송이 얼어서 내리는 ❄️雨 (하얀 비)를 🧹彗 (빗자루)로 깨끗이 쓸고 있는 '눈 설'

- 雪景 설경　눈이 내리거나 쌓인 경치.
- 雪上加霜 설상가상　눈 위에 서리를 더함. 불행한 일이 연거푸 겹침을 비유하는 말.

7급

번개 **전**

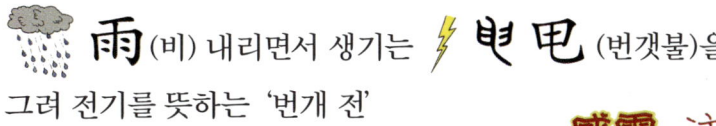 雨(비) 내리면서 생기는 申电(번갯불)을 그려 전기를 뜻하는 '번개 전'

- 感電 감전 전기에 감응함.
- 電光石火 전광석화 번갯불처럼 아주 빠른 동작의 비유.
- 電文 전문 전보의 문구.

3급

이를 **운**

云(뭉게구름)이 피어오르는 모양이었는데 말할 때 나오는 입김과 같아 '이를 운'

- 云云 운운 이러이러하다고 말함.
- 云謂 운위 어떤 문제를 말함, 또는 평함.

5급

구름 **운**

云(구름)에 雨(비)를 넣어 습기를 잔뜩 먹은 '구름 운'

- 雲集 운집 구름같이 많이 모임.
- 雲海 운해 ㉠ 구름이 덮인 바다 ㉡ 바다와 같이 널리 깔린 구름.
- 祥雲 상운 상서로운 구름

4급

그늘 **음**

今(이제 금 → 음)에서 음을 취하고 阝(언덕) 위에 云(구름)이 덮여 어두워진다는 '① 그늘 음', 남이 모르게 한다는 '② 몰래 음'

- 陰謀 음모 남이 모르게 꾸미는 악한 계략, 또는 그 일.
- 陰散 음산 날씨가 흐리고 으스스함.
- 陰陽 음양 역학에서 우주 만물을 만들어내는 상반된 음과 양의 두 가지 기운.

4급

아뢸 신

申(번개)가 번쩍 내리뻗치는 하늘을 향해 자신의 사정을 말한다는 '아뢸 신'

주의 甲(갑옷 갑), 由(말미암을 유)와 다르다.

- 申告 신고   국민이 의무적으로 행정 관청에 일정한 사실을 보고하는 일.
- 申請 신청   알려 청구함.

6급

귀신 신

示=礻(제단) 위로 申(번개, 신)가 내리칠 때 더 잘 나타난다는 '귀신 신'

- 鬼神 귀신   죽은 사람의 넋
- 神奇 신기   신비롭고 기이함.
- 神聖 신성   거룩하고 존엄하여 함부로 할 수 없음.

3급

땅 곤

申(신→곤)에서 음을 취하고 넓은 土(대지)를 가리켜 '땅 곤'

- 坤殿 곤전   중궁전. 황후. 왕비
- 乾坤 건곤   하늘과 땅

02 땅

水氵 氷冫 川 泉 火灬 山 田
土 里 石 阜阝 厂 谷

8급

물 수

흐르는 水(물)을 그려 '물 수.' 氵(삼수변)은 변형부수.

주의 氷(얼음 빙), 永(길 영)과 다르다.

- 水路 수로　㉠ 물길 ㉡ 배가 왕래하는 길.
- 水星 수성　태양계(太陽系) 중의 가장 작은 행성(行星).
- 水準 수준　사물의 가치·등급 따위의 일정한 표준이나 정도.
- 水平 수평　수면(水面)이 평평함.

6급

길 영

 永(시냇물)이 끊임없이 길게 흘러가는 '길 영'

- 永遠 영원　언제까지 계속하여 끝이 없음.
- 永久 영구　㉠ 끝없이 오램 ㉡ 언제까지나
- 永眠 영면　영구히 잠을 잠. 곧 '죽음'을 이르는 말.
- 永生 영생　영원히 삶.

02. 땅　57

4급

돌아올 회

물이 소용돌이치며 ⟲ ㄷ回 (돌고 돌아) 다시 제자리로 오는 '돌아올 회'

- 回顧 회고 ㉠ 옛 자취를 돌아봄 ㉡ 돌이켜봄
- 回數 회수 차례의 수효. 몇 회인가의 수나 차례를 세는 말. 횟수
- 回轉 회전 어떤 축을 중심으로 하여 그 둘레를 돎.

6급

사라질 소

肖 (닮을 초 → 소)에서 음을 취해, 불이 난 곳을 氵(물)을 뿌려 꺼서 없앤다는 '사라질 소'

- 消防 소방 화재를 방지하고 불난 것을 끔.
- 消費 소비 돈·물건·시간·노력 등을 써서 없앰.
- 消化 소화 먹은 음식을 삭여서 내림.

5급

얼음 빙

水 (물)이 얼면서 만들어진 ❄ ヽ(얼음)을 그려 '얼음 빙.' 冰 (얼음 빙)이 원 글자이며 冫(이수변)은 변형부수

- 冰山 빙산 북극이나 남극의 바다에 산처럼 떠 있는 거대한 얼음덩어리.
- 冰點 빙점 물이 얼거나 얼음이 녹기 시작하는 온도. 곧 0℃.

7급

겨울 동

冫(얼음판) 위를 夂 (천천히 걸어가는) 모습이 '겨울 동'

- 冬季 동계 겨울철
- 冬眠 동면 일부 동물이 땅속 또는 구멍 등에 숨어서 겨울을 나는 일.
- 越冬 월동 겨울을 넘김.

5급

마칠 종

糸(실)을 묶어 마무리짓는다는 뜻에다 한 해의 끝인 冬(겨울, 동 → 종)을 넣어 '마칠 종'

- 終結 종결 일을 끝냄. 終了(종료)
- 終末 종말 계속되어 온 일의 맨 끝. 끝판
- 終身 종신 죽을 때까지. 한평생

7급

내 천

굽이굽이 위에서 아래로 흐르는  川 (냇물)을 그린 '내 천'

- 河川 하천 강과 시내를 아울러 말함.
- 山川 산천 ㉠ 산과 내 ㉡ '자연'을 이르는 말.

5급

순할 순

頁(머리)를 숙이고 흐르는  川 (냇물, 천 → 순)처럼 성현의 이치에 순응하는 데서 '순할 순'

주의 須(모름지기 수)와 다르다.

- 順序 순서 정해 놓은 차례.
- 順行 순행 ㉠ 순서대로 감 ㉡ 거스르지 않고 행함.
- 耳順 이순 나이 예순살. 60세

6급

가르칠 훈

言(말)을 川 (냇물, 천 → 훈)처럼 순리에 맞게 말씀하시는 '가르칠 훈'

- 訓戒 훈계 타일러 경계함.
- 訓練 훈련 배워 익히도록 연습하거나 단련하는 일.
- 訓放 훈방 경범 죄인을 훈계하여 풀어줌.

4급

 泉 (물의 첫줄기)가 흘러나오는 근원에서 '샘 천'

- 溫泉 온천　더운 물이 솟구쳐 나오는 샘.
- 源泉 원천　㉠ 물이 솟아나오는 근원　㉡ 사물의 근원
- 黃泉 황천　사람이 죽어서 간다고 하는 세상. 저승

6급

糸糸 (실)처럼 가늘고 기다란 '줄 선'

- 線路 선로　열차 · 전차의 궤도. 철로
- 曲線 곡선　부드럽게 굽은 선.
- 伏線 복선　소설이나 희곡 등에서 앞으로 발생할 사건에 대해 넌지시 비쳐 두는 기법.

5급

厂 (언덕) 아래 물이 처음으로 →泉 (샘솟는) 곳인 '언덕 원' '근원 원'

- 原理 원리　현상을 성립시키는 기본 법칙이나 이치.
- 原始 원시　사물의 발전 또는 진보 단계 전의 자연 그대로의 상태.
- 原因 원인　일이 말미암은 까닭.

5급

頁 (큰 머리)로 깊이 생각해서 바라고 원한다는 '원할 원'

- 願望 원망　원하고 바람.
- 願書 원서　지원하거나 청하는 내용이 적힌 서류.
- 念願 염원　늘 마음 속으로 생각하고 간절히 바람.

60

3급

예 석

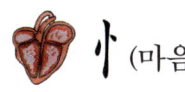(홍수)로 시달림을 받았던 지난 ☀ 日 (시절)을 과거로 기록하여 '예 석'

- 今昔 금석 지금과 옛적
- 今昔之感 금석지감 지금과 옛날의 차이가 심해 생기는 느낌.

3급

아낄 석

지난 昔(옛) 일에 대한 안타깝고 아쉬운 🫀 忄(마음)에서 '① 애석할 석' '② 아낄 석'

- 惜別 석별 서로 헤어지기를 애틋하게 여김. 이별을 아쉬워함.
- 哀惜 애석 슬프고 아까움.
- 惜敗 석패 아깝게 패배함.

3급

빌릴 차

👤 亻(사람)들 손에 손을 거쳐 빌린다는 '빌릴 차'

- 借款 차관 국제간에 자금을 빌려 쓰고 빌려 줌. 정부 차관과 민간 차관이 있음.
- 借名 차명 남의 이름을 빌려 씀.
- 借用 차용 물건이나 돈을 빌려 씀.

8급

불 화

타오르는 🔥 火(불)을 그려 '불 화.' 灬 (불화발)은 변형부수

- 火急 화급 대단히 급함.
- 火藥 화약 초석(硝石) 목탄(木炭) 유황(硫黃) 따위를 섞어서 만든 폭약.
- 火葬 화장 시체를 불사르고 남은 뼈를 모아 장사지내는 일.

02. 땅 61

6급

 빛 광

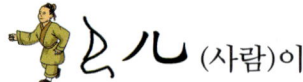(사람)이 (등불)을 들고 사방을 비추는 '빛 광'

- 光景 광경 어떤 일의 형편이나 모양.
- 夜光 야광 어둠 속에 빛을 냄.
- 光明 광명 ㉠ 밝은 빛 ㉡ 밝게 빛남.

4급

 연기 연

垔(막을 인→연)에서 음을 취하고 火(불) 피울 때 나는 연기에서 '연기 연'

- 煙幕 연막 교묘하게 말을 돌려 상대방이 문제의 핵심을 가려내지 못하게 하는 일.
- 禁煙 금연 담배를 피우지 못하게 함.
- 煙氣 연기 무엇이 탈 때 생기는 기체.

3급

 불꽃 염

활활 타오르는 炎(불꽃)을 그려 '불꽃 염'

- 炎症 염증 열 오르고 빨갛게 붓는 증상.
- 炎涼世態 염량세태 세력이 있을 때는 아첨하며 따르고, 세력이 없어지면 푸대접하는 세상 인심.

5급

 말씀 담

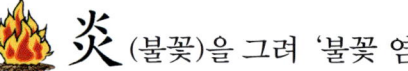 炎(불꽃, 염→담) 튀며 열기를 더하는 言(말)에서 '말씀 담'

- 談話 담화 ㉠ 공적인 자리에 있는 사람이 어떤 일에 대한 의견이나 태도를 밝히는 말 ㉡ 서로 주고받는 이야기.
- 面談 면담 서로 만나서 이야기함. 面語(면어).
- 會談 회담 일정한 지위에 있는 여럿이 모여 담론함.

4급

 木(나무) 위에  炏(불꽃)처럼 화려한 꽃이 핀 모습에서 '영화 영'

榮
영화 영

- 榮光 영광   빛나고 자랑스러운 명예.
- 榮譽 영예   빛나는 명예.
- 榮華 영화   몸이 귀하게 되어서 세상에 드러나고 이름이 남.

5급

 炏(불 밝히고) 열심히 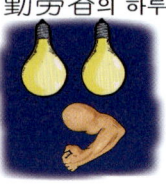 力(힘내) 일하는 데서 '일할 로'

勞
일할 로

- 勞苦 노고   힘들여 애쓰는 수고.
- 勞動 노동   사람이 생활을 위해 일을 함.
- 勞使 노사   노동자와 사용자

勤勞者의 하루

7급

 主(등잔 위의 불)을 그려 가장 중심이 되는 '주인 주'

主
주인 주

- 主客 주객   ㉠ 주인과 손님 ㉡ 주되는 것과 부차적인 것.
- 主管 주관   일을 책임지고 맡아 관리함.
- 主權 주권   ㉠ 국가의 의사를 최종적으로 결정하는 권력 ㉡ 독립적 자주권.
- 主婦 주부   한 집안 주인의 아내.

7급

 亻(사람)이 主(주인)이 되어 산다는 '살 주'

住
살 주

- 住居 주거   ㉠ 일정한 곳에 자리를 잡고 삶 ㉡ 사람이 사는 집.
- 住宅 주택   사람이 살 수 있도록 지은 집.
- 移住 이주   사는 곳을 옮김.

6급

물댈 **주**

가두어둔 🌧️氵(물)을 한군데로 쏟아붓는 '물댈 주'

- 注目 주목 ㉠ 시선을 모아 봄 ㉡ 특별히 관심을 갖고 살핌.
- 注文 주문 살 물건을 보내달라고 공급자에게 신청함.
- 注視 주시 자세히 살피려고 눈을 쏘아서 봄.
- 注意 주의 조심하여 마음을 씀.

4급

갈 **왕**

앞으로 ╋彳(걸어나가는) 데서 '갈 왕'

주의 네거리를 그린 ╋彳行(다닐 행)의 왼쪽 부분인 ╋彳(두인변)은 '길거리'나 '행동'을 뜻한다.

- 往年 왕년 ㉠ 지나간 해 ㉡ 과거
- 往來 왕래 꾸준히 오고 감.
- 往復 왕복 갔다가 돌아옴.

8급

메 **산**

⛰️山 山(산)을 그려 '메 산'

- 山林 산림 산과 숲
- 山水 산수 산과 물. 산하의 경치
- 山積 산적 산더미처럼 많이 쌓임. 또는 산더미처럼 쌓음.

5급

신선 **선**

🧍彳(사람)이 ⛰️山(산)에서 도를 닦으면 신선이 된다 하여 '신선 선'

- 仙境 선경 ㉠ 신선이 산다고 하는 곳 ㉡ 경치가 썩 좋고 그윽한 곳.
- 仙女 선녀 여자 신선(神仙)
- 仙風 선풍 신선 같은 풍채

4급

빽빽할 밀

宓 (숨길 밀 : 숨겨져) 잘 보이지 않는 깊은 山(산)에서 ① '빽빽할 밀' ② '몰래 밀'

- 密林 밀림   큰나무가 있는 빽빽한 숲.
- 密使 밀사   비밀히 보내는 사절.
- 密輸 밀수   법을 어겨가며 비밀히 물품을 수입 또는 수출함.

5급

흉할 흉

움푹 파인 凵(함정) 속에 빠진 운수 사나운 乂(사람)을 그려 불길, 죽음을 뜻하는 '흉할 흉'

올해는 한 일이 생기지 않기를...

- 凶計 흉계   흉악한 계책
- 凶器 흉기   사람을 죽이거나 상해하는 데 쓰는 연장.
- 凶年 흉년   농작물이 잘되지 않은 해.

3급

가슴 흉

匈(오랑캐 흉)에서 음을 취한 月(신체 기관)인 '가슴 흉'

- 胸背 흉배   ㉠ 가슴과 등 ㉡ 앞과 뒤
- 胸中 흉중   ㉠ 가슴 속 ㉡ 마음
- 胸部 흉부   가슴 부위

4급

밭 전

구획된 田(밭)을 그려 '밭 전'

- 田畓 전답   ㉠ 논과 밭 ㉡ 농토(農土)
- 田園 전원   ㉠ 논밭과 동산 ㉡ 시골. 郊外(교외)
- 我田引水 아전인수   자기 논에 물대기. 자기에게만 이롭게 행동함.

02. 땅   65

6급

차례 **번**

🐾 釆(짐승 발자국)이 🟫 田 (밭) 위에 차례로 찍혀 있는 모습에서 '차례 번.' 밭 위에 씨 뿌리는 모양이라는 설도 있음.

- 番地 번지　지적도에서 토지를 여러 조각으로 나누어 매겨 놓은 번호.
- 番號 번호　사물의 차례를 표시하는 숫자와 부호.
- 輪番 윤번　차례로 번듦.

6급

지경 **계**

밭과 🟫 田 (밭) 사이에 🧍介 (끼일 개 : 끼어 들어간) 경계선을 가리켜 '지경 계'

- 境界 경계　지역이 구분되는 한계.
- 世界 세계　지구상의 모든 나라, 또는 모든 지역.
- 他界 타계　인간세계를 떠나 다른 세계로 간다는 데서 죽음을 의미함.

8급

흙 **토**

땅 위에 🟤△土(흙덩이)를 그려 '흙 토'

- 土窟 토굴　땅속으로 파낸 굴
- 土砂 토사　흙과 모래
- 土星 토성　태양계의 제6 행성(行星)

4급

고를 **균**

울퉁불퉁한 🟤 土 (흙)을 평평하게 勻 (고르는, 균) '고를 균'

- 均等 균등　㉠ 차별 없이 고르고 가지런함 ㉡ 등급이 같음.
- 均一 균일　서로 차이 없이 한결같이 고름.
- 均衡 균형　치우침 없이 쭉 고름.

7급

마을 리

里 里 (밭과 흙)을 의지하며 사는 '마을 리'

- 千里眼 천리안   사물을 꿰뚫어보는 관찰력.
- 里程標 이정표   도로상에서 거리, 방향을 알리는 표지.
- 洞里 동리   ㉠ 마을 ㉡ 지방 행정구역의 하나인 동과 이의 총칭.

6급

다스릴 리

귀한 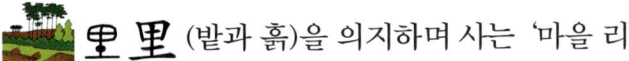(옥)을 대하듯 里(마을)을 바른 이치로 다스려야 한다는 데서 '① 이치 리' '② 다스릴 리'

- 理論 이론   경험이나 사회적 실천을 논리적으로 정리한 체계.
- 理致 이치   사물의 정당한 조리. 도리에 맞는 취지.
- 理解 이해   사리를 분별하여 잘 앎.
- 修理 수리   고장나거나 허름한 데를 손보아 고침.

6급

돌 석

石 (언덕 아래 돌)을 그려 '돌 석'

주의 右(오른 우)와 다르다.

- 石工 석공   돌을 다루어 물건을 만드는 사람.
- 石器 석기   돌로 만든 여러 가지 기구. 주로 선사시대에 쓰이던 유물의 이름.
- 石材 석재   토목·건축 및 그밖의 다른 제작의 재료로 쓰이는 돌.

4급

갈 연

石(돌)을 幵(평평)하게 갈아 높이를 맞추는 데서 '갈 연'

- 硏究 연구   무엇을 인식하거나 해명하고자 과학적으로 분석하고 관찰하는 일.
- 硏磨 연마   노력을 거듭하여 정신이나 기술을 닦음.
- 硏修 연수   학업을 연구하고 닦음.

8급

작을 소

자질구레한 ⋯ 小(작은 돌)을 그려 '작을 소'

- 小心 소심　㉠ 도량이 좁음　㉡ 대담하지 못하고 겁이 많음.
- 小兒 소아　㉠ 어린아이　㉡ 자기 아들을 낮추어 이르는 말.
- 小作 소작　농민이 남의 전답(田畓)을 빌어서 경작함.

7급

적을 소

작은 물건 네 개로 분량이 적거나 나이가 어리다는 '적을 소'

- 少時 소시　어린 시절
- 少壯 소장　나이가 젊고 씩씩함, 또는 그 사람.
- 少年 소년　아주 어리지도 않고 완전히 성숙하지도 않은 사내아이.

6급

살필 성

少(가늘게) 👁 目(눈)을 뜨고 사물을 관찰하는 '① 살필 성', 살피고 줄여 정리한다는 '② 덜 생'

- 省墓 성묘　조상(祖上)의 산소를 찾아가서 돌봄.
- 歸省 귀성　객지에서 부모를 뵈러 고향에 돌아감.
- 省略 생략　글이나 말 또는 일정한 절차에서 일부를 빼거나 간단히 줄임.

4급

묘할 묘

🧎 女(여자)의 나이가 少(적으면) 예쁘고 신묘하다 하여 '묘할 묘'

- 妙計 묘계　묘한 꾀. 묘책
- 妙齡 묘령　젊은 여자의 스물 안팎의 꽃다운 나이.
- 絕妙 절묘　아주 기묘함.

7급

위 상

 上 (가로선의 위)를 가리켜 '위 상'

- 上古 상고 아주 오랜 옛날.
- 上納 상납 ㉠ 나라에 조세를 바침 ㉡ 진상하는 물품을 바침.
- 上書 상서 웃어른에게 편지를 올림, 또는 그 글.

7급

아래 하

• 下 (가로선의 아래)를 가리켜 '아래 하'

- 下落 하락 수준이나 물가 등이 낮아지거나 떨어짐.
- 下旬 하순 한 달 가운데서 스무하루부터 그믐까지의 열흘 동안.
  ↔ 上旬(상순)
- 下野 하야 '관직, 특히 대통령직에서 물러남'을 이르는 말.

8급

가운데 중

어떤 口 (구역)의 중앙에 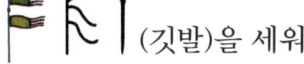 (깃발)을 세워 안, 가운데란 뜻인 '가운데 중'

- 中間 중간 사물이나 현상의 사이.
- 中立 중립 대립되는 두 편 사이에서 어느 한 편에도 치우치지 않고 중간의 입장에 섬.
- 中央 중앙 ㉠ 사방의 중심이 되는 곳. 한가운데 ㉡ 서울, 수도

4급

충성 충

 中 (중심)이 흔들리지 않는 참된 心 (마음)에서 '충성 충'

- 忠告 충고 충심으로 남의 잘못에 대하여 주의를 줌, 또는 그 말.
- 忠誠 충성 나라나 왕에게 바치는 충직한 정성.
- 忠臣 충신 임금에게 충성을 다하는 신하.

02. 땅

5급

근심 환

꼬치를 꿴 모양을 한 串 (꼬치 관→환)을 넣어 근심, 걱정에 中心(중심)이 흔들리는 心 (마음)에서 '근심 환'

- 患難 환난   근심과 재난
- 患者 환자   다치거나 병이 나서 치료를 받아야 할 사람.
- 憂患 우환   근심이나 걱정이 되는 일.

언덕 부

계단이 있는 阜 (언덕)을 그려 '언덕 부'
阝 (좌부변)은 변형부수. '좌부방'으로 잘못 불리어지고 있음. 한자 속에는 일부가 생략되어 나옴.

3급

쫓을 추

𠂤 (언덕) 주위에서 적군을 뒤쫓으며 辶 (찾아다니는) '쫓을 추'

- 追加 추가   더하여 보탬.
- 追放 추방   쫓아냄. 몰아냄.
- 追憶 추억   오래전의 지난 일을 돌이켜 생각함, 또는 그 생각.

4급

스승 사

𠂤 (언덕) 아래에 빙 둘러 帀(돌릴 잡 : 돌려) 진을 치고 있는 군대(2500명)에서 '① 군사 사' 뒤에 스승을 추가해 '② 스승 사'

- 師團 사단   군대 편성의 한 단위. 군단의 아래, 여단의 위.
- 師表 사표   학식과 덕행이 높아 남의 모범이 될 만한 사람.
- 技師 기사   전문 지식을 요하는 특별한 기술 업무를 맡아 보는 사람.

4급

벼슬 관

백성들 집보다 높은 🪨 㠯 (언덕) 위에 지은 커다란 🏯 宀 (관청)에서 일하는 벼슬아치를 뜻하는 '벼슬 관'

- 官界 관계 국가의 각 기관. 또는 관리의 사회.
- 官公署 관공서 관청과 공공기관의 사무소.
- 官吏 관리 관직에 있는 사람.

5급

뭍 륙

🪨 阝(언덕)에다 흙에 핀 버섯을 그린 🍄 坴 坴 (흙덩이 륙)을 음으로 넣어 '뭍 륙'

- 陸軍 육군 육지의 전투 및 방어(防禦)를 맡은 군대.
- 陸地 육지 물에 잠기지 않은 지구의 표면. 땅
- 離陸 이륙 비행기가 날려고 땅에서 떠오름.

언덕 한

🪨 厂 厂 (비탈진 언덕이나 절벽)을 그려 '언덕, 바위, 거처'와 관계 있다.

4급

두터울 후

🪨 厂 厂 (언덕) 아래 음식을 담은 두꺼운 🍲 㫗 㫗 (도가니)를 두어 '두터울 후'

- 厚待 후대 후하게 대접함, 또는 그러한 대접.
- 厚德 후덕 마음이 너그럽고 덕이 두터움.
- 厚生 후생 생활이 넉넉해지고 윤택하게 하도록 꾀하는 일.

3급

골 곡

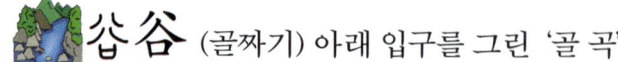 谷 (골짜기) 아래 입구를 그린 '골 곡'

- 溪谷 계곡 물이 흐르는 골짜기. 산골짜기
- 深谷 심곡 깊은 골짜기.
- 幽谷 유곡 그윽하고 깊은 산골.

4급

풍속 속

평범한 亻(사람)들이 谷 (골짜기)에 살고 있는 데서 '속세 속' 뒤에 나온 뜻이 '풍속 속'

- 俗談 속담 예로부터 민간에 전해 내려오는 교훈이나 풍자를 담은 격언.
- 俗世 속세 현실을 속되다고 보는 관점에서의 현실 사회. 이 세상
- 俗人 속인 ㉠ 평범한 사람 ㉡ 불도를 깨닫지 못한 사람.

5급

목욕할 욕

氵(물) 흐르는 谷 (계곡)에서 목욕하는 모습에서 '목욕할 욕'

- 浴室 욕실 목욕하는 방.
- 沐浴 목욕 온몸을 씻는 일.
- 山林浴 산림욕 숲을 거닐며 건강을 증진시키는 일.

4급

얼굴 용

인간과 가재도구를 다 수용하는 宀 (집)처럼, 풀 한 포기도 밀어내지 않고 수용하는 谷 (계곡)의 포용력 있는 모습에서 '① 얼굴 용' '② 용서할 용'

- 容量 용량 그릇 안에 들어갈 수 있는 분량.
- 容貌 용모 얼굴 모양
- 容恕 용서 죄나 과오에 대하여 꾸짖거나 벌하지 않음.

3급

欲
하고자할 욕

배가 고파 뭐라도 먹고 싶어 欠 (입을 벌리고) 있는 '하고자할 욕'

- 欲求 욕구 본능적으로 바라고 구하려는 심리적 상태.
- 欲望 욕망 무엇을 하거나 가지고자 하는 마음.

堇
진흙 근

黃 (누를 황)과 土 (흙 토)가 결합하여 '(노란)진흙 근'
堇 (진흙 근)은 변형된 한자임.
주로 음으로 나온다.

4급

勤
부지런할 근

堇 (진흙탕) 속에서도 온 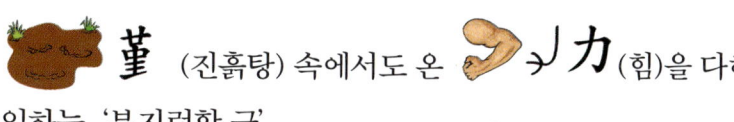力 (힘)을 다해 일하는 '부지런할 근'

- 勤儉 근검 부지런하고 검소함.
- 勤勉 근면 부지런히 힘씀.
- 勤務 근무 일정한 직장에 적을 두고 직무에 종사함.

7급

漢
한수 한

堇 (진흙 근→한)에서 음을 취하고 氵(양자강)의 지류인 한수(漢水)에서 '① 한수 한', 유방이 이곳에 건국한 나라이름에서 '② 한나라 한', 거칠고 나쁜 사내를 뜻하는 '③ 사나이 한'

- 漢文 한문 중국 고유의 문장, 곧 한자(漢字)로 쓴 문장.
- 漢方 한방 중국에서 발달하여 동양 각지에 퍼진 의술.
- 漢陽 한양 서울의 옛이름. 漢城(한성)

4급

어려울 난

堇(진흙, 근→난) 속에 빠져 허우적거리는 (새)의 모습에서 '어려울 난'

- 難關 난관   발전을 가로막는 어려운 관문.
- 難局 난국   어려운 판국.
- 難色 난색   부탁 등에 대해 곤란해 하는 낯색.

4급

바꿀 역

상황에 따라 몸 색깔을 쉽게 바꾸는 易(도마뱀)을 그려 '① 쉬울 이' '② 바꿀 역'

주의 昜(햇살 양)과 다르다.

- 難易度 난이도   어렵고 쉬운 정도.
- 交易 교역   서로 물건을 사고팔고 하여 바꿈.
- 貿易 무역   외국과 물건을 팔고 사거나 교환하는 경제적 활동.

동물 03

肉月 毛 角 皮 牛 犬犭 豕
羊 馬 虎 禺 羽 飛

4급

고기 육

동물의 肉(살)을 썬 조각에서 나온 '고기 육' 肉(몸)을 구성하는 '살 육.' 月(육달월변)은 변형부수임.

- 肉聲 육성 확성기 따위의 기구를 통하지 않고 직접 들리는 사람의 목소리.
- 肉眼 육안 안경을 쓰지 않고 직접 보는 눈. 맨 눈
- 肉體 육체 사람의 몸

7급

있을 유

ナ(손)으로 月(고깃덩이)를 잡고 있는 모습에서 '① 있을 유' '② 가질 유'

- 有力者 유력자 세력이나 능력이 있는 사람.
- 有名 유명 이름이 세상에 널리 알려져 있음.
- 有識 유식 학문이 있어 견식이 높음. 아는 것이 많음.

03. 동물 75

3급

脚 다리 각

 月(신체)기관 중 却(물러날) 때 필요한 '다리 각'

- 脚光 각광   무대 전면의 아래쪽에서 비추어 주는 광선.
- 脚本 각본   연극의 무대 장치 및 배우의 대사 따위를 적은 글.
- 脚線美 각선미   여자 다리의 곡선미.

6급

多 많을 다

여러 겹으로 포개놓은  多(고깃덩어리)를 그려 '많을 다'. 多多(포개진 달)로 저녁이 거듭되어 날짜가 많아진다는 뜻으로 풀기도 함.

- 多寡 다과   수효의 많음과 적음.
- 多忙 다망   매우 바쁨. 일이 많음.
- 多事 다사   일이 많음. 변고(變故)가 많음.

4급

移 옮길 이

쌓여 있는 多(많은)  禾(볏단)을 옮기는 데서 '옮길 이'

- 移民 이민   자기 나라를 떠나 다른 나라 영토에 이주하는 일, 또는 그 사람.
- 移徙 이사   살던 곳을 떠나 집을 옮김.
- 移行 이행   옮아가거나 변하여 감.

4급

毛 털 모

동물의  毛(털)을 그려 '털 모'

- 毛髮 모발   ㉠ 사람의 머리털 ㉡ 사람 몸에 있는 터럭의 총칭.
- 毛細管 모세관   동맥과 정맥을 이으며 조직 속에 퍼져 있는 가는 혈관.
- 九牛一毛 구우일모   아홉마리 소 중 털 한 가닥. 매우 많은 것 중에서 극히 적은 수.

3급

꼬리 미

尸 (구부리고) 앉은 동물의 엉덩이에 난 毛 (털)을 그려 '꼬리 미'

- 尾行 미행   증거 포착 등을 위해 몰래 남의 뒤를 밟음.
- 交尾 교미   동물의 암수가 교접하는 일.
- 末尾 말미   어떤 것의 끝 부분. 맨 끄트머리

6급

뿔 각

동물의 肉角(뿔)을 그린 '뿔 각'

- 角度 각도   ㉠ 각의 크기 ㉡ 사물에 대한 견해나 관점.
- 角逐 각축   서로 이기려고 다툼.
- 頭角 두각   ㉠ 머리의 끝 ㉡ 두드러진 학식이나 재능.

4급

풀 해

牛 (소) 같은 동물의 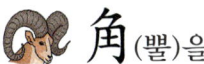角(뿔)을 刀 (칼)로 잘라 분해하는 모습에서 '풀 해'

- 解明 해명   의심나는 곳을 잘 설명하여 납득이 가게 밝힘.
- 解夢 해몽   민간 신앙에서 꿈의 길흉(吉凶)을 풀이하는 일.
- 解剖 해부   생물의 몸을 쪼개어 내부를 조사함.

3급

가죽 피

皮 (손에 칼을 쥐고 동물의 가죽)을 벗겨내고 있는 모양으로 지금은 동식물의 가죽을 총칭하여 '가죽 피'

- 皮骨 피골   살가죽과 뼈.
- 皮膚 피부   동물의 몸의 겉을 싼 외피. 살갗
- 皮革 피혁   날가죽과 무두질한 가죽의 총칭.

3급

저 피

저 멀리 ✚ 彳亍(길거리)에 떨어져 있는 사람이나 물건을 가리켜 원거리를 뜻하는 '저 피'

- 彼我 피아 남과 나. 저편과 이편
- 彼岸 피안 불교에서 이승의 번뇌를 해탈하여 열반의 세계에 도달하는 일.
- 彼此 피차 ㉠ 저것과 이것 ㉡ 서로

4급

깨뜨릴 파

石石(돌)로 물건을 깨고 부수는 '깨뜨릴 파'

- 破鏡 파경 ㉠ 깨어진 거울 ㉡ 부부가 이별하는 일을 비유하는 말.
- 破壞 파괴 쓰지 못하도록 때려 부수거나 깨뜨려 허묾.
- 破散 파산 재산을 모두 잃어버림.

4급

물결 파

氵(물)이 동물 皮(털가죽, 피 → 파)처럼 결 따라 퍼져나가는 '물결 파'

- 波及 파급 차차 전하여 널리 퍼짐.
- 電波 전파 전자가 물질파로 생기는 파동.
- 波文 파문 ㉠ 수면에 이는 잔물결 ㉡ 어떤 일의 영향.

5급

소 우

半牛(소)의 뿔을 그려 '소 우'

주의 午 (낮 오)와 다르다.

- 牛馬 우마 소와 말
- 牛耳讀經 우이독경 '쇠귀에 경 읽기.' 아무리 가르치고 일러주어도 알아듣지 못함.

5급

고할 고

 牛 (소)를 잡아 제단에 올리고 口 (입)을 통해 알린다는 데서 '고할 고'

- 警告 경고 문제가 있음을 지적하거나 주의하도록 경계하여 타이름.
- 告白 고백 숨긴 일이나 생각하는 바를 솔직히 말함.

4급

지을 조

신에게 告 (고)하기 위해 제단 앞으로 辶 (걸어나가는) 모습에서 '이를 조' 였다가 뒤에 물건을 만드는 '지을 조'

- 造林 조림 나무를 심어 숲을 이룸.
- 造化 조화 만물을 낳고 자라게 하며, 죽게 하는 영원 무궁한 대자연의 이치.
- 造花 조화 종이·천 등으로 꽃과 똑같은 형태로 만든 꽃.

6급

반 반

牛 (소)를 반으로  八 (나눈) 모습이 '반 반'

- 半島 반도 삼면(三面)이 바다로 둘러싸이고 한 면은 육지에 이어진 땅.
- 半信半疑 반신반의 얼마쯤 믿으면서도 한편으로는 의심함.
- 半世紀 반세기 한 세기의 절반. 곧 50년을 말함.

4급

판단할 판

소를 半 (절반)으로 나누어 刂 (칼)로 자르듯 분명하게 판단하는 '판단할 판'

- 判決 판결 일의 시비(是非)나 선악(善惡)을 판단하여 결정함.
- 判定 판정 판별하여 결정함.
- 判異 판이 또렷이 구별할 수 있을 만큼 분명하게 다름.

4급

개 견

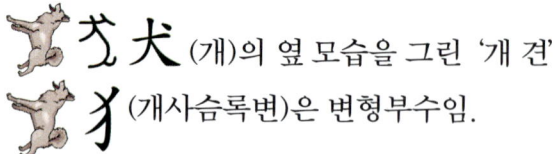 (개)의 옆 모습을 그린 '개 견'

犭(개사슴록변)은 변형부수임.

주의 太 (클 태)와 다르다.

- 犬猿之間 견원지간 개와 원숭이 사이처럼 매우 사이가 나쁜 관계.
- 忠犬 충견 주인에게 충직한 개.
- 鬪犬 투견 개끼리 싸움 붙임, 또는 싸움개.

4급

엎드릴 복

亻(사람) 앞에서 엎드려 복종하는 犬 (개)의 모습이 '엎드릴 복'

- 伏拜 복배 땅에 엎드려 절함.
- 伏兵 복병 적을 기습하기 위해 요긴한 길목에 숨어 있는 군대.
- 伏地不動 복지부동 땅에 엎드려 움직이지 않음. 업무처리에 몸을 사림.

7급

그럴 연

犬 (개) 夕 (고기)를 灬 (불)에 태우고 있는 '탈 연'이 원래 뜻이었다가 뒤에 나온 뜻이 ① 그럴 연 상태를 나타내는 접미사로 ② 어조사 연

- 自然 자연 저절로 된 모든 존재나 상태.
- 然後 연후 그러한 뒤.
- 必然 필연 어떤 일이 어떤 조건 아래에서 반드시 그렇게 되는 상태.

돼지 시

가축으로 기르는 豕 (돼지)를 그려 '돼지 시'

7급

집 가

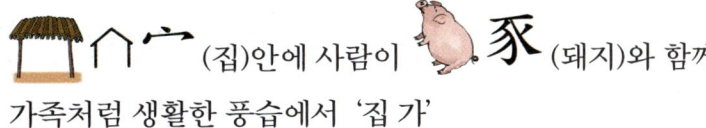 (집)안에 사람이 豕 (돼지)와 함께 가족처럼 생활한 풍습에서 '집 가'

- 家屋 가옥 사람이 살기 위하여 지은 집.
- 家庭 가정 함께 살아가는 한 가족의 공동체.
- 家訓 가훈 조상이 남긴 한 집안의 생활 지침이나 교훈.

3급

돼지 해

亥 (돼지)의 변형된 모습에서 '돼지 해' 십이지에서 열두 번째인 돼지띠에 해당.

- 亥時 해시 12지(支)의 맨 끝 시간. 곧, 밤 9시~11시의 사이를 말함.

4급

감히 감

앞으로 돌진하는 耳 (멧돼지)를 보고 "감히 나에게 덤비다니…" 하고 몽둥이를 들고 攵 (때리려는) 자세를 취하는 '감히 감'

- 勇敢 용감 두려움을 모르고 씩씩함.
- 敢行 감행 어려움을 무릅쓰고 과감하게 행하는 것.

4급

엄할 엄

严 (절벽의 바위) 위에서 敢 (감히, 감 → 엄)하는 눈빛으로 내려다보는 모습에서 '엄할 엄'

- 嚴格 엄격 말과 행실이 엄숙하고 철저함.
- 嚴禁 엄금 엄중하게 금지함.
- 嚴冬 엄동 몹시 추운 겨울.

3급

巖
바위 암

山山 (산)에 嚴 (위엄, 엄→암) 있게 서 있는 바위를 가리켜 '바위 암'

- 巖石 암석　바위
- 巖壁 암벽　깎아지른 듯이 험하게 솟아 수직의 벽을 이루고 있는 바위.

4급

羊
양 양

𢆉羊 (양의 뿔)을 강조해서 그린 '양 양'

- 羊頭狗肉 양두구육　양의 대가리를 내어놓고 실은 개고기를 판다는 뜻으로, 겉으론 훌륭하게 내세우나 속은 변변찮음.
- 九折羊腸 구절양장　양의 창자처럼 꼬불꼬불하고 험한 산길.

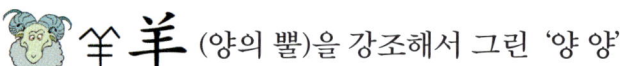

6급

美
아름다울 미

𦍌 (양)이 大 (크고) 털에 윤기가 나서 '아름다울 미'

- 美人 미인　용모가 아름다운 여자.
- 美製 미제　미국에서 만든 물품.
- 美風 미풍　아름다운 풍속.

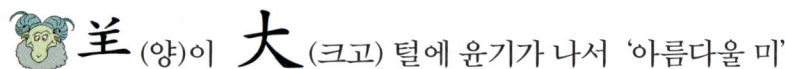

5급

善
착할 선

제단에 올릴 𦍌 (양)고기가 맛이 좋다고 👄👄言言→䚀 (말하는) 사람들을 그려 '착할 선' '좋을 선'

- 善導 선도　올바른 길로 인도함.
- 善良 선량　착하고 어짊.
- 善行 선행　착한 행실.

<善의 변천사>

羊言言 → 善

6급

큰바다 양

氵(큰 물)이 羊(양떼)가 이동하듯 흘러가다 모이는 '큰바다 양'

- 洋服 양복 서양식으로 만든 옷.
- 洋食 양식 서양 요리. 서양식으로 조리한 음식.
- 洋屋 양옥 서양의 건축 양식으로 만든 집.

5급

기를 양

질 좋은 羊(양)고기를 食食(먹여서) 기르는 '기를 양'

- 養成 양성 교육·훈련 등으로 인재를 길러 냄.
- 養育 양육 길러서 자라게 함.
- 休養地 휴양지 휴양하기 좋은 곳.

4급

옳을 의

我(나, 아 → 의)와 우리의 평화를 위해 羊(희생양)을 신에게 바치는 행위에서 '옳을 의'

- 義理 의리 사람으로서 지켜야 할 올바른 도리.
- 義憤 의분 불의를 보고 일어나는 분노.
- 主義 주의 굳게 지키는 견해나 태도.

4급

의논할 의

義(옳은) 해법을 찾기 위해 여럿이 모여서 言(말)하는 '의논할 의'

- 議案 의안 의논해야 할 안건.
- 議題 의제 회의에서 의논해야 할 문제.
- 議會 의회 단체의 의사를 결의하는 합의 기관. 국회·지방 의회 따위.

4급

통달할 달

(사람)이 羊(양)과 함께 거리를 막힘 없이 (걸어가) 목적지에 도달하는 '통달할 달'

- 達成 달성   목적한 바를 노력하여 이룸.
- 達人 달인   널리 사물의 이치에 통달한 사람.
- 到達 도달   정한 곳에 다다름. 목적한 데에 미침.

3급

토끼 묘

문을 좌우로 여는 모습이었는데 십이지의 넷째를 뜻하게 되어 '토끼 묘'

주의 卬(높을 앙)과 다르다.

- 卯方 묘방   24방위의 하나로, 정동(正東)을 중심으로 한 방위.
- 卯時 묘시   오전 5~7시 사이.
- 卯日 묘일   일진(日辰)이 묘(卯)로 된 날.

4급

버들 류

木(나무)에서 뜻을, 卯(토끼 묘→류)에서 음을 취해 '버들 류'

- 柳器 유기   고리. 고리버들 가지로 결어서 만든 그릇.
- 柳枝 유지   버드나무 가지
- 楊柳 양류   버들. 버드나무

4급

머무를 류

卯→卯(토끼, 묘→류)가 田(밭)에 잠시 머물러 있는 '머무를 류'

- 留念 유념   마음에 기억하여 두고 생각함.
- 留宿 유숙   남의 집에 묵음.
- 留學 유학   외국에서 학문이나 예술 등을 공부함.

5급

말 마

馬 (말)의 갈기를 강조해 그린 '말 마'

- 馬脚 마각　㉠ 말의 다리　㉡ 숨기고 있는 본성.
- 馬耳東風 마이동풍　말의 귀에 봄바람이라는 뜻으로, 남의 말을 귀담아 듣지 않음을 비유하는 말.

5급

능할 능

能 (곰)의 얼굴과 몸통과 날렵한 발을 그려 못하는 것이 없는 다재다능하다는 '능할 능'

- 能力 능력　어떤 일을 제대로 할 수 있는 힘.
- 能率 능률　일정한 시간 내에 할 수 있는 일의 비율.
- 本能 본능　학습이나 경험에 의하지 않고 생물이 선천적으로 지닌 동작이나 운동.

3급

범 호

虎 (범)을 그린 '범 호'
한자 속에서는 다리가 생략된 虍(범 호)도 나옴.

- 虎口 호구　범의 입. 매우 위태로운 지경이나 경우.
- 虎穴 호혈　범이 사는 굴. 매우 위험한 곳의 비유.

6급

이름 호

 号 (입 벌리고) 큰소리로 울부짖는 虎 (범)의 모습에서 '이름 호' '부르짖을 호'

- 號令 호령　㉠ 지휘하는 명령　㉡ 큰 소리로 꾸짖음.
- 號外 호외　정기 발행 이외에 임시로 발행하는 신문이나 잡지.
- 符號 부호　어떠한 뜻을 나타내기 위하여 정한 기호.

03. 동물

4급

곳 처

虍(범)이   夂(다리)를   几(그루터기)에 기대어 쉬는 곳에서 '곳 처'

- 處理 처리   일을 다스려 마무리함.
- 處罰 처벌   어떤 벌에 처함.
- 處地 처지   ㉠ 처해 있는 경우나 환경 ㉡ 지위 또는 신분.

4급

빌 허

虍(범)이 나타나면   业(풀밭) 주위에 있던 동물들이 다 도망을 가 썰렁하다는 '빌 허'

- 虛費 허비   쓸데없는 비용을 씀. 헛되게 써 버림.
- 虛弱 허약   힘이나 기운이 약함.
- 虛榮 허영   ㉠ 필요 이상의 겉치레 ㉡ 헛된 영화.

원숭이 우

빨간 눈에 긴 꼬리를 가진   禺(원숭이)를 그린 '원숭이 우.' 주로 음으로 나온다.

4급

만날 우

길을   辶(가다가) 만나서 대접한다는 '① 만날 우' '② 대접할 우'

- 待遇 대우   예의를 갖추어 대함.
- 遭遇 조우   우연히 맞남.
- 禮遇 예우   예의로 정중히 맞이함.

3급 고

깃 우

새의 ✋ 羽 羽 (깃털)을 그려 '깃 우'

6급

익힐 습

새끼 새가 날마다 ☀日→白 (해)가 뜨면 🦅 羽 (날개)를 퍼득거리며 나는 연습을 하는 '익힐 습'

- 習慣 습관 버릇
- 習得 습득 비교적 긴 시간 동안 배워 터득함.
- 習性 습성 ㉠ 버릇이 되어버린 성질 ㉡ 습관과 성질.

4급

날 비

새가 날개를 펴고 🦅 飛 飛 (나는) '날 비'

- 飛躍 비약 ㉠ 높이 뛰어오름 ㉡ 순서나 단계를 밟지 않고 뛰어넘음.
- 飛行 비행 일정한 높이를 유지하며 공중으로 날아다님.
- 飛上 비상 날아오름.

4급

아닐 비

새가  非 (좌우의 날개)로 나는 모습에서 '…은 아니다' 뜻인 '① 아닐 비'와 옳지 않다는 뜻인 '② 그를 비'

- 非難 비난 남의 잘못을 문제 삼아 나쁘게 말함.
- 非凡 비범 보통이 아님. ↔ 平凡(평범)
- 非一非再 비일비재 한두 번이 아니고 번번이 그러함.

4급

슬플 비

이게 非 (아니라고) 부정하고 싶은 心 (마음)에서 '슬플 비'

- 悲觀 비관　사물을 슬프게만 봄. 인생을 슬프고 괴롭게만 여김.
- 悲劇 비극　㉠ 매우 비참한 사건　㉡ 슬픈 결말로 끝맺는 극.
- 悲憤 비분　슬프고 분함.

5급

罪
허물 죄

형벌의 도구인 四 (그물)로 非 (비리)를 저지른 사람을 잡아들이는 모습에서 '허물 죄'

- 罪悚 죄송　죄스럽고 황송함.
- 罪囚 죄수　교도소에 갇힌 죄인. 수인(囚人)
- 罪人 죄인　㉠ 죄를 범한 사람. 犯人(범인)　㉡ 유죄 판결을 받은 사람.

4급

새 조

덩치가 큰 鳥 (새)의 모습을 그려 '새 조'

- 鳥瞰圖 조감도　높은 데서 내려다 본 상태의 그림이나 지도.
- 鳥足之血 조족지혈　새발의 피. 곧, 분량이 아주 적음을 이름.
- 鳥獸 조수　날짐승과 길짐승. 금수

5급

島
섬 도

바다에 떠 있는 山 (산) 위에 鳥 (새)들이 모여 사는 '섬 도'

- 島嶼 도서　크고 작은 여러 섬들.
- 孤島 고도　외딴 섬.
- 半島 반도　한 면만 대륙에 연결되고 삼면이 바다로 둘러싸인 육지.
- 列島 열도　죽 늘어선 여러 개의 섬.

4급

울 명

口(입)을 벌리고 우는 鳥(새)의 모습이 '울 명'

- 自鳴鐘 자명종　시각에 맞춰 저절로 울리는 시계
- 悲鳴 비명　위험할 때 지르는 소리.

3급

까마귀 오

몸이 온통 검은 색이라 눈동자가 보이지 않아 눈을 생략한 '까마귀 오'

- 烏飛梨落 오비이락　'까마귀 날자 배 떨어진다' 는 말로서, 일이 공교롭게 같이 일어나 남의 의심을 받게 됨을 이르는 말.
- 烏合之衆 오합지중　까마귀 떼란 뜻으로, 임시로 조직이나 질서 없이 모여든 무리.

8급

서녘 서

해가 지면 西(새가 둥지)로 돌아와 쉬는 모습에서 '서녘 서' 주의 酉(닭 유)와 다르다.

- 西歐 서구　서부 유럽과 미국을 중심으로 한 북아메리카의 선진 문명을 가진 지역.
- 西風 서풍　㉠ 서 쪽에서 불어 오는 바람 ㉡ 가을 바람

새 추

몸집이 작은 隹(새)를 그려 '새 추'

03. 동물

3급

오직 유

唯(새의 입)에서 나오는 울음소리가 오직 한 소리 뿐이라는 데서 '오직 유'

- 唯物 유물   온갖 것의 근원을 물질이라고 생각하는 일.
- 唯我獨尊 유아독존   '세상에서 자기 혼자만 잘났다고 뽐내는 태도' 를 이르는 말.
- 唯一 유일   오직 하나밖에 없음.

3급

비록 수

唯(오직 유 → 수)에서 음을 취하고 원래는 虫(도마뱀)이었는데 뒤에 다시 나온 뜻이 '비록 수.' 한문 문장 속에서 주로 나옴.

- 雖然 수연   비록 ~라 하더라도. 비록 ~라고는 하지만. 그러나.

4급

밀 추

앞으로 나아가기 위해서 扌(손)으로 밀쳐내는 '① 밀 추' '② 밀어젖힐 퇴'

- 推理 추리   알고 있는 사실을 바탕으로 사리를 미루어 생각함.
- 推進 추진   앞으로 밀고 나아감.
- 推測 추측   미루어 생각함.

4급

나아갈 진

隹(새)가 앞을 향해 辶(날아가는) 모습에서 '나아갈 진'

- 進擊 진격   앞으로 나아가 적을 침.
- 進路 진로   움직이는 물체나 사람이 앞으로 나아갈 길.
- 進步 진보   시간의 경과와 함께 차츰차츰 발전하여 나아짐.

5급

수컷 웅

튼튼한 ![팔뚝] 厷(팔뚝, 굉→웅)처럼 힘이 센 '수컷 웅'

- 雄辯 웅변   청중 앞에서 막힘 없이 말을 잘하는 일.
- 雄壯 웅장   우람하고 으리으리함.
- 英雄 영웅   재능과 지혜와 무용(武勇)과 담력이 특별히 뛰어난 사람.

6급

모일 집

![새] 隹(새)들이 ![나무] 木(나무) 위에 모여 있는 '모일 집'

- 集大成 집대성   훌륭한 것을 많이 모아서 하나로 크게 완성하는 일.
- 集約 집약   한데 모아서 요약함.
- 集中 집중   한 곳에 모이거나 모음. 어떤 일에 정신을 바짝 차리고 쏠리게 함.

4급

응할 응

![매] 雁(매 응 : 매)가 사냥감을 낚아챌 때 주인과
![심장] 心(마음)이 응한다 하여 '응할 응'

- 應答 응답   부름이나 물음에 응하는 대답.
- 應用 응용   어떤 원리를 실지에 적용하거나 활용함.
- 應援 응원   호응하며 도움. 운동 경기 등에서 선수들을 격려함.

3급

누구 수

"누구냐?" 하고 ![입] 言(물어보는) '누구 수'
한문 문장 속에서 주로 나옴.

- 誰怨誰咎 수원수구   누구를 원망하며 누구를 탓하랴. 곧, 남을 원망하거나 탓할 것이 없음을 이름.

황새 관

황새의 雚 (깃털과 눈과 몸통)을 그려 '황새 관'
한자 속에서 주로 음으로 나옴.

5급

볼 관

雚 (황새)처럼 두 눈 부릅뜨고 자세히 見
(살펴보는) '볼 관'

- 觀光 관광   다른 나라나 다른 지방의 명승 고적과 문화·풍경 등을 구경함.
- 觀點 관점   사물을 관찰할 때 그 사람의 보는 각도나 처지. 見地(견지)
- 觀察 관찰   사물의 있는 그대로의 현상을 주의 깊게 살펴봄.

4급

기뻐할 환

雚 (황새)처럼 입을 크게  欠 (벌리고)
웃는 '기뻐할 환'

- 歡談 환담   정답고 즐겁게 서로 이야기함.
- 歡迎 환영   격식을 갖추어 기꺼이 맞이함.
- 歡呼 환호   기쁘거나 감격하여 큰 소리로 고함을 지름.

4급

권세 권

木 (황화목)이라는 나무 이름을 뜻하다가 경중(輕重) 대
소(大小)를 분별하는 저울추를 가리켜 '권세 권'

- 權勢 권세   권력과 세력.
- 權限 권한   권리나 권력을 행사할 수 있는 범위.
- 執權 집권   정권을 잡음.

4급

권할 권

力 (힘껏) 일하라고 독려하는 '권할 권'

- 勸告 권고 일을 하도록 타일러 권함.
- 勸善懲惡 권선징악 착한 일을 권하고 악한 일을 징계함.
- 勸誘 권유 상대편이 일정한 일을 하도록 권함.

5급

물고기 어

魚 (물고기)를 그린 '물고기 어'

- 魚網 어망 물고기를 잡는 그물.
- 魚肉 어육 ㉠ 생선의 고기 ㉡ 물고기와 짐승의 고기.

5급

고기잡을 어

 (물)속에서 魚 (물고기, 어)를 잡아올리는 '고기잡을 어'

- 漁父 어부 물고기 잡는 일을 업으로 하는 사람. 어민.
- 漁父之利 어부지리 쌍방이 다투는 틈을 타서 제삼자가 애쓰지 않고 가로챈 이득.

5급

고울 선

羊 (노린내 전 → 선)의 생략형에서 음을 취하고, 막 잡아 올린 신선한 魚 (생선)에서 느끼는 '고울 선'

- 鮮明 선명 또렷하고 분명함.
- 鮮血 선혈 몸에서 막 흘러나온 상하지 않은 피. 선지피
- 生鮮 생선 비교적 싱싱한 식용의 물고기.

5급

두번 재

冉 (물고기)가 갔다가 다시 되돌아온다는 뜻으로 위에 一 (한 획)을 그어 '두번 재'

- 再建 재건　허물어진 것을 다시 일으켜 세움.
- 再婚 재혼　두 번 혼인함.
- 再演 재연　한 번 했던 일을 다시 되풀이함.

4급

알 란

원래는 물고기의 알이었다가 뒤에 닭, 새의 알도 포함해 모든 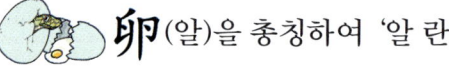 卵(알)을 총칭하여 '알 란'

- 卵生 난생　알에서 태어남.
- 鷄卵 계란　닭의 알. 달걀
- 累卵 누란　쌓아 놓은 여러 개의 알. 곧 매우 위태로운 형편을 비유.

3급

조개 패

바닷가의 貝 (조개)는 육지에서 진귀한 장식품으로 쓰이면서 최초의 화폐로 사용한 '조개 패'

주의 見(볼 견)과 다르다.

- 貝殼 패각　조가비. 조개 껍데기
- 貝物 패물　산호 호박(琥珀) 수정 대모(玳瑁) 따위로 만든 장신구.

5급

꾸짖을 책

朿 主 (가시나무)로 貝 (돈)을 갚지 못한 사람에게 책임을 지라며 난폭하게 때리는 데서 '① 꾸짖을 책' '② 책임 책'

- 責望 책망　허물을 꾸짖고 나무람.
- 責務 책무　책임진 임무.
- 責任 책임　맡아서 하여야 할 임무.

3급

날 **신**

辰 (대합) 껍질의 끝을 깎아 낫을 만들어 날마다 김을 매는 ① '날 신'과 辰 (별)을 그려 ② '별 진' '다섯째지지 진'

- 生辰 생신　생일을 높여 부르는 말.
- 辰時 진시　하루를 12시간으로 나눈 다섯째 시간. 곧, 상오 7시부터 9시까지.

7급

농사 **농**

밭에 曲 (구불구불 자란 곡식)을 辰 (낫)으로 김을 매는 모습에서 '농사 농'

- 農耕 농경　논밭을 갈아 농사를 지음, 또는 농사.
- 農繁期 농번기　농사일이 바쁜 시기.
- 農産物 농산물　농사를 지어 생산된 물품.

4급

벌레 **충**

처음에는 虫 (뱀)처럼 긴 벌레를 뜻하다가 뒤에 3개를 그려 벌레의 총칭으로 나와 '벌레 충' 다른 한자와 결합할 때는 虫(충)이 나옴.

- 蟲齒 충치　벌레 먹은 이. 삭은니
- 害蟲 해충　인간에게 해가 되는 벌레.

3급

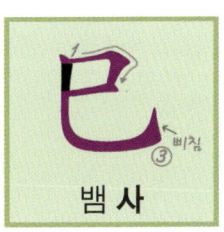
뱀 **사**

巳 (뱀)이 똬리를 틀고 있는 모습으로 십이지 중 여섯 번째에 해당되는 '뱀 사'

주의 己(몸 기), 巴(뱀 파)와 다르다.

- 巳時 사시　하루를 12시간으로 나눌 때의 여섯째 시간. 곧 오전 9~11시까지의 사이.

3급

이미 이

먹잇감을 이미 해치우고 난 뱀이 입 벌리고 있는 모습에서
'① 이미 이' '② 그칠 이'

- 已往 이왕   지금보다 이전(以前). 旣往(기왕)
- 不得已 부득이   마지 못해. 할 수 없이

벌레 촉

눈이 큰 (나비애벌레)에다 虫 (벌레 충)을 넣어 '벌레 촉.' 주로 음으로 나온다.

5급

홀로 독

犭(개)들이 모이면 짖어대고 싸우자 개집에 한 마리씩 살게 한 데서 '홀로 독'

- 獨立 독립   남의 도움이나 속박을 받지 않고 혼자의 힘으로 섬.
- 孤獨 고독   쓸쓸하고 외로움.
- 獨居 독거   혼자 삶.

식물 04

🌳木 🌾束 🎋竹 🌾禾 🌾米 🌾來
🌱生 🌱乙 🌱才 🌱艸(艹) 🌿爿 🌿片

8급

나무 목

🌳 ⚘木 (나무)를 그려 '나무 목'

- 木工 목공 나무를 다루어 물건을 만드는 일, 또는 그 사람. 木手(목수)
- 木石 목석 나무와 돌.
- 木星 목성 태양에서 다섯 번째로 가까운 혹성.

6급

근본 본

🌳 木 (나무) 아래의 ━ (뿌리)를 표시해 '근본 본'

- 本質 본질 사물의 근본적인 성질이나 모습.
- 本貫 본관 어떤 성(姓)을 연 시조(始祖)가 난 땅.
- 本能 본능 선천적으로 타고난 습성이나 능력.

04. 식물 97

5급

끝 말

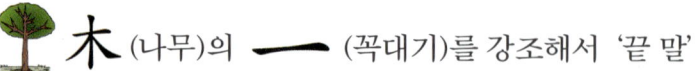 木(나무)의 一(꼭대기)를 강조해서 '끝 말'

주의 未(아닐 미)와 다르다.

- 末技 말기 하찮은 잔재주
- 末端 말단 맨 끄트머리
- 末尾 말미 문장 따위의 맨 끝 부분.

7급

쉴 휴

亻(사람)이 木(나무) 아래에서 쉬고 있는 '쉴 휴'

- 休校 휴교 학교가 수업을 한동안 쉬는 일.
- 休息 휴식 하던 일을 멈추고 잠깐 쉼.
- 休戰 휴전 전쟁을 얼마 동안 쉼.

4급

붉을 주

朱(속이 붉은 소나무)를 나타내기 위해 나무 가운데를 점으로 표시하여 '붉을 주'

- 朱門 주문 ㉠ 붉은 칠을 한 대문 ㉡ 지위가 높은 사람의 집을 이르는 말.
- 朱書 주서 붉은색으로 글씨를 씀, 또는 그 글씨.
- 朱黃 주황 주홍빛과 누른빛과의 중간 빛깔.

8급

동녘 동

원래는 東(자루) 양쪽을 꽁꽁 묶은 모습이었는데 뒤에 '동녘 동'이 나옴. 뒤에 東(나무 사이로 태양)이 떠오르는 모습으로 해석하여 유래로 굳어짐.

- 東問西答 동문서답 동쪽을 묻는데 서쪽을 대답한다는 뜻으로, 물음에 대하여 엉뚱하게 대답함을 이르는 말.
- 東洋 동양 아시아 동부 및 남부. 곧 한국·중국·일본·인도지나·인도의 지역.

3급

탈 **승**

木 (나무) 위에 다리를 벌리고 올라탄 (사람)을 그려 '탈 승'

- 乘客 승객   배, 차, 비행기 등에 타거나 탄 손님.
- 乘勢 승세   유리한 형세나 기회를 탐. 곧, 세력을 믿고 대드는 것.
- 乘勝長驅 승승장구   싸움에서 이긴 여세를 타고 계속 적을 몰아침.

6급

나무 **수**

木(나무)를 똑바로 封(세울 주 : 세워서) 심는 '나무 수'

- 樹立 수립   어떤 사업을 이룩하여 세움.
- 樹木 수목   ㉠ 나무를 심음 ㉡ 식물로서 살아 있는 나무

6급

실과 **과**

田 (과일)이 木 (나무)에 주렁주렁 열려 과실, 결과를 뜻하는 '실과 과'

- 果敢 과감   어떤 일을 함에 있어 망설이지 않고 과단성 있고 용감하게 함.
- 果報 과보   인과(因果)와 응보(應報)의 준말.
- 果實 과실   ㉠ 사람이 먹을 수 있는 나무의 열매 ㉡ 열매

5급

과정 **과**

果 (결과물)의 과정을 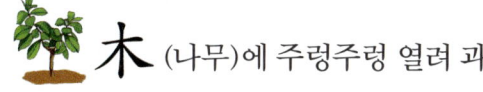 言 (묻고) 조사한 뒤 할당하는 '과정 과'

- 課目 과목   ㉠ 분류한 항목 ㉡ 학과
- 課稅 과세   세금을 매기고 그것을 내도록 의무를 지우는 것, 또는 그 세금.
- 課業 과업   해야 할 일.

4급

아닐 미

木 (나무) 위에  (움)이 막 올라온 모습에서 '아직은… 아니다' 란 뜻으로 '아닐 미'

- 未來 미래   아직 오지 않은 현재 이후의 때. 장래
- 未時 미시   하루를 12시로 나눈 여덟째 시. 곧, 오후 1~3시까지의 시간.
- 未婚 미혼   아직 결혼하지 않음, 또는 그러한 사람.

4급

맛 미

 口 (입)으로 맛을 본다는 '맛 미'

- 味覺 미각   혀 따위로 맛을 느끼는 감각.
- 氣味 기미   생각하는 바와 취미.
- 妙味 묘미   ㉠ 미묘하게 좋은 맛 ㉡ 미묘한 취미

4급

누이 매

아직 덜 자란  女 (여동생)을 가리켜 '누이 매'

- 妹夫 매부   누이의 남편
- 妹兄 매형   손윗누이의 남편. 姉兄(자형)
- 男妹 남매   오빠와 누이동생

7급

수풀 림

 林 (나무) 두 개를 그려 '수풀 림'

- 林野 임야   숲이 있거나 개간되지 않은 땅. 산림지대
- 林業 임업   이득을 얻고자 삼림을 경영하는 사업.
- 山林 산림   산과 숲, 또는 산에 있는 수풀.

4급

금할 금

林 (숲)속에 示 (제단)을 세워 아무나 출입할 수 없는 금지구역이라는 데서 '금할 금'

- 禁慾 금욕 육체적 욕망을 억제함.
- 禁止 금지 금하여 못하게 함.
- 拘禁 구금 신체의 자유를 구속하여 일정한 장소에 감금함.

5급 고

묶을 속

木 (나무)를 口 (끈)으로 꽁꽁 묶는 데서 '묶을 속'

- 拘束 구속 행동이나 자유를 제한하거나 속박함.

6급

빠를 속

꽁꽁 束 (묶은 나뭇단)을 메고 서둘러 辶 (걸어가는) 모습에서 '빠를 속'

- 速記 속기 간략한 획의 부호를 이용하여 빠르게 받아 적음.
- 速斷 속단 깊이 생각하지 않고 빨리 결단을 내림.
- 速成 속성 빨리 이룸. 빨리 됨.

5급

익힐 련

나뭇단을 풀어헤쳐 골라낸다는 束丷束(가릴 간 → 련)에서 음을 취하고, 糸 (무명, 모시)를 삶아서 하얗게 표백하는 일이 숙련되어 익숙하다는 '익힐 련'

- 練磨 연마 갈고 닦음.
- 練武 연무 무술을 닦음.
- 未練 미련 깨끗이 잊지 못하고 마음 속에 남아 있음.

4급

대 죽

🎋 竹 竹 (대나무)를 그려 '대 죽'

- 竹簡 죽간　옛날에 종이가 없을 때 글을 쓰던 대쪽.
- 竹馬故友 죽마고우　죽마를 타고 놀던 옛 친구. 곧, 어릴 때부터 친한 친구.
- 竹筍 죽순　대나무의 어리고 연한 싹. 대순.

7급

셈할 산

🎋 ⺮ (대나무)를 깎아 만든 🧮 目 (주판)을 🖐 ⺧ 廾
(양 손)으로 들고 계산하는 데서 '셈할 산'

- 算數 산수　수학
- 算出 산출　계산하여 냄.
- 暗算 암산　마음속으로 계산함.

4급

웃을 소

大 夭 (일찍죽을 요→소)에서 음을 취하고 🎋 ⺮
(대나무) 소리가 웃음소리와 비슷해서 '웃을 소'

- 談笑 담소　이야기와 웃음, 또는 좋은 분위기에서 웃으면서 이야기함.
- 微笑 미소　소리를 내지 아니하고 가볍게 웃는 웃음.

3급 고

벼 화

고개 숙인 🌾 禾 (이삭)을 그려 곡식을 총칭하는
'벼 화'

주의 木 (나무 목), 米 (쌀 미)와 다르다.

6급

이로울 리

 禾(벼)를 날카로운 (낫)으로 베는 모습에서 '① 날카로울 리', 생활을 이롭게 하므로 '② 이로울 리'

- 利用 이용 물건을 필요에 따라 이롭게 씀.
- 利率 이율 원금에 대한 이자 비율.
- 利益 이익 이롭고 유익한 일.

4급

사사로울 사

수확한 禾(볏단)을  (팔에 끼고) 내 것이라며 뺏기지 않으려는 이기심에서 '사사로울 사'

- 私見 사견 개인의 사사로운 생각이나 의견.
- 私立 사립 공익의 사업기관을 개인이 세움.
- 私心 사심 자기 욕심을 채우려는 마음.

6급

화할 화

수확한 禾(벼)가 여러 사람 口(입)으로 공평하게 들어가는 평화로운 모습에서 '화할 화'

- 和答 화답 시가(詩歌)에 응하여 대답함.
- 和睦 화목 서로 뜻이 맞고 정다움.
- 和音 화음 높이가 다른 둘 이상의 소리가 일시에 함께 어울리는 소리.

4급

향기 향

香 (벼를 밥솥에 넣고) 익힐 때 나는 향기로운 냄새에서 '향기 향'

- 香料 향료 ㉠ 향을 만드는 재료 ㉡ 향수, 향유 등의 원료
- 香氣 향기 꽃, 향수에서 나는 좋은 냄새.
- 香水 향수 향이 나는 물.

04. 식물

4급

곡식 **곡**

단단한 殼(껍질 각 → 곡)에서 음을 취하고 禾(벼)를 넣어 '곡식 곡'

- 穀物 곡물 양식이 되는 쌀·보리·조·콩 따위의 총칭.
- 糧穀 양곡 양식으로 쓰는 곡식.
- 五穀 오곡 ㉠ 쌀·보리·조·콩·기장의 다섯 가지 곡식 ㉡ 곡식의 총칭

4급

빼어날 **수**

禾(벼)의 이삭이 패여 弓乃(길게 뻗어나가) 축 늘어진 모습에서 뛰어나다는 뜻인 '빼어날 수'

- 秀麗 수려 산수의 경치가 뛰어나고 아름다움.
- 秀才 수재 학문·재능이 뛰어난 사람. ↔ 凡才(범재)
- 俊秀 준수 재주·지혜·풍채가 뛰어남, 또는 그런 사람.

8급

해 **년**

禾(볏단)을 등에 지고 운반하는 亻十(사람)의 모습에서 수확의 계절인 일년을 의미하는 '해 년'

- 年金 연금 특별한 공로가 있거나 일정 기간 국가기관에 복무한 사람에게 국가나 단체가 해마다 주는 돈.
- 豊年 풍년 수확이 많은 해.
- 送年 송년 묵은 해를 보냄.

<年의 변천>

7급

가을 **추**

벼를 갉아 먹는 禾(메뚜기)를 火(불)에 태우는 모습에서 '① 가을 추', 한해를 뜻하는 '② 때 추'

- 秋收 추수 가을에 익은 곡식을 거둬들이는 일. 가을걷이
- 千秋 천추 천년. 오래고 긴 세월
- 晩秋 만추 늦가을

<秋의 변천>

3급

근심 수

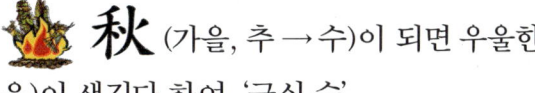 秋 (가을, 추 → 수)이 되면 우울한 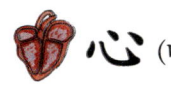 心 (마음)이 생긴다 하여 '근심 수'

- 愁心 수심 근심스러운 마음. 또는 그것이 얼굴에 나타난 상태.
- 哀愁 애수 슬픈 근심이나 시름.

6급

쌀 미

米 米 (쌀 알갱이)가 매달려 있는 모습에서 '쌀 미'

- 米粒 미립 쌀알
- 玄米 현미 벼의 껍질만 벗기고 쓿지 않은 쌀.
- 米飮 미음 쌀을 불려 지은 걸쭉한 음식.

7급

기운 기

米 (쌀)로 밥을 지을 때 증발하는 气 (증기)에서 '기운 기'

- 氣分 기분 마음에 저절로 느껴지는 감정의 상태.
- 氣象 기상 바람이나 구름 등, 대기(大氣) 속에서 일어나는 모든 현상.
- 氣運 기운 ㉠ 힘 ㉡ 어떤 방향으로 기울어지는 방향. 분위기

7급

올 래

원래는 이삭이 늘어진 來 (보리)란 뜻이었는데 뒤에 오다는 뜻이 나와 '올 래'

- 來訪 내방 만나러 찾아옴.
- 來往 내왕 오고 가고 함.
- 以來 이래 어느 일정한 때로부터 이제까지.

04. 식물

3급

 麥 (보리에 뿌리)를 넣어 다시 만든 '보리 맥'

보리 맥

- 麥飯 맥반　보리밥
- 麥酒 맥주　보리의 엿기름에 홉(hop)을 섞어 발효시킨 술.

8급

땅속에서 풀이 生 (싹트는) 모양에서 '날 생' '살 생'

날 생

- 生動 생동　생기 있게 살아 움직임.
- 生産 생산　아이를 낳음. 出産(출산)
- 生鮮 생선　말리거나 절이지 않은 싱싱한 물고기.

7급

 女 (어머니)의 뱃속에서 生 (나와) 최초로 갖는 '성씨 성'

성씨 성

- 姓名 성명　성과 이름.
- 姓銜 성함　'성명(姓名)'을 높이어 이르는 말.
- 百姓 백성　㉠ 일반 국민 ㉡ 사대부가 아닌 상사람

5급

生 (태어날 때) 갖고 나온  忄 (본성)을 가리켜 '성품 성'

성품 성

- 性格 성격　각 개인의 특유한 성질. 인품
- 性別 성별　남성과 여성의 구별, 또는 암수의 구별.
- 性質 성질　㉠ 타고난 기질. 고유의 성격 ㉡ 그것만이 가지고 있는 특징.

4급

별 성

밤하늘의 반짝이는 ⭐✨日(별)을 그려 '별 성'

- 星座 성좌 별자리
- 流星 유성 지구의 대기권 안으로 들어와 떨어지는 물체.

5급

낳을 산

彦(선비 언→산)에서 음을 취하고 자식을 生(낳는)다는 '낳을 산'

- 産物 산물 그 지방에서 생산되는 물건.
- 産室 산실 해산하는 방.
- 産業 산업 인간 생활에 필요한 재화를 생산하는 사업.

3급

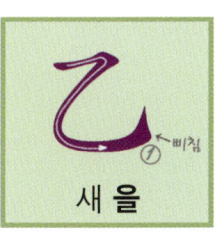
새 을

원래는 새싹이 땅을 뚫고 나오면서 乙(구부러진) 모양인데 乙(새)의 모습과 같다 하여 '새 을'이라고 부름. 십간의 두 번째에 해당됨.

- 甲論乙駁 갑론을박 자기의 주장만을 내세우고 상대방의 주장은 반박함.

3급

마를 건

倝(햇살, 간 → 건)이 따갑게 내리쬐자 막 돋아난 乙(새싹)이 말라버린 '마를 건'

- 乾坤 건곤 하늘과 땅을 상징적으로 일컫는 말.
- 乾杯 건배 술잔을 들어 서로의 건강이나 발전을 빌면서 술을 다 마시는 것.
- 乾燥 건조 습기나 물기가 없음. 마름

04. 식물   107

6급

재주 재

才 才 (땅속에서 삐죽 올라온 새싹)의 기특한 모습에서 '재주 재'

- 才德 재덕   재주와 덕행.
- 才色 재색   여자의 뛰어난 재주와 아름다운 용모.
- 才質 재질   타고난 재주와 기질.

5급

材
재목 재

가구나 집을 지을 재료로 쓰이는 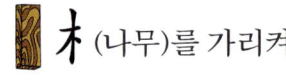(나무)를 가리켜 '재목 재'

- 材料 재료   ㉠ 물건을 만드는 감   ㉡ 어떤 일을 할 거리.
- 材木 재목   건축이나 기구 따위의 재료로 쓰는 나무.
- 人材 인재   학식과 능력이 뛰어난 사람.

5급

財
재물 재

貝 (돈)으로 유익하게 쓸 수 있는 가치 있는 '재물 재'

- 財團 재단   일정한 목적을 달성하기 위하여 결합된 재산의 집합.
- 財閥 재벌   금융 및 재계에서 큰 세력을 가진 자본가의 무리.
- 財産 재산   개인이나 단체가 소유한 유형과 무형의 경제적 가치가 있는 것의 총체.

4급

存
있을 존

땅을 뚫고 나오는 才=才 (재주)를 가진 子 (새싹)의 모습에서 비로소 존재의 의미를 알게 된다는 '있을 존'

- 存續 존속   그대로 계속하여 있음. 존재하여 유지하거나 계속하는 것.
- 存在 존재   실제로 있음.
- 存立 존립   생존하여 자립함.

6급

있을 재

才=才 (새싹)이 土(흙)을 뚫고 나오면서 자신의 존재를 인식하는 '있을 재'

- 在庫 재고 창고에 있는 물건.
- 在來 재래 전부터 있어 내려온 것. 이제까지 해오던 일.
- 在野 재야 초야(草野)에 있다는 뜻으로, 벼슬하지 않고 민간에 있음.

4급

갑옷 갑

단단한 甲 (껍질 속의 싹)이 처음으로 나기 시작하는 모습에서 '① 첫째 갑' '② 껍질 갑.' 장군의 甲 (갑옷)을 그린 데서 '③ 갑옷 갑'

- 甲板 갑판 배 위의 목판 또는 철판을 깐 넓고 평평한 바닥.
- 甲富 갑부 첫째 가는 부자.
- 還甲 환갑 (육십갑자의 '갑' 으로 되돌아온다는 뜻) 만 60세를 이르는 말.

풀 초

봄에 돋아나는 艸 (새싹 두 개)를 그렸다.
변형부수인 艹 (초두머리)는 풀이나 식물과 관계 있다.

참고 屮 풀 철   卉 풀 훼

7급

풀 초

早 (일찍 조 → 초)에서 음을 취하고 艹 (풀 초)를 넣어 '풀 초.' 풀을 그린 艸 (풀 초)가 먼저 만들어졌으나 점점 쓰이지 않게 됨.

- 草家 초가 볏짚・밀짚・갈대 같은 것으로 지붕을 인 집.
- 草稿 초고 문장이나 시 따위를 맨 처음 쓴 원고.
- 草綠 초록 ㉠ 풀과 녹색(綠色) ㉡ 초록빛

04. 식물

4급

빛날 화

(꽃이 만개)한 모양을 그린 위에 (풀 초)를 넣어 '빛날 화.' 花(꽃 화)의 원래 글자.

- 華僑 화교   외국에 나가 사는 중국 사람.
- 華麗 화려   외양이 눈부시게 아름답고 고움.
- 華婚 화혼   '혼인(婚姻)'을 아름답게 이르는 말.

5급

잎 엽

무성한 잎을 그린 葉 (모진나무 엽) 위에 (풀 초)를 넣어 강조한 '잎 엽'

- 葉書 엽서   '우편 엽서'의 준말.
- 金枝玉葉 금지옥엽   '금 같은 가지와 옥으로 된 잎사귀'라는 뜻으로, '임금의 자손'이나 '귀여운 자손'을 비유하여 이르는 말.

7급

아닐 불

不 (땅속 뿌리)가 제대로 뻗지 못한 부정적인 모습에서 '아닐 불'

주의 뒷글자의 자음이 'ㄷ'이나 'ㅈ'일 때 독음이 '부'로 바뀐다.

- 不可 불가   ㉠ 옳지 않음 ㉡ 해서는 안 됨.
- 不夜城 불야성   등불이 많이 켜 있어 '밤이 낮같이 밝은 곳'의 비유.
- 不義 불의   의리나 정의에 어그러짐. 옳지 않은 일.

4급

아닐 부

不(아니라고) 口(입)으로 부인(否認)한다는 뜻인 '아닐 부'

- 否定 부정   그렇지 않다고 말하거나 단정함.
- 可否 가부   ㉠ 옳고 그름 ㉡ 표결에서의 가와 부.
- 安否 안부   ㉠ 편안함과 편안하지 아니함 ㉡ 편안 여부를 묻는 인사.

3급

잔 배

원래는 (나무)로 만든 술잔이었는데 뒤에 도자기나 금속으로 만든 '잔 배'

주의 盞 (잔 배)와 같은 한자.

- 祝杯 축배 축하의 뜻을 나타내기 위하여 마시는 술, 또는 그 술잔.
- 苦杯 고배 쓴 술잔. 쓰라린 경험을 비유.

조각 장

자른 나무의 (왼쪽 토막)을 가리켰는데 뒤에 침상 같은 널빤지를 뜻하는 '조각 장'
주로 음으로 나온다.

4급

장할 장

士(무기)를 들고 있는 씩씩한 남자를 뜻하는 '장할 장'

- 壯烈 장렬 씩씩하고 열렬함.
- 壯丁 장정 성년에 이른 기운이 좋고 젊은 남자.
- 壯年 장년 30~40세 안팎의 나이.

4급

장수 장

爿(도마) 위의 (고기를 손)에 들고 앞으로 나아가는 모습에서 '① 나아갈 장', 뒤에 주관하는 사람을 뜻하는 '② 장수 장'

- 將校 장교 군대의 지휘관.
- 將軍 장군 군을 통솔 지휘하는 무관(武官). 대장(大將).
- 將來 장래 앞으로 닥쳐올 날.

3급

조각 편

자른 나무의 ▨▨片 (오른쪽 토막)을 가리켜 평평하고 작은 '조각 편'

- 片道 편도   가거나 오거나 할 때의 한쪽 길.
- 片紙 편지   소식이나 사연을 전하기 위해 쓴 글.
- 一片丹心 일편단심   한 조각의 붉은 마음. 곧 충성심을 이름.

8급

아우 제

▨▨▨ (막대기)에다 ▨ 弓 (끈)을 순서대로 감은 모습에서 차례란 뜻이었는데 뒤에 동생을 뜻하게 되어 '아우 제'

- 弟嫂 제수   아우의 아내.
- 弟子 제자   스승의 가르침을 받거나 받은 사람.
- 師弟 사제   스승과 제자.

6급

차례 제

▨弟 (아우 제) 위에 차례대로 마디가 자라는 ▨▨ (대나무)를 넣어 '① 차례 제', 시험을 뜻하는 '② 과거 제'

- 第三者 제삼자   직접으로 관계하지 않는 자. 당사자가 아닌 사람.
- 第一 제일   ㉠ 첫째 가는 것. 으뜸 ㉡ 가장 훌륭함.
- 及第 급제   ㉠ 과거(科擧)에 합격됨 ㉡ 시험에 합격됨.

밑동 적

과실의 꼭지라는 설과 나무의 뿌리라는 설 등 분명치 않은 '밑동 적.' 주로 음으로 나온다.

4급

適 맞을 적

여러 길 중에 적당한 곳을  (찾아가는) '맞을 적'

- 適當 적당 정도나 이치에 꼭 맞고 마땅함.
- 適任 적임 ㉠ 재능에 적당한 임무 ㉡ '적임자'의 준말
- 適材適所 적재적소 적당한 인재를 적당한 자리에 씀.

4급

敵 대적할 적

 (손에 몽둥이)를 들고 상대방과 맞서는 '대적할 적'

- 敵國 적국 적대 관계에 있는 나라.
- 敵手 적수 ㉠ 서로 어금지금한 상대 ㉡ 싸움이나 경쟁의 상대자.
- 匹敵 필적 재주나 힘 따위가 엇비슷하여 서로 견줄 만함.

05 신체·행동

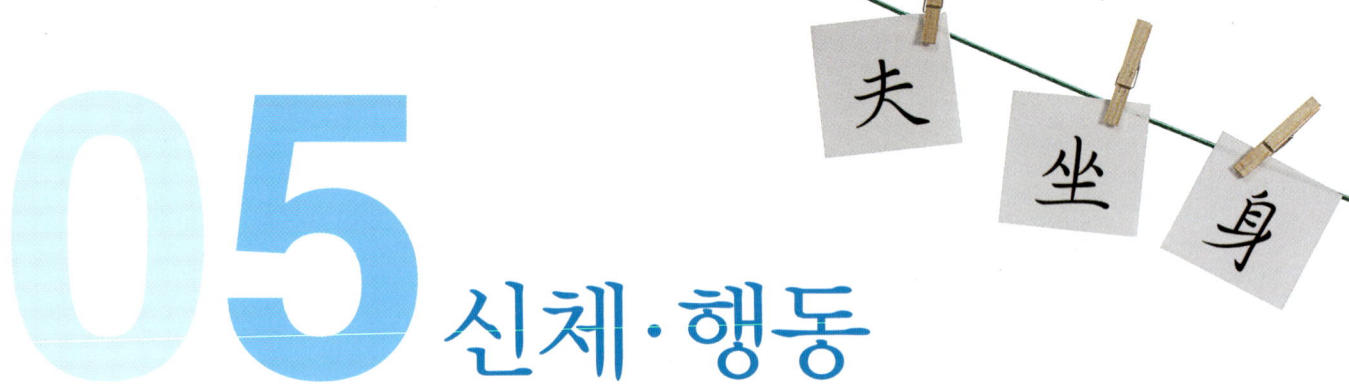

8급

사람 인

人 (사람의 옆모습)을 그린 '사람 인.' 亻(사람 인변)은 변형 부수

주의 八 (여덟 팔), 入 (들 입)과 다르다.

- 人權 인권   사람으로서 누려야 할 기본적인 권리.
- 人類 인류   사람을 다른 동물과 구별하여 이르는 말.
- 人之常情 인지상정   사람이면 누구나 가지는 보통의 인정.

4급

어질 인

二 (두) 亻(사람) 이상이 모여 사회를 이루고 서로 이해하고 사랑하는 정신에서 '어질 인'

- 仁術 인술   어진 덕을 베푸는 방도.
- 仁義 인의   어진 것과 의로운 것.
- 仁慈 인자   어질고 자애로움.

3급

오랠 구

(등 굽은 노인)이 발을 질질 끌고 느리게 걸어가는 데서 시간이 오래 경과했다는 '오랠 구'

- 持久力 지구력　오래 버티는 힘.
- 悠久 유구　아득히 길고 오램.
- 恒久 항구　변함없이 오래 감.

4급

지킬 보

(어머니)가 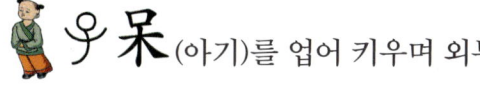(아기)를 업어 키우며 외부로부터 보호하는 '지킬 보'

- 保守 보수　오랜 습관·제도·방법 등을 보전하여 지킴.
- 保全 보전　온전하게 잘 지켜나감.
- 保證 보증　남의 신분이나 행동을 증명하여 책임짐.

3급

다만 단

旦 (아침 단)에서 음을 취하고, 亻(사람)이 윗도리를 벗다는 뜻을 나타내다가 바뀌어서 '다만 단'

- 但書 단서　본문 다음에 '但' 자를 쓰고, 법률 조문이나 문서 등에서 어떤 조건이나 예외를 밝히는 글.
- 但只 단지　다만

5급

써 이

농부가 (쟁기)를 사용해서 일하는 모습에서 어떤 일의 수단이나 도구를 나타내는 '써 이'

- 以實直告 이실직고　사실 그대로 바로 고함.
- 以心傳心 이심전심　마음과 마음으로 서로 뜻이 통함.
- 以下 이하　일정한 기준보다 적거나 작은 범위.

4급

佛 부처 불

亻(사람 인)과 弗(아닐 불)이 결합하여 범어로 깨달은 자란 뜻을 가진 'Buddha(깨달은 자)'를 음역한 佛陀(불타)를 뜻하는 '부처 불'

- 佛經 불경 불교의 경문.
- 佛堂 불당 부처를 모셔 놓은 집.
- 佛語 불어 ㉠ 프랑스말 ㉡ 부처님의 말씀.

3급

坐 앉을 좌

土(흙바닥)에 人人(두 사람)이 마주 보고 앉아 있는 모습에서 '앉을 좌'

주의 巫(무당 무)와 다르다.

- 坐禪 좌선 불교에서 가부좌를 하고 조용히 참선(參禪)함.
- 坐視 좌시 ㉠ 앉아서 봄 ㉡ 참견하지 않고 가만히 두고 보기만 함.
- 坐定 좌정 자리잡아 앉음.

8급

大 큰 대

두 팔을 벌리고 大(서 있는 사람)의 모습에서 '큰 대'

- 大概 대개 ㉠ 대강 ㉡ 대부분 ㉢ 대체로.
- 大器晩成 대기만성 크게 될 사람은 늦게 이루어짐.
- 大陸棚 대륙붕 해안선에서 수심 약 200m 깊이까지의 바다의 밑부분.

6급

太 클 태

大(큰 대)를 두 개 겹쳐 쓴 것을 二(이)로 바꾸었다가 다시 점을 찍어 가장 크다는 '클 태'

- 太極 태극 천지가 개벽하기 전의 혼돈한 상태. 우주 만물 구성의 근원이 되는 본체.
- 太初 태초 우주의 맨 처음. 천지가 개벽한 처음.
- 太平 태평 나라나 집안이 잘 다스려져 조용하고 평안함.

太(클 태) 변천사 夻 → 态 → 太

7급

하늘 천

 大 (서 있는 사람) 머리 위에  一 (하늘)을 그려 '하늘 천'

- 天罰 천벌   하늘이 내리는 형벌.
- 天然 천연   자연 그대로. 타고난 그대로.
- 天佑神助 천우신조   하늘이 돕고 신이 거들어줌.

5급

인할 인

 囗 (돗자리)에 누워 大 (사람)과 인연을 맺고 의지한다는 데서 '① 인할 인' '② 원인 인' '③ 인연 인'

- 因果 인과   원인과 결과.
- 因習 인습   이전부터 전하여 내려오는 낡은 풍습.
- 因緣 인연   서로의 연분.

4급

은혜 은

因 (인연, 인→은) 맺은 모든 사람에게 心 (마음)으로 감사하는 '은혜 은'

- 恩情 은정   은혜로 사랑하는 마음. 인자한 마음.
- 恩寵 은총   신에게서 받는 특별한 은혜와 사랑.
- 恩惠 은혜   베풀어 주는 고마운 도움. 은덕

7급

글월 문

몸에 文 (문신)한 무늬였는데 뒤에 글자를 가리켜 '글월 문'

- 文盲 문맹   글자를 읽지 못함, 또는 그 사람. 까막눈이
- 文物 문물   정치·경제·문화를 통틀어 이르는 말.
- 文書 문서   글이나 기호로써 어떤 내용을 적어 표시한 것의 총칭.

05. 신체·행동

5급

될 화

서 있는 亻(사람) 위에 거꾸로 서서 곡예를 하는 匕(사람)을 그려 변화를 주는 '될 화'

주의 比(나란히 비)와 다르다.

- 化石 화석   지질시대에 살던 동식물의 유해 및 그 유적이 수성암 등의 암석 속에 남아 있는 것.
- 化合 화합   둘 이상의 물질이 화학 변화로써 새로운 화합물이 되는 현상.

7급

꽃 화

艸 艹(풀)이 자라 化(변화)를 거치면 '꽃 화'

- 花壇 화단   화초를 심기 위하여 만든 꽃밭.
- 花郞 화랑   신라시대에 있었던 청소년의 교양적 집단인 민간 수양 단체
- 花園 화원   꽃을 심은 동산.

4급

재물 화

주인이 바뀌고 물품을 살 수 있게 돌고 돌면서 化(변화)를 겪는 貝(돈)을 가리켜 '재물 화'

- 貨物 화물   비행기, 차, 배 따위로 운반할 수 있는 물품.
- 貨幣 화폐   사회에 유통하여 교환의 매개, 지불의 수단, 가격의 표준, 축적의 목적물로 쓰이는 물건. 돈

5급

견줄 비

두 사람을 比(나란히) 세워놓고 비교하는 '견줄 비'

주의 北(북녘 북)과 다르다.

- 比較 비교   둘 이상의 것을 서로 견주어 봄.
- 比例 비례   두 양(量)의 비가 다른 두 양의 비와 같은 일.
- 比率 비율   일정한 양(量)이나 수에 대한 다른 양이나 수의 비(比).

3급

皆
다 개

모든 사람이 다 함께 比(나란히) 앉아서 白(아뢸 백 : 말한다) 하여 '다 개'

- 皆勤 개근   일정한 기간 동안 휴일 이외는 하루도 빠짐없이 출석, 또는 출근함.
- 皆旣蝕 개기식   개기일식과 개기월식을 통틀어 일컬음.
- 皆骨山 개골산   금강산의 겨울 이름.

4급

混
섞을 혼

昆(형 곤 → 혼)에서 음을 취하고 氵(물)과 흙이 함께 섞여 있는 '섞을 혼'

- 混亂 혼란   갈피를 잡을 수 없게 섞이어 어지러움. 어지럽고 질서가 없음.
- 混沌 혼돈   사물의 구별이 확실하지 않은 상태.
- 混合 혼합   두 가지 이상의 물질이 화학적 결합을 하지 않고 섞임.

8급

北
북녘 북

두 사람이 北(등지고) 달아나는 모습에서 '① 달아날 배', 남향집이 등지고 있는 쪽이 북쪽이라 '② 북녘 북'

- 敗北 패배   싸움에 져서 달아남.
- 北極 북극   지구(地球)의 북쪽 끝.
- 北緯 북위   적도(赤道) 이북의 위도(緯度).

4급

骨
뼈 골

정상적인 骨(뼈)를 그린 '뼈 골'

- 骨格 골격   동물의 체형을 이루고 몸을 지탱하는 뼈의 조직. 뼈대
- 骨董 골동   ㉠ 여러 가지 물건을 뒤섞음 ㉡ 골동품(骨董品)
- 骨子 골자   사물의 핵심

6급

나눌 **별**

(뼈)를 (칼)로 발라서 살과 분리하는 데서 '나눌 별'   주의 刊 (간행할 간)과 다르다.

- 別居 별거   한집안 식구가 따로 나가 삶.
- 別味 별미   특별히 좋은 맛, 또는 그러한 음식.
- 別世 별세   세상을 떠난다는 뜻으로, 사람의 죽음을 높여 일컫는 말.

6급

죽을 **사**

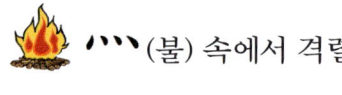(뼈) 옆에 앉아서 고개 숙이고 (절하는 사람)을 그려 '죽을 사'

- 死力 사력   목숨을 아끼지 않고 쓰는 힘.
- 死生 사생   죽음과 삶.
- 死亡 사망   사람이 죽음.

4급

벌일 **렬**

(뼈)를 (칼)로 분리하고 진열하는 '벌일 렬'

주의 別(나눌 별)과 다르다.

- 列強 열강   여러 강한 나라들.
- 列擧 열거   실례나 사실들을 죽 들어서 말함.
- 隊列 대열   대를 지어 죽 늘어선 줄.

4급

烈
매울 **렬**

列(벌여 놓은 뼈)가 (불) 속에서 격렬하게 타들어가는 '매울 렬'

- 烈女 열녀   죽음을 무릅쓰고 남편에 대한 정성과 절개를 지킨 여자.
- 烈士 열사   조국과 민족을 위하여 성심껏 장렬하게 싸운 사람.
- 烈火 열화   맹렬하게 타는 불.

6급

법식 례

亻(사람)이 고기를 부위별로 列(늘어놓고) 본보기로 삼는 데서 '법식 례'

- 例規 예규   관례가 되는 규칙.
- 例年 예년   평상시의 해.
- 例文 예문   예로 드는 문장.

7급

설 립

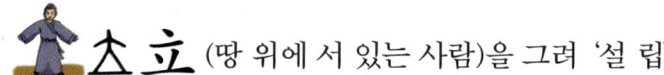(땅 위에 서 있는 사람)을 그려 '설 립'

- 立脚 입각   ㉠ 발판을 정함 ㉡ 근거로 삼아 그 처지에 섬.
- 成立 성립   일이나 물건이 이루어짐.
- 立身 입신   사회적으로 인정을 받고 자기 기반을 확립하는 일.

5급

자리 위

亻(사람)이 立(서 있는) 자리에서 '자리 위'

- 位階 위계   벼슬의 품계.
- 方位 방위   사방을 기본으로 하여 나타내는 그 어느 쪽의 위치.
- 單位 단위   조직을 구성하는 기본.

3급

울 읍

氵(눈물)이 立(솟구쳐) 흐르는 '울 읍'

- 泣訴 읍소   눈물을 흘리면서 간절히 호소함.
- 泣斬馬謖 읍참마속   울면서 군령을 어긴 마속(馬謖)을 베어죽인다는 뜻으로, '큰 목적을 위하여는 아끼는 사람도 버림'을 비유하여 이르는 말.

05. 신체·행동

5급

다툴 경

立 (나란히 서서) 口口 (입씨름)하는 ㅆ (두 사람)을 그린 '다툴 경'

- 競技 경기 일정한 규칙 아래 기술의 낫고 못함을 서로 겨룸.
- 競賣 경매 살 사람이 여럿일 때 값을 다투어 부르게 해 최고액 신청자에게 파는 일.
- 競爭 경쟁 같은 목적을 두고 서로 겨루어봄.

4급

끝 단

바르게 立 (서 있는) 모습에다 뿌리 위로 싹이 올라오는 모습을 그린 耑 (끝 단)을 음으로 넣어 '실마리 단', '끝 단'

- 端緖 단서 일의 처음. 어떤 일의 실마리.
- 端役 단역 연극이나 영화의 중요하지 않은 배역, 또는 그 역을 맡은 사람.
- 端正 단정 흐트러진 데 없이 얌전하고 바름.

7급

지아비 부

관례를 치른 夫 (비녀 꽂은 사내)에서 남편, 성인, 남자를 칭하는 '지아비 부' '사내 부'

- 夫婦 부부 남편과 아내.
- 夫人 부인 남의 아내의 높임말.
- 丈夫 장부 ㉠ 장성한 남자 ㉡ 장하고 씩씩한 사나이

3급

도울 부

夫 (사내)가 扌 (손)을 놀려 일손을 돕는 '도울 부'

- 扶養 부양 생활 능력이 없는 사람의 생활을 돌봄.
- 扶育 부육 도와서 기름.
- 扶助 부조 ㉠ 도와 줌 ㉡ 잔칫집·상가에 돈이나 물건을 보냄.
- 相扶相助 상부상조 서로 도움

4급

성씨 씨

氏 (물건을 드는 사람)이었는데 뒤에 같은 혈족, 뿌리를 가리켜 '성씨 씨.' 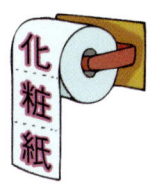 氏 (뿌리)를 그렸다는 설도 있음.

- 氏族 씨족   원시 사회에서 공동의 조상을 가진 혈족 단체.
- 姓氏 성씨   성(姓)의 높임말.

7급

紙
종이 지

닥나무를 糸 (실)처럼 풀어서 만든 '종이 지'

- 紙面 지면   ㉠ 종이의 표면 ㉡ 글이 실린 종이의 면.
- 紙幣 지폐   종이에 인쇄를 해서 만든 화폐.
- 印紙 인지   세금·수수료 따위를 징수하기 위하여 정부가 발행하는 증표.

4급

婚
혼인할 혼

女 (신부)를 맞는 혼인식은 날이 昏 (어두울 혼 : 어두워진) 뒤에 거행한 데서 '혼인할 혼'

- 婚禮 혼례   혼인의 예절. 결혼식
- 婚姻 혼인   예를 갖추어 남녀가 부부가 되는 일.

4급

低
낮을 저

亻(사람)의 발 氐 (아래)를 가리켜 수준이 떨어진다는 '낮을 저'

- 低質 저질   낮은 품질.
- 低俗 저속   인품 따위가 낮고 속됨.
- 低調 저조   ㉠ 능률이 오르지 않음 ㉡ 활기가 없이 침체함.

05. 신체·행동

7급

들 입

안으로 入 (들어가는) 모습을 그려 '들 입'

- 入山 입산   산에 들어감.
- 入選 입선   출품한 물건이 등수나 범위 안에 뽑힘.
- 入寂 입적   중이 죽음. 入滅(입멸)

7급

온전할 전

갈고 닦은 玉 (옥)을 흠 없이 入 (넣어) 보관한 데서 '온전할 전'

- 全貌 전모   전체의 모습.
- 全般 전반   관계되는 전체. 통틀어 모두.
- 全部 전부   모두 다. 모조리

7급

안 내

冂 (집) 안으로 入 (들어가는) '안 내'

- 內亂 내란   나라 안에서 일어난 반란이나 소동 따위.
- 內紛 내분   내부에서 저희끼리 일으키는 분쟁.
- 內容 내용   ㉠ 사물의 속내 ㉡ 어떤 일의 전후의 사정이나 과정

5급

갈 거

土 (사람)이 집 厶 (입구)에서 나가는 모습에서 '① 갈 거' '② 제거할 거'

- 去就 거취   ㉠ 사람이 어디로 가거나 옴.
           ㉡ 일신상의 출처나 진퇴.
- 過去 과거   이미 지나간 때. 옛날
- 除去 제거   없어지거나 사라지게 하는 것.

124

5급

법 법

氵(물)이 수평을 유지하듯 만인에게 평등하게, 성스런 廌(해태 : 생략됨)가 정직하지 못한 자를 뿔로 받아 去(제거)한다는 데서 '법 법'

- 法度 법도 ㉠ 법률과 제도. ㉡ 예법의 척도.
- 法律 법률 국민이 지켜야 할 나라의 규율.
- 法廷 법정 송사를 심리하고 판결하는 곳.

해태가 생략된 法

5급

몸 기

己(구부러진 것)을 곧게 편다는 뜻에서 뒤에 일인칭대명사인 자신, 나로 해석하는 '몸 기'

주의 已(이미 이), 巳(뱀 사)와 다르다.

- 己未 기미 육십갑자(六十甲子)의 쉰여섯째.
- 自己 자기 '남' 에 대한 '자신'.
- 知己 지기 자기의 마음속을 잘 알아줌, 또는 그 사람.

7급

기록할 기

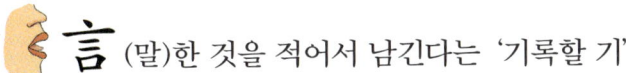
言(말)한 것을 적어서 남긴다는 '기록할 기'

- 記錄 기록 남길 필요가 있는 사항을 적음.
- 記事 기사 ㉠ 사실을 적음, 또는 그 글 ㉡ 신문·잡지 등에 기록된 사실.
- 記憶 기억 머릿속에 잊지 않고 외어둠.

4급

일어날 기

己(몸)을 일으켜 走(움직이는) 데서 '일어날 기'

- 起居 기거 자고 먹고 하는 등의 일상 생활.
- 起用 기용 인재(人材)를 벼슬자리에 뽑아씀.
- 起草 기초 글의 초안을 잡음.
- 起床 기상 잠자리에서 일어남(=起牀)

起床

05. 신체·행동

5급

고칠 개

(구부러진) 부분을 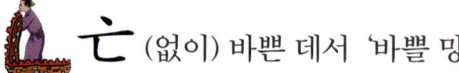(두드려서) 곧게 편다는 '고칠 개'

- 改良 개량 더 낫거나 좋도록 고침.
- 改善 개선 부족하거나 잘못된 점을 고쳐 좋게 함.
- 改革 개혁 새롭게 뜯어고침.

5급

망할 망

(사람)이 L자형 (담)에 몸을 숨기고 있는 모습에서 '망할 망' '죽을 망' '없을 망'

- 亡國 망국 망하여 없어진 나라.
- 亡命 망명 어떤 사람이 자기 나라에서의 정치적 탄압을 피해 외국으로 옮김.
- 亡者 망자 죽은 사람.

3급

잊을 망

기억이 점점 (없어지는) 心(마음)에서 '잊을 망'

- 忘却 망각 잊어버림.
- 忘年會 망년회 한 해의 모든 괴로움을 잊자는 뜻으로 연말에 베푸는 잔치.
- 健忘 건망 곧잘 잊어버림.

3급

바쁠 망

忄(마음)이 정신 (없이) 바쁜 데서 '바쁠 망'

주의 忘(잊을 망)과 다르다.

- 忙中閑 망중한 바쁜 가운데 어쩌다가 있는 한가한 짬.
- 公私多忙 공사다망 공적, 사적인 일로 매우 바쁨.
- 奔忙 분망 몹시 바쁨.

5급

바랄 망

 (사람이 언덕) 위에 서서  (보름달)을 바라보고 기원하는 모습에서 '① 바랄 망' '② 바라볼 망' '③ 보름 망'

- 望月 망월　보름달
- 望鄕 망향　고향을 그리워함.
- 德望 덕망　덕행으로 얻은 명성.

6급

사귈 교

다리를 X자로 交 (꼬고 앉아) 있는 모습에서 교차, 바꾸다는 뜻으로 '사귈 교'

- 交涉 교섭　어떤 일을 이루기 위하여 상대편과 절충함.
- 交易 교역　주로 나라들 사이에서 물건을 사고팔고 하여 서로 바꿈.
- 交際 교제　계속 만나면서 서로 사귐. 사귀어 가까이 함.

8급

학교 교

처음엔 X자형 나무인 형틀이었는데 뒤에 학생과 교사가 서로 交 (교류)하며 수업하는 '학교 교'

- 校閱 교열　문서나 책의 어구 또는 글자의 잘못을 살피어 교정하고 검열함.
- 校長 교장　학교의 사무를 관장하고 직원을 통솔 감독하는 학교의 최고 행정 직책.
- 校訓 교훈　학교의 교육 이념이나 목표를 간명하게 나타낸 표어.

5급

효험 효

회초리로 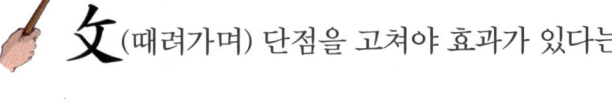 攵(때려가며) 단점을 고쳐야 효과가 있다는 '효험 효'

- 效果 효과　어떤 목적을 지닌 행위에 의해 나타나는 보람있는 좋은 결과.
- 效用 효용　어떤 물건이나 대상을 사용했을 때의 좋은 효과나 이로움.
- 效率 효율　들인 힘에 비하여 실지로 유효하게 쓰인 분량의 비유.

05. 신체·행동　127

6급

임신한 여자의 身(몸)을 그려 '몸 신'

- 身分 신분　개인의 사회적인 지위나 서열.
- 身體 신체　사람의 몸.
- 殺身成仁 살신성인　몸을 죽여 인을 이룸. 곧, 옳은 일을 위해 목숨을 바침.

4급

쏠 사

射(활을 당기는 손)을 그려 '쏠 사'

- 射擊 사격　화살·총 등을 쏨.
- 射殺 사살　활이나 총 등으로 쏘아 죽임.
- 射手 사수　활이나 총을 쏘는 사람. 사격수

4급

사례할 사

射(사격)을 끝낸 뒤 물러나면서 감사나 사과의 言(말)을 하는 데서 '①끊을 사' '②물러날 사' '③사죄할 사' '④사례할 사'

- 謝過 사과　잘못을 뉘우치고 용서를 빎.
- 謝禮 사례　고마운 뜻을 상대에게 나타냄, 또는 그 인사.
- 謝意 사의　㉠ 감사하는 뜻　㉡ 잘못을 비는 마음.

7급

마음 심

心(심장)에서 생각이 나온다고 생각해서 '마음 심'

- 心境 심경　마음의 상태.
- 心臟 심장　㉠ 염통　㉡ 마음 또는 '사물의 중심 핵심'을 비유하는 말.
- 心情 심정　마음 속에 품은 생각과 감정.

3급

사랑 자

茲 = 玆 (이것 자)에서 음을 취하고 어머니가 자식을 낳아 애지중지 키우는 心 (마음)에서 '사랑 자'

- 慈堂 자당 상대편의 '어머니'를 높이어 이르는 말.
- 慈善 자선 불쌍한 처지에 있는 사람을 딱하게 여겨 도와줌을 이르는 말.
- 慈愛 자애 자식에 대한 어버이의 사랑과 같은 인자하고 따뜻한 사랑.

6급

사랑 애

상대방에게 爫 (받은) 心 (사랑)을 夂 (천천히 걸으며) 다시 전해주는 은혜로운 '사랑 애'

- 愛讀 애독 즐겨서 읽음.
- 愛情 애정 사랑하는 정. 사랑하고 귀여워하는 마음.
- 愛好 애호 취미로서 좋아하고 즐김.

4급

원망할 원

저녁에 이리 저리 뒹굴며 잠 못 이루는 夗 (누워뒹굴 원) 아래 남을 미워하는 心 (마음)을 넣어 '원망할 원'

- 怨望 원망 남을 못마땅하게 여기고 탓함.
- 怨讐 원수 자기 또는 자기 나라에 해를 끼친 사람.
- 怨恨 원한 원통하고 한이 되는 생각, 또는 원망함.

4급

경사 경

경사가 난 집에 鹿→庐 (사슴) 가죽을 정중한 心 (마음)으로 夂 (들고 가서) 축하해 주는 '경사 경'

- 慶事 경사 축하할 만한 기쁜 일.
- 慶弔 경조 경사스런 일과 궂은 일.
- 慶賀 경하 경사로운 일에 대하여 축하의 뜻을 표함.

3급

항상 **항**

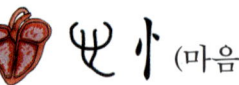(마음)이 亘(뻗칠 긍 : 빛나는 태양)처럼 항상 변치 않는 '항상 항'

- 恒久 항구 변함없이 오래 감.
- 恒常 항상 늘. 언제나 변함 없이.
- 恒時 항시 평상시. 보통 때

3급 고

버금 **아**

亞 亞(곱사등이) 둘이 서 있는 추한 모습을 뜻하다 뒤에 바로 뒤를 계승한다는 뜻과 으뜸의 바로 다음 자리를 의미하는 '버금 아.' 이외에 감옥, 무덤, 불구덩이를 그렸다는 설도 있음.

- 亞流 아류 ㉠ 둘째가는 사람 ㉡ 독창성없이 모방함.

5급

악할 **악**

亞(곱사등이)의 모진 心(마음)을 사람들이 미워한다고 하여 '① 악할 악' '② 미워할 오'

- 惡評 악평 나쁘게 평함, 또는 그런 비평.
- 惡漢 악한 나쁜 놈. 몹시 악독한 사람.
- 醜惡 추악 더럽고 지저분하며 아주 못생김.

3급 고

가운데 **앙**

央(사람이 물통의 중심)을 잡고 걸어가는 '가운데 앙'

- 中央 중앙 한가운데

6급

英 꽃부리 영

⺾(풀)이 자라난 한 央(가운데)에 화려한 꽃이 핀 모양에서 황금기를 뜻하는 '꽃부리 영'

- 英雄 영웅 　재능이 뛰어나서 대중을 영도하고 세상을 경륜할 만한 사람.
- 英才 영재 　뛰어난 재능, 또는 그런 능력을 가진 사람. 秀才(수재).
- 英華 영화 　명예. 영광

夬 터질 쾌

한쪽 夬(물동이가 떨어져나가) 균형이 깨진 '터질 쾌.' 활을 쏠 때 엄지에 깍지를 낀 모양이라는 설도 있음.

4급

快 상쾌할 쾌

물동이가 夬(깨져) 바닥에 구르는 광경을 즐기는 구경꾼의 忄(마음)에서 '상쾌할 쾌'

- 快樂 쾌락 　욕망을 채우는 유쾌한 감정.
- 快速 쾌속 　속도가 매우 빠름.
- 痛快 통쾌 　아주 유쾌함.

5급

決 결단할 결

夬(깨진) 물동이에서 쏟아진 氵(물)을 어찌할 것인지 결정한다는 '결단할 결'

- 決算 결산 　금전의 수입과 지출 계산을 마감함.
- 決勝 결승 　마지막의 승부를 가리는 일.
- 決心 결심 　마음을 굳게 정함.

05. 신체·행동

7급

아들 자

두 팔을 벌린 子(아기)의 모습에서 '① 아들 자' '② 씨 자' '③ (학문에 일가를 이룬 훌륭한) 스승 자' '④ 접미사 자'

- 子孫 자손   ㉠ 아들과 손자 ㉡ 후손. 후예
- 子子孫孫 자자손손   자손의 여러 대. 代代孫孫(대대손손).
- 子正 자정   자시(子時)의 한가운데. 곧 밤 12시.

7급

글자 자

(집) 안에서 子(아기)를 양육하면서 공부를 시키는 '글자 자'

- 字源 자원   글자의 기원.
- 字解 자해   글자의 해석.
- 文字 문자   글자

6급

오얏 리

木(나무)에 子(오얏=자두)가 주렁주렁 열린 '① 오얏 리' '② 성씨 리'

- 李下不整冠 이하부정관   오얏나무 아래에서 갓끈을 고치지 않음. 의심받을 짓을 하지 말라는 뜻.

4급

계절 계

禾(벼)를 子(어린 꼬마)까지 동원해서 수확하는 때인 '계절 계'  季(맡길 위)와 다르다.

- 季刊 계간   봄, 여름, 가을, 겨울로 한 해에 네 번 발행하는 출판물.
- 季嫂 계수   아우의 아내.
- 季節 계절   철

4급 고

쌀 포

임신부의 ⺈ (불룩한 배)가 巳 (태아)를 감싸고 있는 '쌀 포'

- 包含 포함 속에 싸여 있음. 또는 함께 넣음.
- 包裝 포장 ㉠ 물건을 싸서 꾸밈. ㉡ 겉으로만 그럴듯하게 꾸밈.
- 包容 포용 도량이 넓어서 남의 잘못을 싸 덮어 줌.

3급

안을 포

扌 (손)으로 부드럽게 包 (감싸고) 있는 '안을 포'

- 抱負 포부 마음 속에 간직한 미래에 대한 계획이나 희망.
- 抱擁 포옹 양팔로 껴안음. 얼싸안음.
- 懷抱 회포 가슴에 품음.

흐를 류

머리를 거꾸로 한 㐬 (태아가 양수)와 함께 흘러나오는 '흐를 류'

주의 充(채울 충)과 다르다.

5급

흐를 류

순리에 맞게 태아가 양수와 함께 나오는 㐬 (흐를 류) 앞에 氵 (양수)를 강조한 '흐를 류'

- 流浪 유랑 정처 없이 떠돌아다님.
- 流配 유배 죄인을 귀양 보냄.
- 流行 유행 세상에 널리 행하여짐, 또는 널리 퍼짐.

05. 신체・행동

7급

기를 육

이제 막 태어난 (아기)를 잘 먹여서 (살)이 통통하게 오른 '기를 육'

- 育成 육성   가르쳐서 기름. 길러서 이루어지도록 함. 養成(양성)
- 育英 육영   ㉠ 영재를 가르쳐 기름 ㉡ 교육
- 發育 발육   자라남.

5급

채울 충

어린 (아기)를 건강하게 키워 (다리)가 튼튼해진 데서 '채울 충'

- 充當 충당   모자라는 것을 채움.
- 充滿 충만   가득 참.
- 充電 충전   축전기에 전기에너지를 축적하는 일.

4급

거느릴 통

充 (채울 충 → 통)에서 음을, 糸 (실)을 잡고 끌어당기면 저절로 따라오는 데서 '거느릴 통'

- 統率 통솔   어떤 조직체를 거느려 이끎.
- 統一 통일   여럿을 모아 하나의 조직이나 체계 아래로 모이게 하는 것.
- 統制 통제   일정한 방침이나 목적에 따라 통일하여 제어하는 일.

어진사람 인

사람의 (두 다리)를 강조해서 그렸다. 단독으로 나오지 않고 부수로 나오며 사람의 동작과 관계 있다.

5급

아이 아

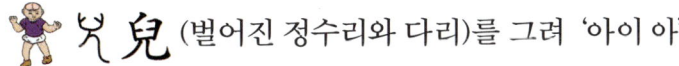 (벌어진 정수리와 다리)를 그려 '아이 아'

- 兒童 아동   어린이
- 孤兒 고아   부모를 여의거나 부모에게 버림받아 외로운 아이.

8급

兄
형 형

제단 앞에서  (무릎 꿇고) 口 (입)으로
축문을 읽는 사람이 제일 연장자인 데서 '형 형'

- 兄弟 형제   형과 아우.
- 難兄難弟 난형난제   형이라 하기도 어렵고 아우라 하기도 어려움. 곧, '우열이나 정도의 차이를 가리기 어려움' 을 뜻하는 말.

5급

빌 축

示=礻 (제단) 앞에 앉아 기원하는  (형)의 모습에서 '빌 축'

- 祝杯 축배   모임에서, 어떤 일을 축하하는 뜻으로 마시는 술.
- 祝福 축복   신의 은총을 기원함. 행운을 빎.
- 祝辭 축사   축하하는 뜻의 말이나 글.

3급

면할 면

산고에서 벗어난 산모가 편히 (누운 자세)를 그린 '면할 면'

주의 兎(토끼 토)와 다르다.

- 免稅 면세   세금을 면제함.
- 免除 면제   책임이나 의무 따위를 면해 줌.
- 免許 면허   국가기관에서 어떤 행위나 영업을 특정인에게만 허가하는 행정 처분.

4급

힘쓸 면

고난, 괴로움을 免(면)하기 위해 力(힘)쓴다는 '힘쓸 면'

- 勉勵 면려 힘써 함. 남을 힘쓰도록 격려함.
- 勉學 면학 학문에 힘씀.
- 勤勉 근면 부지런히 힘씀.

3급

늦을 만

日(해)가 떨어지는 저녁시간을 가리켜 '늦을 만'

- 晚年 만년 사람의 평생에서 나이 많은 노인의 시절.
- 晚鐘 만종 저녁때를 알리는 종소리.
- 晚學 만학 나이가 들어서 공부를 시작함.

정수리 신

아기의 囟(숫구멍)이 아직 닫히지 않아 팔딱거리는 '정수리 신'

5급

생각 사

囟→田(뇌)로 전달이 되어 생기는 心(마음)에서 '생각 사'

- 思想 사상 ㉠ 생각이나 견해 ㉡ 사회 및 인생에 대한 일정한 견해.
- 思索 사색 사물의 이치를 따지어 깊이 생각함.
- 思春期 사춘기 이성(異性)에 대하여 눈을 뜨고 그리워하는 나이. 13~17세 가량의 시기.

4급

가늘 세

미세한 糸(실핏줄)이 囟→田(뇌세포)를 형성한 데서 '가늘 세'

- 細密 세밀   자세하고 빈틈없이 치밀함.
- 細事 세사   자질구레한 일.
- 細心 세심   주의 깊게 마음을 씀.

4급

다를 이

머리에 괴상한 異(가면을 쓰고 춤추는 사람)의 모습에서 '다를 이'

- 異口同聲 이구동성   여러 사람의 말이 한결같음.
- 異國 이국   다른 나라. 외국
- 異端 이단   ㉠ 바르지 못한 도(道)
  ㉡ 전통이나 권위에 반항하는 주장.
- 異變 이변   괴이한 변고.

8급

계집 녀

다소곳이 女(앉아 있는 여자)의 모습에서 '계집 녀'

- 女史 여사   ㉠ 사회적 활동에 참여하고 있는 여자 ㉡ 결혼한 여자
- 女丈夫 여장부   남자처럼 굳세고 걸걸한 여자를 이름. 女傑(여걸)
- 長女 장녀   맏딸. 큰딸

4급

좋아할 호

女(엄마)가 子(자식)을 안고 있는 '좋아할 호'

- 好感 호감   좋은 감정.
- 好奇心 호기심   신기한 것을 좋아하거나, 모르는 것을 알고 싶어하는 마음.
- 好轉 호전   ㉠ 잘 되지 않던 일이 잘 되어감.
  ㉡ 병의 증세가 차차 나아짐.

3급

아내 **처**

시녀의 ⿰(손)으로 ⿰(머리) 손질을 받고 있는 ⿰女(귀부인)의 모습에서 '아내 처'. 사내가 여자의 머리를 낚아채어 부인으로 삼는 약탈혼의 풍습에서 나왔다는 설도 있음.

- 妻子 처자 아내와 자식.
- 賢母良妻 현모양처 어진 어머니이면서 착한 아내.
- 愛妻家 애처가 아내를 각별히 아끼고 사랑하는 사람.

3급

너 **여**

원래는 ⿰氵(물) 이름이었는데 뒤에 이인칭대명사로 쓰여 '너 여'

- 汝等 여등 너희들

4급

같을 **여**

⿰女(여자)가 ⿰口(입)으로 늘 같은 소리로 대답하며 순종하는 모습에서 '같을 여'

- 如前 여전 전과 같음.
- 如意 여의 일이 마음 먹은 대로 됨.
- 缺如 결여 응당 있어야 할 것을 빠뜨림.

5급

요긴할 **요**

⿰西(양 손으로 허리)를 잡고 있는 ⿰女(여자)를 그려 중요한 곳을 뜻하는 '① 요긴할 요' 와 중요한 것을 구한다는 '② 구할 요'

- 要約 요약 말이나 문장의 중요한 내용을 잡아 추림.
- 要人 요인 국가적으로 중요한 자리에 있는 사람.
- 要點 요점 요약된 점.

4급

성낼 노

일에 시달리는 노비의 손을 그린  奴 (노비 노 : 노비)의 心 (마음)에 분노의 감정이 쌓여서 나온 '성낼 노'

- 怒氣 노기   노여운 얼굴 빛.
- 怒濤 노도   무서운 기세로 밀려오는 큰 파도.
- 怒發大發 노발대발   몹시 화를 냄. 크게 노함.

7급

편안 안

宀 (집)안에 女 (여자)가 있어야 가정이 편안해진다 하여 '편안 안'

- 安否 안부   편안 여부를 묻는 인사.
- 安貧樂道 안빈낙도   가난한 생활을 하면서도 편안한 마음으로 도(道)를 즐김.
- 安息 안식   근심 걱정 없이 편안히 쉼.

5급

책상 안

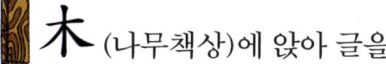
安 (편안)하게 木 (나무책상)에 앉아 글을 쓰거나 생각하는 '책상 안' '초안 안'

- 案件 안건   토의나 연구할 거리.
- 案內 안내   인도하여 내용을 알려줌. 또는 그 일.
- 考案 고안   연구하여 생각해 냄. 또는 그 생각.

8급

*母 어머니 모

아기를 안고  母 (젖)을 먹이는 '어머니 모'

주의 毋 (말라 무)는 다가오는 상대방을 막기 위해 몽둥이를 든 여자의 모습을 그려 '금지사'로 나온다.

- 母性 모성   여성이 어머니로서 갖는 본능이나 성질.
- 母體 모체   ㉠ 아이를 밴 어미의 몸 ㉡ 근본이 되는 사물
- 母親 모친   어머니. ↔ 父親(부친)

7급

*母
매양 매

매일 ━━ ✎ (비녀)를 꽂으며 하루를 시작하는 母 (어머니)의 모습이 '매양 매'

- 每事 매사   일마다
- 每週 매주   각각의 주마다
- 每戶 매호   집집마다

7급

바다 해

每 (매양 매→해)에서 음을 취하고 氵(물)을 뜻하는 '바다 해'

- 海流 해류   항상 일정한 방향으로 움직이는 바닷물의 흐름.
- 海溢 해일   지진이나 폭풍우 등으로 바닷물이 갑자기 육지로 넘쳐 들어오는 현상.
- 桑田碧海 상전벽해   뽕밭이 바다가 됨. 세상이 덧없이 변함.

3급

*乙
어조사 야

여성의 음문을 그렸는데 지금은 한문 문장 끝에 놓여 종결사(~이다) 역할을 하는 '어조사 야.' 뱀을 그렸다는 설도 있음.

7급

땅 지

어머니의 품처럼 따뜻하고 포용력을 가진 土(대지)란 뜻에서 '① 땅 지' '② 처지 지'

- 地價 지가   토지의 가격.
- 地名 지명   땅의 이름.
- 地勢 지세   땅의 생긴 모양이나 형세. 地形(지형)

5급

다를 타

다른 (사람)을 뜻하는 '다를 타'

- 他界 타계 ㉠ 다른 세계 ㉡ 사람의 죽음을 이르는 말. 逝去(서거).
- 他意 타의 다른 사람의 뜻이나 의지.
- 他鄕 타향 제 고향이 아닌 다른 곳.

7급

늙을 로

지팡이를 들고 있는 老(노인)의 모습에서 늙다, 노련하다는 뜻이 나와 '① 늙을 로' '② 익숙할 로'

- 老衰 노쇠 늙어서 쇠약함.
- 老熟 노숙 오랫동안 경험을 쌓아 익숙하면서도 침착함.
- 老人 노인 늙은이. 늙은 분

5급

생각할 고

耂 (노인)이 匕→丂 (지팡이)에 의지하고 깊은 생각을 하고 있는 '① 생각할 고' '② (죽은)아버지 고' '③ 시험 고'

- 考古 고고 옛 유물 · 유적으로 고대(古代)의 사실을 연구 고찰함.
- 考慮 고려 생각하여 헤아려봄.
- 考察 고찰 생각하여 살펴봄.

7급

효도 효

耂 (늙으신 부모님)을 子 (자식)이 업고 있는 '효도 효'

- 孝道 효도 부모를 잘 섬기는 도리.
- 孝心 효심 효도하는 마음.
- 孝子 효자 부모를 잘 섬기는 아들.

05. 신체 · 행동

8급

길 장

지팡이 짚고 있는 長 (긴 머리의 노인)을 그려
'① 어른 장' '② 우두머리 장' '③ 길 장'

- 長久 장구 길고 오램.
- 長技 장기 가장 능한 기술.
- 長短 장단 ㉠ 긴 것과 짧은 것 ㉡ 장점과 단점 ㉢ 노래의 박자.

3급

장수할 수

耂→士 (노인)이 살아온 ㄹ (구불구불)
한 인생길을 口寸 (입과 손)을 통해 듣는
'장수할 수'

구불구불 강물 같은 내 인생...

- 壽命 수명 생물의 목숨.
- 長壽 장수 보통의 경우보다 목숨이 긺. 오래 삶.
- 壽福 수복 오래 사는 일과 복을 누리는 일.

기쁠 태

팔자 주름이 생길 정도로 兌 (크게 웃는) 모습에서
'기쁠 태.' 주로 음으로 나온다.

3급

기쁠 열

忄 (마음)속에서 기쁜 감정이 생겨 兌 (크게 웃
는) '기쁠 열'

- 悅樂 열락 기뻐하고 즐거워함.
- 法悅 법열 깊은 이치를 깨달은 때와 같은 묘미와 쾌감을 느끼며
　　　　　도취되는 기쁨.
- 喜悅 희열 어떤 일에 만족하여 느끼는 기쁨. 즐거움.

4급

벗을 탈

 月 (살)을 드러내며 옷을 벗는 '벗을 탈'

- 脫稿 탈고   원고 쓰기를 끝냄.
- 脫落 탈락   일정한 범위에 들지 못하고 빠져버림.
- 脫營 탈영   군인이 병영을 빠져 나와 도망감.

4급

세금 세

禾 (벼)를 수확하여 일정한 몫을 관청에 세금으로 바치는 '세금 세'

- 稅金 세금   조세(租稅)로 내는 돈.
- 稅制 세제   세무에 관한 제도.
- 稅務 세무   세금을 부과하고 징수하는 것에 관한 사무.

5급

말씀 설

 言 (말)하고 兌 (웃으면서) 남을 설득하려는 '① 말씀 설' '② 달랠 세'

- 說得 설득   여러 가지로 설명하여 납득시킴.
- 說明 설명   풀어서 밝힘.
- 說問 설문   물음을 만들어 냄, 또는 그 문제.

별 태

厶 (자기)의 口 (입)을 벌려 웃는 모습에서 '나 이' 뒤에 별이름으로 나와 '별 태.' 주로 음으로 나온다.

6급

비로소 시

女 (엄마) 뱃속에서 태아가 만들어지고 처음으로 세상 밖으로 나온다는 '비로소 시'

- 始終 시종　처음과 끝
- 始初 시초　맨 처음. 애초
- 開始 개시　처음으로 시작함, 또는 처음.

4급

다스릴 치

홍수가 빈번했던 옛날에는 氵(물)을 다스리는 것이 가장 중요한 정책이었다는 데서 '다스릴 치'

- 治國 치국　나라를 다스림.
- 治療 치료　병이나 상처를 다스려 낫게 함.
- 治安 치안　국가나 사회의 안녕 질서를 보전하고 유지함.

나라이름 오

머리를 夨 (옆으로 기울여서) 口 (입)으로 웃고 떠들기를 좋아하는 사람들이 사는 나라에서 '나라이름 오'

4급

그르칠 오

吳 (웃고 떠들다 보면) 言 (말) 실수해서 일을 망친다는 '그르칠 오'

- 誤謬 오류　그릇되어 이치에 어긋남.
- 誤判 오판　잘못 판정하는 것, 또는 그런 판정.
- 誤解 오해　뜻을 잘못 해석함.

병부 절

무릎 꿇고  (앉아 있는 사람)의 옆모습을 그렸는데 뒤에 부절이란 뜻이 나와 '병부 절'

4급

危
위태할 위

(사람)이 ㄏ (절벽) 위에 떨어질 듯 서 있고 그 아래에 巴 (떨고 있는 사람)을 그려 '위태할 위'

- 危急 위급 위태롭고 급함.
- 危篤 위독 병세가 매우 중하여 생명이 위태로움.
- 危險 위험 안전하지 못하고 위태로움.

6급

急
급할 급

厄(액) 당하기 전에 ⺕ (사람을 손)으로 급하게 잡는 心 (마음)에서 '급할 급'

- 急性 급성 급작스럽게 일어나 빠르게 진행하는 성질의 병.
- 急所 급소 몸에서 조금만 다쳐도 목숨이 위험한 부분.
- 急行 급행 빨리 감.

5급

하여금 령

亼 (큰 집) 주인이 卩 (무릎 꿇은) 하인으로 하여금 일을 시키고 명령한다는 '① 하여금 령' '② 명령 령'

주의 今(이제 금)과 다르다.

- 發令 발령 명령을 내림.
- 令夫人 영부인 남을 높여서 그의 '아내'를 이르는 말.
- 令狀 영장 명령의 뜻을 적은 문서.

7급

명령할 명

令 (령)을 내리는 윗사람의 口 (입)에 의해 목숨이 왔다갔다 한 데서 '① 명령할 명'과 '② 목숨 명'

- 命令 명령   윗사람이 권위를 가지고 아랫사람에게 무엇을 하도록 시킴.
- 命題 명제   어떤 문제에 대한 일정한 판단이나 주장을 말로 표현한 것.
- 生命 생명   생명이 살아 숨쉬는 힘.

5급

찰 랭

冫 (얼음)이 꽁꽁 언 추운 날씨에서 '찰 랭'

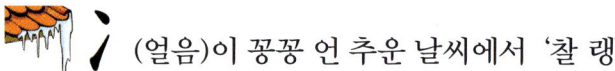

- 冷淡 냉담   관심이나 애정을 보이지 않고 태도나 마음이 쌀쌀함.
- 冷凍 냉동   신선한 상태에서 오래 보관하기 위해 인공적으로 얼게 함.
- 冷情 냉정   따뜻한 정이 없이 매몰참, 또는 매정하고 쌀쌀함.

5급

거느릴 령

令 (명령)을 내리는 우두머리의 頁 (큰 머리)를 가리켜 '거느릴 령'

- 領袖 영수   ㉠ 옷깃과 소매 ㉡ 여럿 중의 우두머리.
- 領域 영역   국가의 주권이 미치는 구역.
- 領土 영토   한 나라의 통치권이 미치는 지역.

나 앙

(남) 앞에서 卩 (무릎 꿇고) 구걸하는 나의 모습에서 '나 앙' '바랄 앙' '기다릴 앙'

주의 卯(토끼 묘)와 다르다.

3급

우러를 **앙**

앞에 있는 亻(사람)을 올려다보는 卩(나)의 모습에서 '우러를 앙'

- 仰慕 앙모 우러러 사모함.
- 信仰 신앙 종교를 믿고 받듦.

4급

맞을 **영**

辶(가서) 卬(내)가 직접 맞이하는 '맞을 영'

- 迎賓 영빈 귀한 손님을 맞음.
- 迎接 영접 손을 맞아서 접대함.
- 迎合 영합 자기의 생각을 버리고 남의 마음에 들도록 비위를 맞춤.

4급

도장 **인**

爪(손)으로 머리를 눌러 卩(무릎 꿇게) 만든 모습에서 뒤에 도장을 찍는다는 '도장 인'

- 印象 인상 외계의 대상에 접촉하였을 때의 기억에 새겨지는 흔적이나 작용.
- 印刷 인쇄 글이나 그림을 판(版)을 이용하여 종이에 박아내는 일.
- 烙印 낙인 불에 달구어 찍는 쇠붙이로 만든 도장. 火印(화인)

7급

빛 **색**

남녀가 사랑을 나누는 모습이라는 설과 ク(허리를 구부리고) 巴(아랫사람)을 내려다보면서 안색을 살피는 데서 나왔다는 '① 얼굴 색' '② 빛 색'

- 色感 색감 색채의 감각. 빛깔에서 받는 느낌.
- 色素 색소 물체의 색의 본질. 염료 등의 성분.
- 色彩 색채 빛깔

05. 신체·행동

4급

끊을 절

糸 (실)을 刀=ㄣ (칼)로 끊고 있는
巴 (사람)의 모습에서 '① 끊을 절' '② 뛰어날 절'

- 絕交 절교 서로 교제를 끊음.
- 絕望 절망 모든 희망이 끊어짐.
- 絕世 절세 세상에 비길 것이 없을 만큼 뛰어남.

심을 예

坴 (흙 위에 나무)를 심느라 丮 (몸)을 구부리고 있는 '심을 예'

4급

재주 예

艹 (새 잎)이 잘 자랄 수 있게 (埶 나무 심는) 기술에서 '재주 예'

- 藝能 예능 ㉠ 재주와 기능 ㉡ 연극·영화·무용 등의 총칭.
- 藝術 예술 독특한 소재·수단·형식에 의하여 미를 창작하고 표현하는 활동.
- 曲藝 곡예 줄타기 공타기 곡마 따위로 보는 사람을 아슬아슬하게 하는 재주.

5급

더울 열

埶 (심을 예→열)에서 음을 취하고 뜨거운 灬 (불)을 넣어 '더울 열'

- 熱烈 열렬 관심이나 느끼는 정도가 더할 나위 없이 강함.
- 熱辯 열변 목소리를 높여 열렬히 주장하는 말.
- 熱愛 열애 열렬히 사랑함.

4급

형세 세

執 (심은 나무)가 새 환경에서 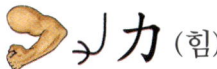力 (힘) 있게 자라는 기세에서 '형세 세'

- 勢力 세력 세력이나 기세의 힘.
- 去勢 거세 수컷의 정소를 제거하거나, 방사선으로 생식 기능을 없애버리는 일.
- 時勢 시세 ㉠ 그때의 형세 ㉡ 어느 일정한 시기의 어떤 물건의 시장 가격.

5급

黑
검을 흑

얼굴과 양쪽 팔뚝에 먹물을 입힌 묵형 당한 (죄인)의 모습에서 '검을 흑'

- 黑幕 흑막 ㉠ 검은 장막 ㉡ 겉으로 드러나지 않은 음흉한 내막.
- 黑白 흑백 ㉠ 검은 빛깔과 흰 빛깔 ㉡ 악과 선. 옳음과 그름.
- 黑字 흑자 수지 결산상의 이익.

3급

먹 묵

(검은) 土 (흙)을 뭉쳐 만든 '먹 묵'

- 墨客 묵객 먹을 가지고 글씨를 쓰거나 그림을 그리는 사람.
- 墨刑 묵형 오형(五刑)의 하나로 죄인의 이마에 자자(刺字)하던 형벌.
- 墨畵 묵화 먹으로 그린 동양화.

6급

누를 황

茣 (귀족)의 몸에 ⊙日 (황옥)을 차고 위엄을 과시하는 '누를 황'

- 黃鳥 황조 꾀꼬리
- 黃泉 황천 ㉠ 땅속 ㉡ 사람이 죽어서 간다고 하는 세상.
- 黃昏 황혼 ㉠ 해가 막 져서 어둑어둑할 무렵 ㉡ 종말에 이른 때.

5급

넓을 광

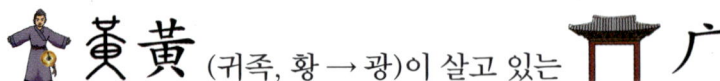 黃(귀족, 황 → 광)이 살고 있는 广
(커다란 집)에서 '넓을 광'

- 廣告 광고 어떤 것을 세상에 널리 알림.
- 廣大 광대 ㉠ 크고 넓음 ㉡ 연극 또는 판소리를 하는 사람
- 廣闊 광활 넓고 전망이 틔어 있음.

8급

왕 **왕**

하늘과 땅 사이에 위엄과 권위를 가진 위대한 玉王
(사람)을 가리켜 '왕 왕'

- 王冠 왕관 임금이 쓰는 관.
- 王道 왕도 임금으로서 지켜야 할 도리.
- 王座 왕좌 임금이 앉는 자리. 王位(왕위)

3급

임금 **황**

화려한 白(왕관)을 쓰고 있는 王(왕)에서
최고의 권위를 가진 '임금 황'

- 皇恩 황은 황제의 은혜.
- 皇帝 황제 여러 나라를 다스리는 강한 나라의 군주.

4급

임금 **제**

천신에게 제사지내는  帝(제단)을 그려
'임금 제'

- 帝王 제왕 황제와 국왕.
- 上帝 상제 ㉠ 옥황상제 ㉡ 하느님

드릴 정

신하가 몸을 　壬 (세우고) 서서 　口 (입)으로 의견을 말하거나 물건을 바치는 '드릴 정'

4급

성인 성

몸을 　壬 (세우고) 서서 남의 　口 (말)을 　耳 (귀) 기울여 듣고 초인적인 능력을 실행하는 성스러운 '성인 성'

- 聖人 성인　만세에 스승이 될 수 있을 정도로 덕과 지혜가 뛰어난 사람.
- 聖誕 성탄　㉠ 임금이나 성인의 탄생 ㉡ 성탄절의 준말.
- 聖火 성화　㉠ 신에게 바치는 성스러운 불 ㉡ 올림픽 대회장에 켜 놓는 불.

3급 고

조정 정

　壬 (계단 위에 신하)가 서 있다가 조정으로 천천히 　廴 (걸어 들어가는) 모습에서 소송을 하는 관아, 조정을 뜻하는 '조정 정'

6급

뜰 정

　廷 (조정) 같은 큰 　广 (건물) 안에 있는 정원을 뜻하는 '뜰 정'

- 庭園 정원　집 안의 뜰.
- 家庭 가정　가족이 함께 생활하는 모임. 또는 집안.
- 親庭 친정　시집간 여자의 친부모가 사는 집.

빠를 극

二 (위아래가 막힌 동굴) 같은 데 갇혀 叩 (몸을 구부리고 손으로 벽을 긁으며 입)으로 빨리 구해달라고 소리치는 '빠를 극.' 하늘과 땅 사이의 거인이라는 설도 있다.

4급

다할 극

木 (나무)로 되어 있는 동굴 같은 곳에 亟 (갇힌 사람)의 극도에 이른 감정에서 최상, 최종을 뜻하는 '다할 극'

- 極甚 극심   매우 심함.
- 極盡 극진   힘이나 마음을 다함.
- 極致 극치   그 이상 나아갈 수 없는 최고의 풍치나 최상의 경치.

3급

또 역

亦 (사람의 겨드랑이)가 원뜻이었는데 뒤에 '또, 또한'을 뜻하게 되어 '또 역'

- 亦是 역시   또한. 예상한 바대로.

5급

붉을 적

赤 (불 위에 사람)을 제물로 올려놓고 기우제를 지낼 때 활활 타오르는 불꽃에서 나온 '붉을 적'

- 赤色 적색   ㉠ 붉은빛 ㉡ 공산주의를 상징하는 말.
- 赤手空拳 적수공권   아무것도 없는 빈손.
- 赤信號 적신호   ㉠ 교통 기관의 멈춤 신호 ㉡ 위험 신호

이목구비 06

耳 目 見 民 艮 臣 口 欠 言
舌 音 自 首 頁 彡

5급

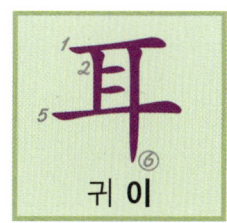

귀 이

耳 (귀)의 모양을 본떠 만든 '귀 이'

- 耳目 이목 ㉠ 귀와 눈 ㉡ 남들의 주의
- 耳順 이순 예순 살
- 忠言逆耳 충언역이 충직한 말은 귀에 거슬린다는 뜻으로, 바르게 충고하는 말일수록 듣기 싫어한다는 말.

4급

가질 취

전쟁 뒤 포로의 耳 (귀)를 又 (손)으로 잡고 잘라서 갖는 '가질 취'

- 取消 취소 기록하거나 말한 사실을 지워 없앰.
- 取材 취재 어떤 사물에서 기사나 작품의 재료 또는 제재를 취하는 일.
- 爭取 쟁취 싸워서 얻음.

5급

가장 **최**

(투구)를 쓴 장군의 귀를 取 (취)하는 것이 가장 좋다는 데서 '가장 최'

- 最高 최고　가장 높음.
- 最善 최선　㉠ 가장 좋거나 훌륭함 ㉡ 가장 알맞음.
- 最新 최신　가장 새로움.

6급

눈 **목**

目(눈)을 그려 '눈 목'

- 目擊 목격　직접 자기의 눈으로 봄.
- 目錄 목록　어떤 물품의 이름을 일정한 순서로 적은 것.
- 目的 목적　지향하거나 실현하고자 하는 목표나 방향.

4급

볼 **간**

目(눈) 위로 手(손)을 올려 먼 곳을 자세히 살피는 '볼 간'

- 看做 간주　그러한 듯이 생각하거나 판단함. 그렇다고 침.
- 看破 간파　사물의 진상을 꿰뚫어 보고 알아차림.
- 看護 간호　환자를 보살펴 돌봄.

5급

서로 **상**

木(나무)를 자신의 目(눈)으로 직접 바라보며 관찰하는 모습에서 '서로 상'

- 相談 상담　서로 의논함.
- 相逢 상봉　오랫동안 헤어져 있다가 서로 만남.
- 相扶相助 상부상조　서로 도움.

4급

생각 상

 心(마음)속으로 생각한다는 '생각 상'

- 想念 상념　마음에 떠오르는 생각. 마음에 품은 여러 가지 생각.
- 想像 상상　머릿속으로 미루어 생각함. 맞대어 짐작함.
- 豫想 예상　어떤 일이 닥치기 전에 미리 생각함.

3급

서리 상

하늘에서 雨(빗방울)이 얼어서 내리는 '서리 상'

- 星霜 성상　㉠ 일년 동안의 세월　㉡ 햇수
- 秋霜 추상　㉠ 가을의 찬 서리　㉡ 서슬이 퍼런 위엄의 비유.
- 雪上加霜 설상가상　㉠ 가을의 찬 서리　㉡ 서슬이 퍼런 위엄의 비유.

5급

볼 견

見(눈알)을 강조해 직접 육안으로 보고 있다는 ①볼 견 ②나타날 현 ③(웃어른을) 뵐 현

주의 貝(조개 패)와 다르다.

- 見聞 견문　지적인 의식을 가지고 보고 들음. 또는 그 지식.
- 見識 견식　㉠ 견문과 학식　㉡ 사물을 식별하고 관찰하는 능력.
- 見解 견해　어떤 사물에 대해 자기 의견으로 본 해석.

4급

볼 시

示=礻(제단) 위로 내려오는 신을 보기 위해 주의 깊게 살피는 데서 '볼 시'

- 視力 시력　물체의 형태를 분간하는 눈의 능력.
- 視線 시선　눈길이 가는 방향. 눈길
- 視野 시야　시선이 미치는 범위.

06. 이목구비

6급

나타날 **현**

王(옥)을 갈자 빛이 見(드러난다)는 '나타날 현'

- 現狀 현상 나타나 보이는 현재의 상태, 또는 현재의 형편.
- 現在 현재 ㉠ 바로 지금 ㉡ 이 세상
- 現行 현행 현재 행함, 또는 행하고 있음.

8급

*氏
백성 **민**

포로의 (눈)을 ヒ(바늘)로 찔러 애꾸눈을 만들어 노예와 백성으로 삼았다 하여 '백성 민'

民의 실체

- 民家 민가 백성의 집. 여염집.
- 民生 민생 ㉠ 일반 국민의 생계 ㉡ 일반 국민
- 民族 민족 한 지역에서 태어나 생활하면서 언어·습관·문화·역사 등을 함께하는 인간 집단.

3급

잠잘 **면**

民(백성, 민→면)들이 目(눈)을 감고 잠든 모습이 '잠잘 면'

- 冬眠 동면 겨울 동안 동물이 땅속이나 구멍 속에서 잠을 자듯이 의식이 없는 상태로 지내는 일.
- 安眠 안면 편안히 잠을 잠.

5급

신하 **신**

임금 앞에서 臣(눈을 내리고) 절대복종하는 '신하 신'

주의 巨(클 거)와 다르다.

- 臣下 신하 임금을 섬기는 벼슬아치.
- 奸臣 간신 간사한 신하.
- 忠臣 충신 나라와 임금을 위하여 충성을 다하는 신하.

3급

臥
누울 와

力 臥 (눈 내리고 비스듬히 누워) 있는 '누울 와'

- 臥病 와병　질병에 걸림. 병으로 자리에 누움.
- 臥薪嘗膽 와신상담　섶에 누워 자고 쓸개를 맛본다는 뜻으로, '원수를 갚고자 온갖 괴로움을 무릅씀' 을 이르는 말.

臤
굳을 견

 臣 (고개를 숙이고) 부지런히 又 (손)을 놀리는 '굳을 견.' 주로 음으로 나온다.

4급

堅
굳을 견

臤 (단단하게) 土 (흙)을 다지는 일을 열심히 하는 '굳을 견'

堅固하게

- 堅固 견고　굳고 단단함.
- 堅忍不拔 견인불발　굳게 참고 버티어 마음이 흔들리지 아니함.
- 堅持 견지　굳게 지니는 일.

4급

賢
어질 현

臤 (단단히) 貝 (재물)을 잘 관리하는 현명한 인재를 뜻하는 '어질 현'

- 賢良 현량　㉠ 어질고 착함, 또 그 사람　㉡ 관리 등용 시험의 하나.
- 賢明 현명　어질고 영리하여 사리에 밝음.
- 賢人 현인　㉠ 현명한 사람　㉡ 어질고 총명하여 성인의 다음가는 사람.

7급

곧을 직

目(눈) 위에 丨 十(직선)을 넣어 똑바로 응시하는 것을 의미하는 '곧을 직'

- 直視 직시 눈을 돌리지 않고 힘을 모아 똑바로 내쏘아 봄.
- 直言 직언 자기가 믿는 대로 기탄 없이 바로 말함.
- 直通 직통 두 지점 사이에 막힘이 없이 곧장 통함.

7급

심을 식

木(나무)를 直(곧게) 세워서 심는 데서 '심을 식'

- 植木 식목 나무를 심음.
- 植樹 식수 나무를 심음.
- 移植 이식 생물체의 일부 조직을 다른 자리에 옮겨 붙임.

5급

덕 덕

양심 있는 直→直(곧은) 心(마음)으로 길을 彳(걸어가듯) 바른 길로 인도하는 '덕 덕'

- 德行 덕행 어질고 바른 행실.
- 德望 덕망 ㉠ 덕행으로 얻은 명망 ㉡ 인품과 명망
- 美德 미덕 아름다운 덕행

4급

들을 청

悳(덕) 있는 (사람)이 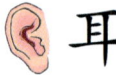(귀)를 세우고 경청하는 '들을 청'

- 聽覺 청각 소리를 듣는 감각.
- 聽訟 청송 재판하기 위하여 송사(訟事)를 들음.
- 聽政 청정 정사를 듣고 처리함. 정무를 봄.

그칠 간

가다 말고 艮 (눈을 돌려) 응시하는 노한 표정에서 '그칠 간'. 주로 음으로 나온다.

주의 良(좋을 량)과 다르다.

6급

뿌리 근

木 (나무) 아래 근본이 되는 '뿌리 근'

- 根本 근본 사물의 본질이나 본바탕.
- 根性 근성 ㉠ 타고난 성질 ㉡ 어떤 일을 끝까지 해내려는 끈질긴 정신.
- 根源 근원 사물이 비롯되는 밑바탕.

4급

한할 한

忄(마음) 깊은 곳에 艮(머물러, 간→한) 응어리진 한스런 심정에서 '한할 한'

- 恨歎 한탄 원통하거나 뉘우치면서 탄식함.
- 餘恨 여한 풀지 못하고 남은 원한.
- 痛恨 통한 가슴 아프게 몹시 한탄함.

4급

한계 한

阝(언덕)이 길을 막아 경계를 긋는 '한계 한'

- 限界 한계 사물의 정하여 놓은 범위.
- 限度 한도 ㉠ 한정된 기준 ㉡ 일정한 정도
- 限定 한정 일정한 범위를 제한하여 정함.

06. 이목구비

6급

은 은

 金(금속) 중에 艮(간→은)에서 음을 취한 '은 은'

- 銀盤 은반   스케이팅하는 맑고 깨끗한 얼음판.
- 銀髮 은발   은백색 머리. 백발
- 銀貨 은화   은으로 만든 화폐.

4급

눈 안

目(눈동자)가 한곳으로 艮(머물러, 간→안) 응시하는 '눈 안'

- 眼鏡 안경   눈을 보호하거나 시력을 돕기 위하여 눈에 덧 쓰게 만든 물건.
- 眼目 안목   사물을 보고 분별하는 견식.
- 眼下無人 안하무인   '방자하고 교만해서 남을 업신여김'을 이르는 말.

4급

물러날 **퇴**

길을 彳辶(가다가) 멈춰 서서 艮(뒤돌아) 보고 물러서는 '물러날 퇴'

- 退步 퇴보   이제까지의 상태보다 뒤로 물러섬.
- 退職 퇴직   관직이나 직업을 그만두고 물러남.
- 退治 퇴치   물리쳐서 없애버림.

7급

입 구

 口(입)을 보고 그린 '입 구'

- 口頭 구두   글로 쓰지 않고 직접 입으로 하는 말.
- 口尙乳臭 구상유취   '말이나 하는 짓이 아직 유치함'을 이르는 말.
- 口傳 구전   ㉠ 입으로 전함 ㉡ 글이 아닌 말로 전함.

3급

가로 왈

 ㅂ 曰 (입에서 나오는 입김)을 그려 말한다는 '가로 왈'

주의 日(해 일)과 다르다.

- 曰可曰否 왈가왈부   어떤 일에 대하여 옳으니 그르니 함.

4급

달 감

 ㅂ 甘 (입 안에 맛난 음식)이 들어가는 '달 감'

- 甘受 감수   불만 없이 달게 받음.
- 甘言利說 감언이설   달콤한 말과 이로운 이야기.
- 苦盡甘來 고진감래   괴로운 일이 다하면 즐거운 일이 다가옴.

4급

이 치

사람의 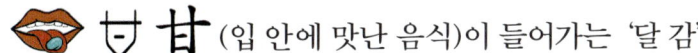 齒 (윗니와 아랫니)를 그린 위에 止 (그칠 지→치)에서 음을 취해 '이 치'

- 齒德 치덕   연령과 덕행, 또는 나이가 많고 덕이 있음.
- 齒牙 치아   이와 어금니, 또는 '이'를 점잖게 이르는 말.
- 齒列 치열   나란히 박힌 이의 줄. 잇바디

3급

다만 지

 口 (입)에서 나오는 짧은 八 (입김)에서 '다만 지'

- 只今 지금   ㉠ 바로 현재 ㉡ 바로 이 시각
- 但只 단지   다만. 오직

06. 이목구비   161

4급

글귀 **구**

 口 (입)에서  (꼬이고) 구부러져서 나오는 말에서 '글귀 구'

- 句讀 구두　글을 읽기 편하게 하기 위해 단어·구절에 부호 등으로 표시하는 방법.
- 句節 구절　㉠ 구(句)와 절 ㉡ 한 토막의 말이나 글.
- 字句 자구　글 속의 어떤 글자와 글귀.

3급

잃을 **상**

衣 (망자) 앞에 있는 사람들 口口 (입)에서 흐느끼며 비통해하는 '잃을 상'

- 喪家 상가　초상집. 상제의 집.
- 喪失 상실　잃어버림. 喪亡(상망)
- 喪心 상심　좋지 않은 일로 인해 마음의 아픔을 느낌. 失心(실심)

6급

예 **고**

十 (열) 세대에 걸쳐 口 (입)으로 전해진 옛 이야기에서 '예 고'

주의 右(오른 우)와 다르다.

- 古都 고도　옛 도읍. 옛 서울
- 古來 고래　옛날부터 지금까지. '자고이래(自古以來)'의 준말.
- 古稀 고희　고래로 드문 나이라는 뜻으로, '70살'을 이름.

4급

연고 **고**

攵 (칠 복)을 넣은 이 한자도 '① 예 고'인데 뒤에 다양한 뜻으로 발전하여 '② 연고 고' '③ 일 고' '④ 일부러 고' '⑤ 죽을 고'

- 故意 고의　일부러 하는 행동이나 생각.
- 故人 고인　㉠ 죽은 사람 ㉡ 오래 된 벗
- 故鄕 고향　자기가 태어나 자란 곳.

6급

쓸 고

쓴맛이 나는 ㅛ(풀)인 씀바귀에서 '쓸 고'

주의 若(같을 약)과 다르다.

- 苦難 고난　사람이 살면서 맞게 되는 괴로움과 어려움.
- 苦杯 고배　㉠ 쓴 술잔 ㉡ 실패나 패배 등의 쓰라린 일을 비유하여 이르는 말.
- 苦心 고심　마음을 태우며 애를 씀. 마음을 괴롭히어 힘을 다함.

4급

살 거

한곳에 古(오랫)동안 尸(앉아서) 생활하는 '살 거'

- 居室 거실　거처하는 방.
- 居住 거주　일정한 곳에 자리를 잡고 사는 일, 또는 그 집.
- 居處 거처　사는 곳.

5급

호수 호

胡(오랑캐 호)에서 음을 취하고, 고여 있는 氵(물)을 가리켜 '호수 호'

- 湖畔 호반　호수의 가
- 湖水 호수　큰 못
- 江湖 강호　㉠ 강과 호수 ㉡ 자연

5급

굳을 고

古(오래) 버틸 수 있게 ▢ 口(성벽)을 단단히 쌓은 '굳을 고'

- 固守 고수　굳게 지키는 일.
- 固有 고유　㉠ 본디부터 가지고 있음 ㉡ 어떤 물건에만 특별히 있음.
- 固執 고집　자기의 의견을 바꾸지 않고 굽히지 아니함.

4급

낱 개

물건이나 亻(사람) 하나하나를 세는 단위로 나오는
'낱 개'

- 個別 개별 낱낱이. 여럿 중에 하나하나 또는 따로따로.
- 個性 개성 개개인이 가지는 취미·성격 등의 특성.

3급

나 오

五(다섯 오)에서 음을 취하고, 口 (나의 입)을 넣어
'나 오'

- 吾等 오등 우리들
- 吾家 오가 나의 집

3급

깨달을 오

吾(나)부터 忄(마음) 속으로 느끼고 깨달아야
한다는 '깨달을 오'

- 悟性 오성 지성이나 사고의 능력.
- 覺悟 각오 앞으로 닥쳐올 일에 대해 마음을 단단히 먹고 해낼 작정을 함.

침 부

입에서 침이 나올 정도로 서로 거절하는 데서 '침 부'
주로 음으로 나온다.

6급

떼 부

 阝(고을)의 사람들을 모아 군대로 배치하고 통솔하는 데서 '떼 부'

- 部隊 부대   군대 조직의 하나.
- 部門 부문   전체를 몇 개로 갈라 놓은 부류.
- 部下 부하   남의 밑에 딸리어 그의 명령에 따라 움직이는 사람.

하품 흠

입을 크게 벌리고 欠(하품)하는 모습에서 '하품 흠' 주의 攵(칠 복)과 다르다.

3급

불 취

口(입)을 欠(하품)하듯 크게 벌려서 부는 '불 취'

- 吹奏樂 취주악   피리·생황 등의 취주 악기를 주로 하고 타악기를 곁들인 합주(合奏) 음악.
- 鼓吹 고취   용기와 기운을 북돋워 일으킴.

4급

次
버금 차

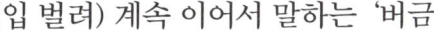 氵(숨기운)이나 침이 튈 정도로 크게 欠(입 벌려) 계속 이어서 말하는 '버금 차'

- 次期 차기   다음 시기
- 次例 차례   여럿을 선후로 구분하여 벌인 순서.
- 次席 차석   수석의 다음 자리.

5급

옳을 가

밭에서 일하다 흥에 겨워 (입에서 좋~다)하며 소리치는 ①좋을 가 ②옳을 가 ③가히 가

주의 司(맡을 사)와 다르다.

- 可能 가능 할 수 있거나 될 수 있음.
- 可望 가망 이룰 수 있을 만한 희망.
- 可否 가부 ㉠ 옳음과 그름의 여부 ㉡ 찬성과 반대.

5급

물 하

처음에는 (황하)를 가리켰다가 뒤에 일반적인 강을 뜻하는 '물 하'

- 河口 하구 바다로 들어가는 강물의 어귀.
- 河川 하천 강과 내.
- 河海 하해 ㉠ 큰 강과 바다 ㉡ 넓고 큰 것의 비유.

7급

노래 가

可 (좋아~) 可 (좋아~) 감탄이 절로 나오게 (입 벌리고) 부르는 '노래 가'

- 歌曲 가곡 시조에 곡을 붙여 부르는 노래의 가락. 성악곡
- 歌舞 가무 노래와 춤.
- 歌謠 가요 민요·동요·속요·유행가 등의 총칭.

3급

어찌 하

何 (창을 메고 있는 사람)을 그렸는데 뒤에 '어찌, 무엇, 무슨, 어느' 라는 의문사로 나와 '어찌 하'

- 何等 하등 조금도. 아무
- 何如 하여 ㉠ 어떻게 ㉡ 어찌
- 何必 하필 달리 하거나 달리 되지 아니하고 어찌하여 꼭.

6급

말씀 언

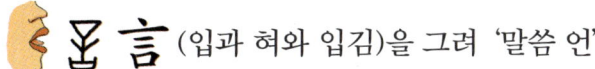(입과 혀와 입김)을 그려 '말씀 언'

- 言及 언급   어떤 의견을 나타내거나 판단을 내려 말함.
- 言論 언론   어떤 문제에 대해 말이나 글로써 자기의 생각을 발표하는 일
- 言語 언어   생각이나 느낌을 음성 또는 문자로 전달하는 수단과 체계.

7급

말씀 어

입으로 나오는 言(말)에다 吾(나 오→어)에서 음을 취해 '말씀 어'

- 語源 어원   말이 생겨난 근원.
- 語學 어학   ㉠ 언어에 대해 연구하는 학문. ㉡ 외국어에 관한 학문.
- 語彙 어휘   많은 말을 유별하여 모아 놓은 낱말.

6급

믿을 신

亻(사람)이 言(말)을 할 때는 믿음이 있어야 한다는 '믿을 신'

- 信仰 신앙   절대자를 믿고 받듦. 믿음.
- 信用 신용   믿어 의심하지 않음.
- 信義 신의   믿음과 의리.

6급

셀 계

숫자 十(열 십) 따위를 言(소리) 내며 계산하는 '셀 계'

- 計算 계산   수량을 헤아림. 셈함.
- 計劃 계획   꾀하여 미리 작정함.
- 家計 가계   집안 살림의 수입과 지출 상태.

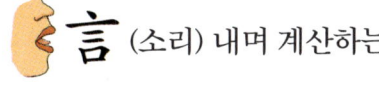

5급

고를 조

言 (말)을 농작물이 周 (두루, 주→조)
자라듯이 균형 있게 조율한다는 '고를 조'

- 調査 조사 그 내용을 명확히 알기 위하여 살펴서 알아봄.
- 調節 조절 상태가 알맞도록 사물을 절도에 맞추어 잘 고르게 함.
- 調停 조정 틀어진 사이를 중간에 들어서 화해시켜 그치게 하는 일.

4급

혀 설

舌 (입 밖으로 나온 혀)에다 침을 그려 '혀 설'

- 口舌數 구설수 남에게 헐뜯는 말을 듣게 될 신수.
- 毒舌 독설 남을 비방하는 독한 말.
- 舌戰 설전 말다툼

7급

말씀 화

言 (말)할 때 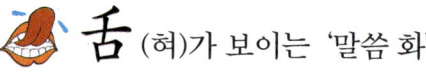舌 (혀)가 보이는 '말씀 화'

- 話頭 화두 ㉠ 이야기의 실마리. 말머리 ㉡ 불교에서 참선하는 이에게 도를 깨치게 하기 위하여 내는 문제. 公案(공안)
- 話術 화술 자기의 감정이나 의사를 말로 명확하게 표현하는 기술. 말재주.

7급

살 활

氵(물)을 목마른 사람의 舌 (혀)에 적셔서
살리는 '살 활'

- 活動 활동 어떤 일의 성과를 이루기 위하여 움직임.
- 活力 활력 생기 있는 기운.
- 活字 활자 인쇄에 쓰는 자형(字型).

活이란... 목을 축이는 물.

어찌 갈

입에서 👄 曰(말하길) "어찌 이리도 살기 힘들까" 하면서 🙇 匃 (구걸할 개 : 구걸)하는 데서 '어찌 갈'

주의 昜(쉬울 이)와 다르다.

3급

渴
목마를 갈

💧 氵(물)이 없어 목이 타들어가니 이를 曷 (어찌 하나)에서 '목마를 갈'

- 渴望 갈망 목마른 사람이 물을 찾듯이 간절히 바람.
- 渴症 갈증 목이 말라 물을 몹시 마시고 싶은 느낌.
- 枯渴 고갈 ㉠ 물이 말라서 없어짐 ㉡ 돈이나 물건 등이 다하여 없어짐.

3급

어조사 우

ㅎ 于 (말 기운)이 입 안에서 나오는 모양이었다가 뒤에 於(어조사 어 : ~에서, 에게)와 같은 뜻으로 쓰여 '어조사 우'

주의 干(방패 간)과 다르다.

- 于先 우선 어떤 일에 앞서서.

3급

집 우

ㅎ 于 (어조사 우)에서 음을 취한 🏯 宀 (집)은 우주, 천하를 뜻하는 '집 우'

- 宇宙 우주 무한히 큰 공간과 유구한 시간.
- 宇宙開發 우주개발 인류의 활동 범위를 우주공간에 확대하는 작업.

3급

이에 내

목구멍에서 말이 (막힌) 모양으로 뒤에 부사로 해석하여 '이에 내'

- 乃至 내지　수량의 범위가 그 사이에 있음을 나타내는 말.
- 人乃天 인내천　천도교의 기본 사상으로, '사람이 곧 하늘'이라는 뜻.

3급

어조사 호

목소리를 길게 내어 올라가는 기운을 나타낸 모양으로, 문장 맨 뒤에 놓아 의문사(~가?)로 해석하거나, 문장 가운데에 놓아 어조사(~에, 보다)로 해석하는 '어조사 호'

- 斷乎 단호　결심이나 태도가 매우 과단성 있고 엄하다.
- 嗟乎 차호　슬퍼서 탄식할 때 쓰는 말. '아, 슬프도다'의 뜻.

4급

부를 호

 口(입)으로 길게 소리쳐 부르는 '부를 호'

- 呼價 호가　팔거나 사려는 물건의 값을 얼마라고 부름.
- 呼名 호명　이름을 부름.
- 歡呼 환호　기쁘거나 감격하여 큰소리로 부르짖음.

6급

소리 음

音(목구멍에서 나오는 소리)를 그려 '소리 음'

- 音樂 음악　음을 미적으로 조화·결합하여 어떤 감정·정서를 나타내는 예술.
- 音韻 음운　말의 뜻을 구별해 주는 소리의 단위.
- 音癡 음치　음에 대한 감각이 무디거나 음을 전혀 분별·감상하지 못함.

4급

暗
어두울 암

日(해)가 떨어지면 音(소리)로 상대방에게 알렸다 하여 '① 어두울 암' '② 몰래 암'

- 暗記 암기   사물을 보지 않고 욈.
- 暗澹 암담   희망이 없고 막연함.
- 暗算 암산   머릿속으로 계산함.

6급

意
뜻 의

心(마음) 속에 담고 있던 뜻을 音(소리)로 표현한 '뜻 의'

주의   章(글 장), 竟(마침내 경)과 다르다.

- 意見 의견   어떤 사물에 대하여 가지는 일정한 생각.
- 意圖 의도   무엇을 이루려고 꾀함.
- 意味 의미   말이나 글의 뜻.

3급

憶
생각할 억

忄(마음)속에 자신의 意(뜻)을 새겨두고 기억하는 '생각할 억'

- 記憶 기억   지난 일을 잊지 않고 머릿속에 새기어 보존함.
- 追憶 추억   오래전의 지나간 일을 돌이켜 생각함.

5급

億
억 억

亻(사람)의 意(속뜻)은 헤아리기 어려울 만큼 깊다는 데서 숫자 억을 뜻하는 '억 억'

- 億劫 억겁   무한히 길고 오랜 시간.
- 億萬 억만   셀 수 없을 만큼 썩 많은 수효.
- 億兆蒼生 억조창생   수많은 백성.

7급

스스로 자

손가락으로 🖐 自(코)를 가리켜 자신을 가리킨 데서
'① 스스로 자' '② 부터 자'

- 自覺 자각 스스로 자기를 반성하여 깨달음.
- 自主 자주 남의 도움이나 간섭을 받지 아니하고 스스로 자기 일을 처리함.
- 自治 자치 자기 일을 자기 스스로 처리함.

5급

코 비

自(코) 아래 음으로 畀(비)를 넣어 다시 만든
'코 비'

- 鼻孔 비공 콧구멍
- 鼻笑 비소 코웃음
- 鼻祖 비조 세상이 주목할 만한 중요한 일을 시작한 사람.

5급

머리 수

사람의 👤首 (머리와 눈)을 강조해 머리,
첫째, 우두머리란 뜻을 가진 '머리 수'

- 首肯 수긍 머리를 끄덕임. 옳음을 인정함.
- 首席 수석 서열상 맨 윗자리, 또는 그 자리에 있는 사람.
- 自首 자수 죄를 지은 사람이 자진해서 당국에 그 죄를 신고함.

7급

길 도

사람의 👤首(머리)가 길거리에 걸어 ✝ 之
(다니는) '길 도'

- 道敎 도교 황제 · 노자 · 장자를 교조(敎祖)로 하고 불로장생을 구하는 종교.
- 道德 도덕 사람으로서 마땅히 지켜야 할 도리 및 그에 준한 행동을 하기 위한 규범의 총체.

7급

 面 (얼굴) 선의 윤곽을 강조해서 그린 '얼굴 면'

- 面目 면목 얼굴의 생김새. 容貌(용모)
- 面駁 면박 면전에서 공박함.
- 面接 면접 서로 대면하여 만남 봄.

얼굴 면

머리 혈

몸에 비해 頁 (큰 머리)를 강조해 그린 측면의 모습에서 '머리 혈.' 한자 속에서 '우두머리', '꼭대기', '얼굴' 과 관계 있다.

3급

낯 안

彦 (선비 언→안)에서 음을 취하고 頁 (머리)가 있는 얼굴을 가리켜 '낯 안'

- 顔料 안료 ㉠ 연지나 분과 같은 화장 재료 ㉡ 염색의 재료
- 顔面 안면 서로 얼굴을 알 만한 친분.
- 顔色 안색 얼굴빛. 얼굴에 나타난 기색.

7급

여름 하

여름 태양 아래 頁 (머리)가 점점 뜨거워져 夂 (천천히 걷고) 있는 사람 모습에서 '여름 하'

- 夏穀 하곡 보리나 밀 따위와 같이 여름에 익어서 거두는 곡식.
- 夏期 하기 여름의 시기
- 夏服 하복 여름 옷

06. 이목구비

3급

憂
근심 우

百(머리)를 ナ冖(손)으로 감싸고 괴로운 心(마음)으로 夂(걷고) 있는 '근심 우'

- 憂愁 우수 우울과 수심. 근심
- 憂慮 우려 근심과 걱정.
- 憂患 우환 근심이나 걱정되는 일.

憂(근심 우)의 옛글자들

5급

元
으뜸 원

 元 (머리 큰 사람)이 서 있는 모습에서 첫째, 시초의 뜻으로 나와 '으뜸 원'

- 元老 원로 오랫동안 어떤 분야에 종사하여 공로가 많고 덕망이 높은 사람.
- 元素 원소 물체의 성분을 형성하는 근본. 본바탕
- 元首 원수 국가의 최고 통치권을 가진 사람. 곧, 임금 또는 대통령.

5급

完
완전할 완

 元 (으뜸 원→완)에서 음을 취하고 宀 (집) 수리가 완전히 끝나 완성되었다는 데서 '완전할 완'

- 完璧 완벽 결함이 없이 완전함.
- 完成 완성 완전히 다 이룸.
- 完全 완전 ㉠ 모두 갖추어져 부족함이 없음 ㉡ 흠이 없음.

彡
터럭 삼

빗질해서 가지런한  (머리카락)과 빛나는 문양을 가리켜 '터럭 삼'

주의 三 (석 삼)과 다르다.

3급

모름지기 **수**

頁 (머리)아래 彡 (턱수염)을 만지작거리며 반드시 그래야 한다고 강조하는 '모름지기 수'

- 須臾 수유 잠시. 아주 짧은 시간.
- 必須 필수 어떤 일에 있어서 꼭 필요함. 없어서는 아니됨.

5급

참여할 **참**

厽 (별 세 개)가 参 (머리) 위에서 반짝이는 모양에서 '석 삼', 뒤에 '참여할 참'

- 參加 참가 일정한 자격이나 임무를 가지고 어떤 모임이나 단체에 참여하거나 가입함.
- 參拜 참배 신이나 부처에게 배례(拜禮)함.
- 參與 참여 참가하여 관여함. 현장에 나가 지켜봄.

4급

닦을 **수**

攸 (바 유→수) 에 음을 취하고 머리를 빗질하듯  彡 (깔끔)하게 일을 정돈하는 '닦을 수'

- 修交 수교 나라와 나라 사이에 교제를 맺음.
- 修理 수리 고장난 데나 허름한 데를 손보아 고침.
- 修養 수양 몸과 마음을 단련하며, 지덕과 품성을 닦음.

3급

말이을 **이**

할아버지가 而而 (수염)을 만지며 "에, 그리고…" "그러나…"하며 말을 계속 잇는 '말이을 이'

- 而立 이립 30세. 공자가 30세에 뜻이 확고하게 섰다고 말한 일에서 온 말.
- 然而 연이 그러나

07 손

7급

손 수

手(다섯 손가락)을 펴고 있는 '손 수.' 才(재방변)은 변형부수.

- 手工 수공   손으로 하는 공예.
- 手記 수기   자기의 뜻있는 체험을 손수 적음, 또는 그 기록.
- 手配 수배   범인을 잡으려고 수사망을 펴는 일.

4급

절 배

手(양손)을 모으고 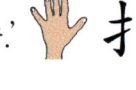手(농작물) 앞에서 감사의 절을 하는 '절 배'

- 禮拜 예배   부처나 신 앞에서 경배하는 의식
- 參拜 참배   부처나 신에게 절함.
- 歲拜 세배   섣달 그믐이나 정초에 웃어른께 문안하는 새해 인사.

6급

잃을 실

🖐️牛 (손)에서 ＼ (미끄러져) 놓치는 '잃을 실'

주의 矢 (화살 시)와 다르다.

- 失格 실격 자격을 잃음.
- 失言 실언 실수로 말을 잘못함, 또는 그 말.
- 失業 실업 생업을 잃음.

3급

또 우

🖐️ㅋ 又 (오른 손)을 그려 같은 동작을 반복하는 데서 '또 우'

- 日新又日新 일신우일신 날로 새롭고 또 날로 새로워짐.

5급

벗 우

🖐️🖐️ 友 (손과 손)을 맞잡고 서로 도움을 주는 '벗 우'

- 友邦 우방 서로 우호적인 관계를 가진 나라.
- 友愛 우애 ㉠ 형제간의 사랑 ㉡ 벗 사이의 정.
- 友情 우정 친구 사이의 정.

3급

미칠 급

앞서 뛰어가는 🚶ア (사람)을 따라가 등 뒤에서 🖐️又 (손)으로 잡는 데서 도달하다는 뜻인 '미칠 급'

주의 乃 (이에 내)와 다르다.

- 及第 급제 시험에 합격됨.
- 普及 보급 많은 사람들에게 널리 퍼뜨려 알리거나 사용하게 함.
- 言及 언급 어떤 문제에 대해서 말함.

8급

아비 **부**

父 (손에 도끼)를 들고 열심히 일하는 가장의 모습에서 '아비 부'

- 父系 부계　아버지의 계통.
- 父傳子傳 부전자전　아버지가 전해 받은 것을 그 아들에게 전해준다는 뜻.
- 父親 부친　아버지 ↔ 母親(모친)

3급

소 **축**

뭔가를 잡으려는 丑 (손)의 모습인데 뒤에 십이지의 두 번째인 소띠에 해당하여 '소 축'

- 丑年 축년　간지(干支)의 지지(地支)가 '丑' 인 해.
- 丑時 축시　하루를 12시로 나눈 둘째. 곧 새벽 1~3시까지의 동안.

6급

반대로 **반**

厂 (암벽)에 오르려는 又 (손)이 뒤집어질 것 같은 모습에서 '반대로 반'

주의 友(벗 우)와 다르다.

- 反亂 반란　정권을 타도하기 위한 조직적인 폭력 활동.
- 反復 반복　되풀이 또는 되풀이함.
- 反應 반응　이 편을 배반하고 저 편에 붙어 응함.

3급

밥 **반**

날마다 밥 食 (먹는) 일을 반복한다는 데서 '밥 반'

- 茶飯事 다반사　차 마시고 밥먹듯 일상적인 일.
- 朝飯 조반　아침밥

4급

아저씨 **숙**

朩未(콩)을 수확하는 나이 어린 又(손)을 그려 '콩 숙'이었는데 뒤에 형제 중 어린 셋째를 뜻하다가 아버지의 어린 동생을 뜻하는 '아저씨 숙'

- 叔父 숙부 아버지의 동생
- 叔姪 숙질 아저씨와 조카
- 外叔 외숙 어머니의 남자 형제. 외삼촌

3급

맑을 **숙**

叔(콩)을 담근 맑고 깨끗한 氵(물)에서 '맑을 숙'

- 淑女 숙녀 교양과 덕행이 갖추어져 있는 여자.↔ 紳士(신사)
- 私淑 사숙 홀로 마음속으로 사모하여 그 사람의 저서나 작품 등을 통해 본받아 배우는 것.

7급

힘 **력**

力(팔)에 힘을 주는 모습이 '힘 력.' 쟁기를 그렸다는 설도 있음.

주의 刀(칼 도)와 다르다.

- 力士 역사 뛰어나게 힘이 센 사람.
- 力說 역설 힘써 주장함. 다짐을 주어 말함.
- 力作 역작 힘을 기울여 애써 지은 작품.

7급

사내 **남**

田(밭)에서 力(힘껏) 일하는 사람은 '사내 남'

- 男女 남녀 남자와 여자.
- 男兒 남아 ㉠ 사내아이 ㉡ 장부(丈夫)
- 男便 남편 결혼한 남자를 그 아내에 상대하여 이르는 말.

4급

합할 **협**

十(열) 사람 이상이 劦(힘)을 합쳐 일하는 데서 '합할 협'

- 協同 협동 서로 힘과 마음을 함께 합함.
- 協力 협력 힘을 합하여 서로 도움.
- 協奏 협주 두 개 이상의 악기로써 동시에 연주하는 일.

5급

더할 **가**

力(힘껏) 口(입) 모아 응원하는 데서 '더할 가'

- 加減 가감 ㉠ 더하고 뺌 ㉡ 더하거나 덜어서 알맞게 함.
- 加工 가공 인공을 더하거나 새로운 제품을 만드는 것.
- 加入 가입 단체에 들거나 참가하는 것.

3급

하례할 **하**

貝(돈)이나 선물을 加(보태)주며 축하해 주는 데서 '하례할 하'

- 賀客 하객 잔치나 행사 등에 축하하러 온 손님.
- 祝賀 축하 즐겁고 기쁘다는 뜻으로 인사함, 또는 그러한 인사.

8급

흰 **백**

白(흰 엄지손톱)을 그려 '① 흰 백', 분명히 밝혀 알린다는 '② 말할 백'

- 白雪 백설 흰 눈
- 白人 백인 백색 인종에 속한 사람.
- 告白 고백 숨긴 일을 사실대로 말함.

7급

일백 백

숫자  一(일)을 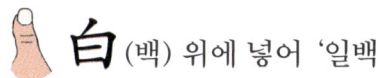 白(백) 위에 넣어 '일백 백'

- 百穀 백곡   온갖 곡식.
- 百發百中 백발백중   '무슨 일이나 틀림없이 잘 들어맞음'을 이르는 말.
- 百姓 백성   일반 국민. 서민

3000년 전에는...

100   300

7급

왼 좌

ナ (왼손)에 工 (도구)를 들고 일하는 '왼 좌'

주의   在(있을 재), 有(있을 유)와 다르다.

- 左遷 좌천   높은 자리에서 낮은 자리로 떨어짐.
- 左右 좌우   ㉠ 왼쪽과 오른쪽   ㉡ 자기 마음대로 쥐고 다룸.

7급

오른 우

ナ (오른 손)으로 음식을 口 (입)에 넣는 모양에서 '오른 우'

- 右往左往 우왕좌왕   우로 갔다 좌로 갔다 한다는 뜻으로, '이리저리 갈팡질팡함'을 이르는 말.
- 右翼 우익   보수파 국수주의파 등의 정당 단체. ↔ 左翼(좌익)

3급

같을 약

右 (오른 손)으로 같은 모양의 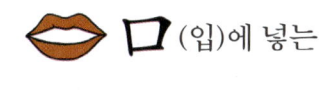 艹(풀)을 뜯는 데서 '① 같을 약', 망상을 떠난 지혜를 뜻하는 '② 반야 야'

- 萬若 만약   만일
- 般若 반야   범어(梵語)의 음역으로서 '지혜'의 뜻.

8급

마디 촌

 寸 (손목 아래 맥 짚는 자리)를 재는 약 3센티미터의 길이를 뜻하면서 약간, 근소한 수치를 뜻하는 '마디 촌'

주의 才(재주 재)와 다르다.

- 寸刻 촌각   매우 짧은 시간. 촌음(寸陰)
- 寸數 촌수   친족 사이의 멀고 가까운 정도를 나타내는 수.
- 寸陰 촌음   썩 짧은 시간.

7급

마을 촌

마을 어귀에 심어놓은  木 (나무)에서 시골을 뜻하는 '마을 촌' '시골 촌'

- 村落 촌락   시골 마을
- 村婦 촌부   시골 아낙네
- 農村 농촌   주민의 대부분이 농업을 생업으로 삼는 지역이나 마을.

4급

지킬 수

 宀 (집)을 지키기 위해  寸 (손)으로 막고 있는 '지킬 수'

- 守備 수비   침입하지 못하도록 지키어 방비함.
- 守成 수성   전대(前代)에 이룬 사업을 지켜 잃지 아니함.
- 守護 수호   지키어 보호함.

4급

절 사

손님을 모시느라  止→土 (발)과  寸 (손)을 바쁘게 움직이며 수발드는 관청이었다가 뒤에 스님이 수행하는 절을 뜻하게 되어 '절 사'

- 山寺 산사   산속의 절
- 寺院 사원   ㉠ 절 또는 암자 ㉡ 절·교회 따위의 교당을 두루 이르는 말.
- 寺刹 사찰   절

7급

때 **시**

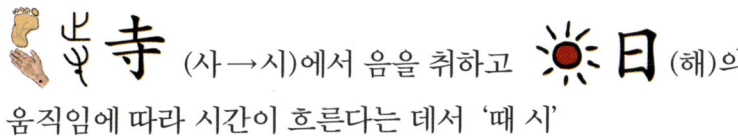 (사→시)에서 음을 취하고 日(해)의 움직임에 따라 시간이 흐른다는 데서 '때 시'

- 時局 시국 당면한 국내 및 국제적 정세.
- 時急 시급 시간적으로 절박하여 몹시 급함.
- 時勢 시세 세상 형편. 시대의 추세.

4급

시 **시**

마음속 감정을 운율에 맞춰서 言(말)과 글로 표현해서 써놓는 '시 시'

- 詩歌 시가 ㉠ 시와 노래 ㉡ 가사(歌辭)를 포함한 시문학의 총칭.
- 詩想 시상 시 창작의 근본 착상이나 구상.
- 詩集 시집 시를 모아 엮은 책.

4급

가질 **지**

才(손)에 잡고 지키는 '가질 지'

- 持論 지론 늘 가지고 있는 생각이나 의견.
- 持病 지병 오랫동안 낫지 않아 늘 몸에 지니고 있는 병.
- 持續 지속 어떤 상태가 끊이지 않고 계속해 지녀 나감. 같은 상태가 오래 계속됨.

6급

기다릴 **대**

손님을 기다리느라 寺(관청) 앞 彳(거리)를 왔다 갔다 하는 '기다릴 대'

- 待接 대접 ㉠ 음식을 차리어 예로써 손님의 시중을 듦 ㉡ 예를 차려 대우함.
- 期待 기대 희망을 가지고 기다림.
- 待機 대기 준비를 갖추고 행동할 때를 기다림.

07. 손

6급

특별할 **특**

희생으로 바칠 특별한  牛(소)를 잡아 寺 (관청)과 절에서 제단에 바치는 데서 '특별할 특'

- 特權 특권   특정인에게 주어지는 특별한 지위나 권리.
- 特別 특별   보통보다 훨씬 뛰어남.
- 特惠 특혜   특별한 혜택.

6급

무리 **등**

寺 (관청)에서 竹(죽간)에 쓴 공문서를 등급을 정하고 같은 종류끼리 묶는다 하여 '무리 등' '등급 등'

- 等級 등급   계급·높낮이 등의 상하나 우열 등을 나타내는 단계.
- 等差 등차   일정한 기준에 의한 등급의 차이.

손톱 **조**

爪(새 발톱)을 그렸는데 뒤에 爪(잡아당기는 손)을 통칭하여 '손톱 조.' 爫(손톱머리)는 변형 부수.

주의 瓜(오이 과)와 다르다.

4급

할 **위**

爫(손)으로 爲(코끼리) 코를 잡아당기면서 일을 하는 모습에서 '할 위' '될 위'

- 行爲 행위   사람이 하는 일.
- 爲國忠節 위국충절   나라를 위(爲)한 충성스러운 절개.
- 無爲徒食 무위도식   하는 일 없이 놀고 먹음.

3급

뜰 부

 (물)속에 있는 孚(아기가 엄마 손)에 안겨 둥둥 떠 있는 '뜰 부'

- 浮動 부동 ㉠ 떠서 움직임 ㉡ 진득하지 못하고 들뜸.
- 浮浪 부랑 일정한 주거와 직업이 없이 떠돌아다님.
- 浮力 부력 공기나 액체 속에 있는 물체를 떠오르게 하는 힘.

4급

받을 수

두 사람이 ⌒ (물건)을 서로  (주고받는 손)을 그려 '받을 수'

- 受難 수난 재난을 당함.
- 受容 수용 받아들임.
- 受賞 수상 상을 받음.

4급

줄 수

受 (받을 수) 앞에 물건을 건네주는 扌(손)을 추가하여 '줄 수'

- 授受 수수 주고받음.
- 授業 수업 기술이나 학업을 가르쳐 줌.
- 授與 수여 증서·상장·상품 또는 훈장 같은 것을 줌.

캘 채

爫 (손)으로 木 (나무)의 열매나 잎을 따고 있는 '캘 채.' 주로 음으로 나온다.

- 喝采 갈채 기뻐서 크게 소리질러 칭찬함.
- 風采 풍채 사람의 겉모양

07. 손

4급

캘 채

才(손)을 다시 넣어 강조한 '캘 채'

- 採掘 채굴　땅을 파서 광물 따위를 캐냄.
- 採用 채용　사람을 뽑아 씀.
- 採集 채집　널리 찾아서 얻어 모음.

3급

나물 채

采(캐서) 먹을 수 있는 艹(풀)에서 '나물 채'

- 菜根 채근　㉠ 채소의 뿌리. 무 따위　㉡ (어떤 일의 내용을) 캐어 밝히거나 따져 독촉함.
- 菜食 채식　㉠ 주로 식물성 음식을 먹음　㉡ 검소한 음식.

5급

다툴 쟁

/ /(물건)을 가운데 두고 서로 뺏으려고 (두 손)을 잡아당기며 싸우는 '다툴 쟁'

- 爭點 쟁점　논쟁이나 쟁송의 중심점.
- 爭取 쟁취　싸워서 빼앗아 가짐.
- 爭奪 쟁탈　서로 다투어 빼앗음.

3급

깨끗할 정

爭(쟁→정)에서 음을 취하고 맑고 깨끗한 氵(물)에서 '깨끗할 정'

- 淨潔 정결　맑고 깨끗함.
- 淨水 정수　깨끗한 물.
- 淨化 정화　더러움을 털어버리고 깨끗하게 함.

4급

고요할 정

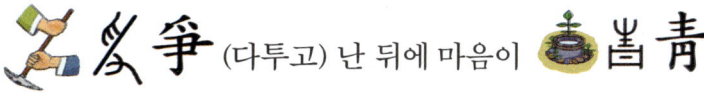 (다투고) 난 뒤에 마음이 (깨끗)하고 안정된 상태인 '고요할 정'

- 靜脈 정맥 모세혈관을 통해 피를 심장으로 보내는 혈관.
- 靜肅 정숙 고요하고 엄숙함.
- 靜寂 정적 사방이 쓸쓸할 정도로 고요함.

당길 원

물에 빠져 허우적대는 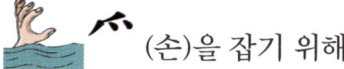 (손)을 잡기 위해 (손에 막대기)를 쥐고 잡아끄는 모습이 '당길 원'. 주로 음으로 나온다.

4급

따뜻할 난

 (태양)만큼 따뜻한 (구원)의 손길에서 '따뜻할 난'

- 暖帶 난대 열대와 온대의 중간 지대.
- 暖流 난류 적도(赤道) 부근에서 고위도의 방향으로 흐르는 해류.
- 暖房 난방 방을 덥게 함. 또는 따뜻한 방.

붓 률

(손)에 (붓)을 들고 있는 '붓 률'

6급

글 서

 (붓)으로 ▭ 曰 (말)하는 내용을 쓰는 데서 '글 서'

- 書架 서가　문서나 서적 등을 얹어 두는 시렁.
- 書信 서신　편지
- 書齋 서재　책을 쌓아 두고 글을 읽고 쓰는 방.

6급

낮 주

聿 (글) 공부는 해뜨는 旦 (아침)부터 시작된다는 '낮 주'

- 晝間 주간　낮 동안
- 晝耕夜讀 주경야독　낮에는 농사일을 하고 밤에는 독서한다는 뜻으로, '바쁜 틈을 타서 어렵게 공부함' 을 이르는 말.

6급

그림 화

聿 (붓)을 들고 画 (밭과 경계선)을 그린 '그림 화'

- 畵家 화가　그림 그리는 것을 업으로 하는 사람. 畵伯(화백)
- 畵壇 화단　화가들의 사회.
- 畵廊 화랑　그림 등 미술품을 전시하는 곳. 갤러리

5급

붓 필

대롱을 竹 (대나무)로 만든 聿 (붓)에서 '붓 필'

- 筆記 필기　글씨를 씀.
- 筆跡 필적　어떤 사람이 쓴 그 사람 특유의 글씨나 그린 그림의 형적.
- 筆禍 필화　시문(詩文)으로 말미암아 받는 재화.

4급

법칙 률

(행)할 것과 행할 수 없는 규정과 법률을 (붓)으로 적어 놓은 '법칙 률'

- 自律 자율 스스로의 원칙에 따라 하는 일.
- 律詩 율시 8구로 되어 있으며 1구가 5자로 된 것을 오언율시, 7자로 된 것을 칠언율시라 함.
- 規律 규율 질서를 유지하기 위하여 정해 놓은 행위의 준칙이 되는 규범.

5급

세울 건

(붓)을 (움직여) 순서에 맞게 계획한 뒤 건물을 세우는 '세울 건'

- 建國 건국 나라를 세움.
- 建設 건설 건물을 짓거나 시설들을 이룩함.
- 建議 건의 어떤 문제에 대하여 자기의 의견을 냄.

4급

다할 진

오래 써서 다 닳은 (붓)의 (털)이 빠져서 皿 (벼루)에 묻어 있는 '다할 진'

- 盡力 진력 있는 힘을 다함.
- 盡心 진심 마음을 다함.
- 賣盡 매진 표가 다 팔림.

4급

임금 군

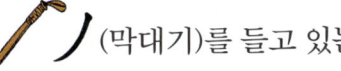 (손)에 (막대기)를 들고 있는
(다스릴 윤) 아래에 호령하는 口 (입)을 넣으면 '임금 군'

- 君師父 군사부 임금·스승·아버지를 통틀어 함께 이르는 말.
- 君王 군왕 임금
- 君子 군자 덕행이 높은 사람.

07. 손

6급

고을 군

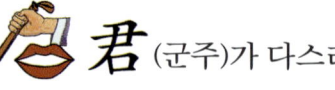 君(군주)가 다스리는 阝(고을)에서 나온 '고을 군'

- 郡民 군민 고을에 사는 사람들.
- 郡廳 군청 군의 행정 사무를 맡아보는 청사.

5급

사기 사

(붓으로 중심)을 잡고 사건, 사고를 기록하고 있는 (손)을 그려 '사기 사'

- 歷史 역사 인류사회의 흥망과정.
- 史觀 사관 역사 발전에 대하여 가지는 관점.
- 史蹟 사적 역사상 중대한 사물의 자취.

6급

하여금 사

亻(백성)들을 시키고 부리는 관리자)에서 '하여금 사' '사신 사' 吏(벼슬아치 리 :

- 使命 사명 ㉠ 맡겨진 임무 ㉡ 사신(使臣)이 받은 명령.
- 使臣 사신 임금의 명을 받고 외국에 가는 신하.
- 使役 사역 부리어 일을 시킴.

7급

일 사

吏(관리)가 (손)을 부지런히 움직여 일하고, 왕을 모시는 모습에서 '① 일 사' '② 섬길 사'

- 事故 사고 뜻밖에 일어난 변고.
- 事大 사대 큰 것을 섬긴다는 데서 약자가 강자를 섬김을 이름.
- 事情 사정 일의 형편이나 까닭.

4급

更 ⑦
다시 갱

구부러진 ⊗→曰(두 조각)을 ✎攴=又(두드려서)
고치고 또 다시 고친다는 데서 '① 다시 갱'과 '② 고칠 경'

- 更生 갱생   거의 죽을 지경에서 다시 살아남. 소생함.
- 更新 갱신   기간이 만료되어 다시 새롭게 함. 또는 새롭게 고침.
- 更新 경신   종전의 기록을 깨고 새로이 함.

7급

便 ⑨
편할 편

亻(사람)은 잘못된 것은 更(고쳐야) 편하다는 데서
'① 편할 편', 몸속의 음식물이 바뀐 것을 가리켜
'② 똥오줌 변'

- 便利 편리   편하고 쉬움.
- 便紙 편지   안부를 적어 보내는 글.
- 大小便 대소변   똥·오줌.

6급

共 ⑥
함께 공

제단 앞에서 여럿이 함께 廿丑(그릇)을 ✋✋八
(손)에 받쳐 들고 있는 모습에서 '함께 공'

共

- 共感 공감   남과 똑같은 느낌을 가짐, 또는 그 느낌.
- 共存 공존   조화롭게 함께 살아나감. 같이 존재함.

4급

暴 ⑮
사나울 폭

☀日(해)가 나오자 ✋✋廾→共(두 손)으로
🌾米→氺(쌀)을 광에서 꺼내 말리는 모습에서
'① 사나울 폭' '햇빛쪼일 폭' '② 사나울 포'

- 暴惡 포악   성질이 사납고 악독하게 굶.
- 暴騰 폭등   물가나 주가 따위가 갑자기 뛰어오름.
- 暴露 폭로   ㉠비밀이 드러남 ㉡비바람에 노출하는 일.

4급

承 *手
이을 승

 承 (양손으로 사람)을 받들고 있는 모습에서 '이을 승'

- 承諾 승낙 승인하여 허락함.
- 承認 승인 ㉠ 정당하다고 인정하여 허락함 ㉡ 들어줌.
- 繼承 계승 조상이나 선임자의 뒤를 이어받음.

3급

其
그 기

甘 (키)를 ㅠ六 (양손)으로 잡고 곡식을 까불어 필요한 '그것' 만 골라내어 '그 기'

- 不知其數 부지기수 그 수를 헤아리기 어려움.
- 其他 기타 그것 외에 또 다른 것.

5급

期
기약할 기

약속한 其 (그) 날을 잊지 않으려고 月 (달)을 보며 날짜를 생각하는 '기약할 기'

- 期待 기대 바라고 기다림.
- 期約 기약 언제라고 때를 정하여 약속함.
- 期限 기한 미리 정한 시기. 일정한 시기.

5급

基
터 기

其 (삼태기)에 土 (흙)을 담아 땅을 고르고 터를 잡는 '터 기'

- 基幹 기간 일정한 부분에서 본바탕이 되는 줄기.
- 基礎 기초 건물 따위의 무게를 받치기 위하여 만든 바닥.

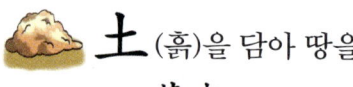

192

3급

클 태

(양손)으로 水(물)을 적시는 편안한 모습에서 발전하여 나온 '클 태'

- 泰山 태산　㉠ 썩 높고 큰 산　㉡ 크고 많음을 비유하는 말.
- 泰然 태연　흔들리지 않고 굳건한 모양. 아무렇지도 않게 예사로움.
- 泰平 태평　㉠ 세상이 평화로움　㉡ 몸이나 마음 또는 집안이 평안함.

5급

받들 봉

(양손)으로 (묘목)을 조심스레 잡고 바치는 모습에서 '받들 봉'

- 奉仕 봉사　남의 뜻을 받들어 섬김.
- 奉養 봉양　부모나 조상을 받들어 모시고 섬김.

마주들 여

두 사람이 위에 (양손)과 아래 (양손)으로 들어올리는 '마주들 여'

4급

더불 여

두 사람이 (양손)으로 (새끼줄)을 함께 꼬며 돕는 데서 '① 더불 여' '② 줄 여' '③ 참여할 여'

- 與件 여건　주어진 조건.
- 與否 여부　그러함과 그렇지 않음.
- 與野 여야　여당과 야당.

5급

들 거

手(손)을 들어올리는 '들 거'

- 擧手 거수 찬반을 나타내거나 경례를 하기 위해 손을 위로 듦.
- 擧行 거행 ㉠ 행사나 의식을 정한 대로 행함 ㉡ 명령에 따라 시행함.
- 選擧 선거 대표자나 임원을 뽑는 일.

4급

일어날 흥

두 사람이 舁(함께) 가마를 메고 이동할 때 뜻이 同(맞으면) 흥이 절로 난다는 '일어날 흥'

- 興起 흥기 떨치고 일어남.
- 興亡 흥망 흥함과 망함.
- 興味 흥미 흥취를 느껴 해보고 싶거나 알고 싶어 관심을 가지게 된 상태.

8급

배울 학

子(아이)가 ⌒(지붕) 위에 (두 손)을 올리고 爻(새끼줄)을 꼬는 것을 배우고 있는 '배울 학'

- 學界 학계 ㉠ 학문을 연구하는 사회 ㉡ 학자들의 사회.
- 學生 학생 학교에 다니면서 공부하는 사람.
- 學說 학설 학문적인 문제에 대해 학자가 주장하는 이론.

빌릴 가

𠂆月(언덕에서 광물)을 채집하는 (두 손)을 그렸는데 뒤에 발전하여 '거짓 가' '빌릴 가' 주로 음으로 나온다.

4급

거짓 가

거짓을 일삼는 亻(사람)을 넣어 다시 만든 '① 거짓 가' '② 빌릴 가'

- 假面 가면   얼굴 형상의 탈.
- 假裝 가장   겉으로 거짓 태도를 취하는 것.
- 假稱 가칭   임시 또는 거짓으로 일컬음.

칠 복

(손에 막대기)들고 두드려 잘못된 곳을 고치는 모습을 그렸다. 변형부수인 攵(등글월문) 활용이 더 많다.

주의 文(글월 문), 欠(하품 흠)과 다르다.

8급

가르칠 교

손에 매를 들고 子(자식)을 攵(때려가며) 爻(산가지)를 계산하는 법을 가르치는 '가르칠 교'

- 敎師 교사   학문을 가르치는 사람.
- 敎育 교육   ㉠ 가르쳐 기름 ㉡ 지식을 넓혀 주며 품성을 길러 줌.
- 敎會 교회   기독교 신자가 모이거나 예배 보는 회당(會堂).

4급

흩을 산

月(고기)를 丗(잘게) 다지기 위해 攵(때려서) 부드럽게 하는 '흩을 산'

- 散漫 산만   질서나 통일성이 없이 흩어져 어수선함.
- 散文 산문   글자의 수나 운율에 구애됨이 없이 자유롭게 쓰는 보통의 문장.
- 散策 산책   바람을 쐬거나 가벼운 기분으로 한가로이 이리저리 거닒.

4급

거둘 **수**

엉킨  (넝쿨, 구→수)을 (쳐서) 거둬내고 있는 '거둘 수'

- 收監 수감 사람을 구치소에 잡아서 가둠.
- 收入 수입 돈이나 곡물 따위를 거두어들임.
- 收穫 수확 곡식 따위를 거두어 들임, 또는 그 소출.

7급

셈 **수**

 (포개져) 있는 물건을 일일이 손으로  (치며) 계산하는 '셈 수'

- 數式 수식 숫자나 문자를 계산 기호로 쓴 식.
- 數次 수차 두서너 차례. 몇 차례
- 數理 수리 수학이론이나 이치.

數學은 쉽다.

5급

공경 **경**

 (등 굽은 노인의 등)을 (두드리는) 진실한 마음이 '공경 경'

- 敬虔 경건 공경하는 마음으로 깊이 삼가고 조심함.
- 敬意 경의 공경하는 뜻.
- 恭敬 공경 윗사람을 공손히 섬김.

3급

놀랄 **경**

馬 (말)이 놀라서 뒷발로 서 있는 모습에서 '놀랄 경'

- 驚愕 경악 몹시 놀라 충격을 받음.
- 驚異 경이 감탄할 만큼 놀랍고 이상함.
- 驚歎 경탄 ㉠ 매우 감탄함 ㉡ 놀라서 탄식함.

4급

지탱할 지

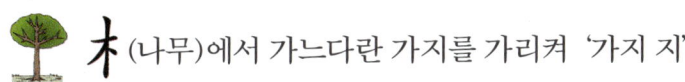 (손에 나뭇가지)를 꽉 쥐고 있는 '지탱할 지'

- 支流 지류 강의 원줄기에서 갈려 흐르는 물줄기.
- 支拂 지불 ㉠ 돈을 치름 ㉡ 물건 값을 갚아 줌.
- 支出 지출 어떤 목적을 위하여 금전을 지불함. ↔ 收入(수입)

3급

가지 지

木(나무)에서 가느다란 가지를 가리켜 '가지 지'

- 枝葉 지엽 ㉠ 가지와 잎 ㉡ 중요하지 않은 부분.
- 枝幹 지간 가지와 줄기
- 枝莖 지경 가지와 줄기

5급

재주 기

 才(손)에 도구를 支 (잡고) 숙련되게 움직이는 '재주 기'

- 技能 기능 도구나 기계 등을 다루는 기술적인 능력.
- 技術 기술 어떤 것을 만들거나 고치는 손재주.
- 國技 국기 한 나라에서 전통적으로 전해 내려오는 기예(技藝).

몽둥이 수

긴 자루 달린 殳 (몽둥이를 손)에 들고 때리고 부수는 '몽둥이 수'

07. 손

4급

던질 **투**

扌(손)에 들고 있던 殳(몽둥이)를 던지는 '던질 투'

- 投稿 투고   신문사·잡지사 등에 원고를 써서 보냄, 또는 그 원고.
- 投身 투신   ㉠ 목숨을 끊기 위하여 몸을 던짐 ㉡ 어떤 일에 몸을 던져 종사함.
- 投資 투자   이익을 얻을 목적으로 자금이나 자본을 댐.

4급

베풀 **설**

일의 진행되는 순서를 言(말)하면서 殳(연장)을 진열하고 준비하는 '베풀 설'

- 設計 설계   계획을 세움, 또는 그 계획.
- 設立 설립   공적(公的)인 기관이나 업체 등을 새로 만듦.
- 設備 설비   어떤 목적에 필요한 건물이나 장치 등을 갖추는 것.

4급

죽일 **살**

杀(지네 : 돼지라는 설도 있음)를 殳(몽둥이)로 재빠르게 때려죽여 조각난 모습에서 '① 죽일 살' '② 빠를 쇄' '③ 감할 쇄'

- 殺氣 살기   남을 죽이거나 해칠 것 같은 살벌한 기상.
- 殺伐 살벌   ㉠ 거칠고 무시무시함 ㉡ 죽이고 들이침.
- 殺身成仁 살신성인   자신을 희생해 인을 이룸.

4급

소리 **성**

声(석경)을 각퇴로 殳(치면서) 耳(귀)를 대고 듣는 데서 '소리 성'

- 聲明 성명   어떤 일에 대한 입장이나 태도 따위를 공언하여 의사를 분명하게 밝힘.
- 聲樂 성악   음악. 노래
- 聲援 성원   소리질러 사기(士氣)를 북돋우어 줌.

3급

尤 허물 우

 尤 (손가락에 상처)가 난 모습에서 '허물 우'

주의 尢 (절름발이 왕)은 정강이가 굽은 사람을 그린 것으로 부수에 나온다.

- 尤甚 우심 더욱 심함.
- 不怨天不尤人 불원천불우인 하늘을 원망하지 않고 남을 탓하지 않음.

4급

就 나아갈 취

높고 화려한 집들이 즐비한  京 (서울)로 올라간다는 데서 '나아갈 취'

- 就任 취임 맡은 임무에 처음으로 나아감.
- 就職 취직 일정한 직업을 잡아 직장에 나아감. 就業(취업)
- 去就 거취 물러감과 나아감. 진퇴(進退)

08 발

7급

발 족

足(발)을 그려 나아감과 그침을 나타내는 '① 발 족' '② 족할 족.' 足(발족변)은 변형부수.

- 足跡 족적 ㉠ 발자국 ㉡ 지내 온 일의 자취. 옛 자취
- 手足 수족 ㉠ 손과 발 ㉡ 손발처럼 마음대로 부리는 사람.
- 充足 충족 모자람이 없이 충분하게 채움.

3급

자 척

尺 (장딴지) 길이라고도 하고 尺 (한 뼘)의 길이라고도 하는 일촌(一寸 : 약 3cm)의 열 배인 '자 척'

- 尺度 척도 ㉠ 계량이나 평가의 기준 ㉡ 물건을 재는 자.
- 越尺 월척 한 자가 넘는 물고기.
- 三尺童子 삼척동자 키가 석 자 정도 되는 어린아이.

3급

갈 지

之 (출발선에서 떠나는 발)을 그려 '갈 지.' 뒤에 '~의(조사), 그것(대명사)'로 해석함. 땅을 뚫고 나오는 之(새싹)이라는 설도 있음.

- 人之常情 인지상정   사람이면 누구나 가지는 보통의 생각.

5급

그칠 지

길을 가다 멈춰선 사람의 止(발자국)을 그려 '그칠 지'

- 止血 지혈   상처에서 피가 나오다가 그침, 또는 나오는 피를 그치게 함.
- 禁止 금지   법이나 규정 등으로 금하여 못하게 함.
- 防止 방지   부정적인 일이 일어나지 못하도록 막음.

3급

이것 차

ヒ (사람)이 서 있는 자신의 止(발)을 가리켜 바로 이곳을 뜻하는 '이것 차'

- 此日彼日 차일피일   이날 저날로 기한을 물림.
- 此後 차후   이 다음. 이 시간 이후.
- 彼此 피차   ㉠ 저편과 이편 ㉡ 저것과 이것

4급

걸음 보

왼발 모양인 止(그칠 지)와 少(오른발)이 합쳐져 '걸음 보'

주의 오른발을 少(적을 소)로 쓰면 안 된다.

- 步道 보도   보행자의 통행에 사용하도록 된 길.
- 步調 보조   걸음걸이의 모양과 속도 등의 상태.
- 步行 보행   두 다리로 걸어감, 또는 걷는 일.

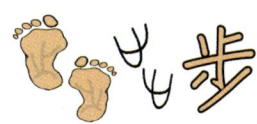

08. 발   201

5급

지날 력

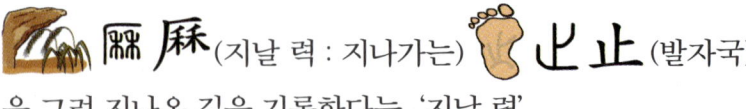(지날 력 : 지나가는) 止(발자국)
을 그려 지나온 길을 기록한다는 '지날 력'

- 歷史 역사 인류 사회의 변천과 흥망의 과정.
- 學歷 학력 학교를 다닌 경력.
- 經歷 경력 겪어 지내온 일들.

7급

正
바를 정

정의(正義)를 위해 적의 ▢(성)을 공격하는 止(발)을 그려 '바를 정'

- 正月 정월 일년 중 첫째 달. 1월
- 正義 정의 사회나 공동체를 위한 올바른 도리.
- 正直 정직 속이거나 꾸밈이 없이 마음이 바르고 곧음.

4급

다스릴 정

잘못된 것을 正(바르게) 고치기 위해 攵
(매로 쳐서) 다스린다는 '다스릴 정'

- 政見 정견 정치에 관한 의견. 정치에 관한 식견.
- 政府 정부 ㉠ 국가 통치권을 행사하는 기관의 총칭 ㉡ 행정부
- 政治 정치 통치자가 그 영토와 국민을 다스림.

6급

정할 정

宀(집)안에 正→疋(발)을 들여놓고
거처를 정했다는 '정할 정'

- 定期 정기 일정하게 정해진 기간이나 시기.
- 定式 정식 일정한 격식이나 의식.
- 定員 정원 일정한 규칙 등에 의해 정해진 인원. 정해진 인원수.

했다.

4급

옳을 시

 (태양)처럼 正→疋 (바르다)는 데서 '옳을 시'

- 是非 시비 ㉠ 옳고 그름 ㉡ 긍정과 부정
- 是是非非 시시비비 여러 가지의 잘잘못. 옳고 그름을 공정하게 판단함.

6급

題
제목 제

첫 頁 (머리)에 쓰는 제목을 뜻하는 '제목 제'

- 題言 제언 첫머리에 쓰는 글.
- 問題 문제 답을 요구하는 물음.
- 題目 제목 작품이나 강연 등에 붙이는 이름.

7급

날 출

(움막)에서 나오는 止 (발)을 그려 '날 출'. 出 (초목이 나오는) 모양이라는 설도 있음.

- 出庫 출고 물품을 창고에서 꺼냄.
- 出馬 출마 ㉠ 말을 타고 나감 ㉡ 선거 등에 입후보함.
- 出生 출생 세상에 태어남.

6급

각각 각

각각의 夊 (발)이 움막의 口 (입구)에 도달한 모양에서 '각각 각'

- 各各 각각 저마다 따로따로. 제각기
- 各種 각종 여러 종류. 여러 가지
- 各界 각계 사회의 각 분야. 직업·직무에 따라 갈라진 사회의 각 분야.

08. 발 203

5급

손 객

 (집)안으로 제 各 (각각) 들어오는 손님을 뜻하는 '손 객'

- 客席 객석　극장 등에서 손님이 앉는 자리.
- 客室 객실　손님을 접대하거나 거처하게 정하여 놓은 방.
- 顧客 고객　영업의 대상자로 오는 손님을 다소 격식을 갖추어 이르는 말.

5급

떨어질 락

시들어 떨어지는 나뭇잎과 艹 (풀) 아래 洛 (물 이름 락)에서 음을 취해 '떨어질 락'

- 落島 낙도　육지에서 멀리 떨어져 있는 외딴섬.
- 落伍 낙오　여럿이 줄지어 가는 무리에서 떨어짐.
- 落第 낙제　성적이 나빠서 시험에 떨어짐.

6급

길 로

두 足 (발)이 제 各 (각각) 길을 걷고 있는 '길 로'

- 路線 노선　발착지와 도착지를 정해 놓고 통행하는 길.
- 路程 노정　㉠ 목적지까지의 거리 나 시간 ㉡ 여행의 경로나 일정.
- 道路 도로　사람, 차가 다니는 길.

3급

이슬 로

雨 (비)처럼 떨어지는 이슬에서 발전해 이슬 맞으며 한데서 자면 하늘이 보인다는 뜻인 '① 이슬 로', 숨겼던 일이 알려진다는 '② 드러날 로'

- 雨露 우로　비와 이슬.
- 露出 노출　밖으로 드러나거나 드러냄.
- 露宿 노숙　한데서 자는 잠.

8급

먼저 선

앞서 간 사람의 (발자국)을 뒤따라가는 儿 (사람)이 서 있는 모습에서 남보다 앞서 갔다는 '먼저 선'

- 先覺 선각 남보다 앞서 깨달음, 또는 그 사람.
- 先決 선결 다른 일에 앞서 결정함.
- 先驅 선구 어떤 사상이나 일에 있어서 앞선 사람. '선구자(先驅者)'의 준말.

5급

씻을 세

氵(물)속에 제일 先(먼저) 발을 담그고 씻는 모습에서 '씻을 세'

- 洗練 세련 서투르거나 어색한 데가 없이 능숙하고 미끈함.
- 洗禮 세례 기독교나 유대교 등에서 신자가 될 때 베푸는 의식.
- 洗濯 세탁 빨래

4급

뜻 지

뜻한 바대로 목적을 향해 止→士(발걸음)을 옮기는 心(마음)에서 '뜻 지'

- 初志一貫 초지일관 처음에 세운 뜻을 끝까지 밀고 나감.
- 志願 지원 바라서 원함.
- 志操 지조 꿋꿋한 의지와 절조.

4급

달릴 주

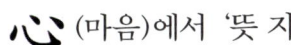走(달리는 사람)을 그려 '달릴 주'

주의 赤(붉을 적)과 다르다.

- 走力 주력 달리는 힘.
- 走馬看山 주마간산 말을 타고 달리며 산수를 본다는 뜻으로, '바쁘게 사물의 겉만 대충대충 보고 지남'을 이름.

08. 발

4급

무리 도

㗊彳(길거리)에 바쁘게 走(달리며) 일하는 사람들에서 '① 무리 도' '② 걸을 도' '③ 헛될 도'

- 徒黨 도당   떼를 지은 사람들의 무리. 떼거리.
- 徒步 도보   탈 것을 타지 않고 걸어서 감.
- 無爲徒食 무위도식   하는 일 없이 헛되이 먹기만 함.

어그러질 천

舛(두 발)이 서로 다른 방향을 향해 걷는 '어그러질 천'

4급

내릴 강

阝(언덕) 아래로 천천히 내려오는 夅(두 발)을 그려 '① 내릴 강', 적에게 '② 항복할 항'

- 降等 강등   등급이나 계급을 낮추는 것.
- 降雨 강우   비가 내림. 내린 비.
- 降伏 항복   적에게 굴복함.

5급

없을 무

새의 無(깃털을 흔들며) 신전 앞에서 무아지경에 빠져 춤추는 '없을 무'

- 無念 무념   무아(無我)의 경지에 이르러 아무 생각이 없음.
- 無聊 무료   ㉠ 심심함 ㉡ 열없음. 조금 부끄러움.
- 無名 무명   이름이 없음.

4급

춤출 무

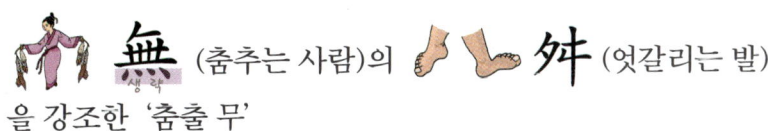 (춤추는 사람)의 舛 (엇갈리는 발)을 강조한 '춤출 무'

- 舞臺 무대 연극·춤·노래 등의 연기(演技)를 하기 위해 높직하게 만든 단.
- 舞踊 무용 춤
- 舞姬 무희 춤을 잘 추거나 춤추는 일을 업으로 하는 여자.

등질 발

癶 (두 발)이 엇갈려 좌우로 자연스럽게 벌린 모양을 그렸다. 부수이름은 '필발머리'로 발동작과 관계 있다.

6급

필 발

弓 (활) 쏘는 모습에다 癹 (발로 풀뭉갤 발)에서 음을 취해 출발을 뜻하는 '필 발'

- 發刊 발간 책이나 신문 등의 출판물을 간행함.
- 發展 발전 능력이나 수준을 높은 단계로 옮음.
- 發射 발사 총포 따위를 씀.

3급

열째천간 계

세 갈래로 갈라진 (창)을 사방으로 꽂아 놓은 모습이었다가 천간(天干)의 하나로 쓰여 '열째천간 계'

- 癸方 계방 24방위의 하나. 정북에서 동으로 15도 되는 쪽을 중심한 15도의 방위.
- 癸坐 계좌 풍수지리에서 묏자리나 집터의 계방(癸方)을 등진 자리.

08. 발　207

길을 천천히 걸어가는 모습을 그린 辵(쉬엄쉬엄 갈 착)이 본래 글자이다. 한자 속에서는 변형부수로만 나오는데 이름을 '辶(책받침)'으로 부른다. 주로 '걷는 동작'과 관계 있다.

주의 廴(민책받침)은 '발을 길게 끌며 걷는다'는 뜻이다.

4급

거스를 역

屰(거꾸로) 辶(걸어가는) 모습에서 이치에 벗어나거나 반대한다는 '거스를 역'

- 逆境 역경 일이 뜻대로 안 되는 불행하거나 힘든 상황.
- 逆流 역류 물이 거슬러 흐름, 또는 그런 물.
- 逆說 역설 일반의 진리라는 것에 반대되는 설.

3급

만날 봉

길을 辶(걷다가) 누구를 夆(만날 봉 : 만나는) '만날 봉'

- 逢變 봉변 뜻밖의 변을 당함.
- 逢着 봉착 어떤 처지나 상태에 맞닥뜨림.
- 相逢 상봉 오랫동안 헤어져 있다가 서로 만남.

5급

지날 과

咼(입삐뚤어질 와 : 삐딱)하게 辶(걷고) 말하고 행동하다 보면 정상에서 벗어나 잘못을 저지르게 된다는 데서 '① 지날 과' '② 지나칠 과' '③ 허물 과'

- 過去 과거 ㉠ 지나감 ㉡ 이미 지나간 때. 옛날
- 過食 과식 지나치게 먹음.
- 過失 과실 실수나 부주의 등으로 인한 잘못. 허물

5급

가릴 선

재물로 바치기 위해 선발을 기다리고 있는 (사람들)을 뽑아 (데리고 가는) 데서 '가릴 선'

- 選擧 선거 많은 사람 가운데서 적당한 사람을 대표로 뽑아냄.
- 選手 선수 경기나 시합에 출전하는 사람.
- 選擇 선택 골라서 택함.

09 음식 • 재물

그릇 명

皿 (그릇)을 그려 크고 작은 모든 그릇을 지칭하는 '그릇 명'

- 器皿 기명   살림에 쓰는 온갖 그릇붙이.

4급

더할 익

皿 (그릇)에 ≋ (물)이 넘쳐 흘러 더욱 도움이 된다는 '① 더욱 익', 이롭게 하는 '② 더할 익'

- 富益富 부익부   부자는 더욱 부유해짐.
- 損益 손익   손해와 이익.

6급

溫 ⑬
따뜻할 온

(따뜻한 물)을 받은 盟(욕조 속에 사람)이 들어가 있는 '따뜻할 온' '익힐 온'

- 溫度 온도 따뜻하고 차가움의 정도.
- 溫順 온순 성질이나 마음씨가 부드럽고 순함.
- 溫柔 온유 온화하고 유순함.

4급

血 ⑥
피 혈

희생물인 소나 양의 (피)가 皿 (그릇) 안으로 뚝뚝 떨어지고 있는 '피 혈'

- 血管 혈관 혈액을 체내로 보내는 관. 핏줄
- 血壓 혈압 혈관 안의 혈액이 혈관에 주는 압력.
- 血緣 혈연 같은 핏줄에 의하여 이어진 인연. 같은 핏줄의 관계.

4급

衆 ⑫
무리 중

원래 日(태양) 아래 노동하는 노예였는데 뒤에 血(피 혈)로 바뀌어 피땀 흘리며 일하는 (노예들)을 나타내는 '무리 중'

- 衆生 중생 생명이 있는 모든 것. 많은 사람들.
- 衆人 중인 ㉠ 뭇사람 ㉡ 평범한 보통 사람들.
- 衆智 중지 여러 사람의 지혜.

5급

品 ⑨
물건 품

여러 品(물건들)을 진열해 놓은 '물건 품'
品 (세 개의 입)을 그려 물건을 평한다는 설도 있음.

- 品種 품종 물품의 종류.
- 品質 품질 물건의 성질과 바탕.
- 品行 품행 사람의 성품과 행실. 몸가짐

09. 음식·재물

6급

합할 합

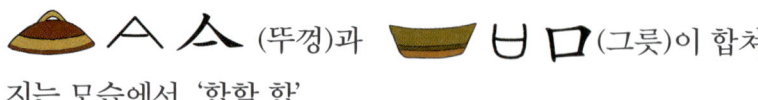 (뚜껑)과 ㅂㅁ(그릇)이 합쳐지는 모습에서 '합할 합'

- 合格 합격 ㉠ 규격의 기준에 맞음을 판정 받는 것 ㉡ 시험에 통과함.
- 合計 합계 한 데 더하여 계산함, 또는 그 수.
- 合同 합동 본래 따로따로인 여럿이 모여 하나가 되어 함께함.

7급

대답 답

竹(대쪽)같이 딱 合(맞게, 합→답) 질문에 답한다는 '대답 답'

- 答辯 답변 물음에 대해 대답하여 말함, 또는 대답하는 말.
- 答案 답안 문제의 해답을 쓴 글.
- 報答 보답 남에게 입은 혜택이나 은혜를 갚음.

5급

줄 급

糸(실)을 合(합쳐, 합→급) 길게 이어지듯 넉넉하게 보태준다는 '줄 급'

- 給料 급료 고용주가 노력에 대한 보수로 지급하는 돈.
- 給水 급수 물을 공급함, 또는 그 물.
- 給食 급식 학교나 회사 등에 식사를 제공함.

3급

주울 습

떨어진 물건을 扌(손)으로 주워 合(모으는, 합→습)데서 '① 주울 습', 숫자 十(열 십)과 통용하여 '② 열 십'

- 拾得 습득 주워서 얻거나 가지고 있음.
- 收拾 수습 흩어진 물건들을 주워 정돈함.

6급

공평할 **공**

(그릇속 밥)을 공평하게 반으로 (나누는) 모습이 '공평할 공'

- 公共 공공 국가나 사회 구성원에게 공동으로 관계되는 것.
- 公明 공명 사사롭거나 편벽됨이 없이 공정하고 명백함.
- 公益 공익 사회 전체의 이익.

4급

소나무 **송**

변함없이 公(공평, 공→송)함을 잃지 않는 (나무)인 '소나무 송'

- 松林 송림 소나무 숲
- 松栢 송백 소나무와 잣나무

7급

먹을 **식**

(뚜껑 닫은 그릇) 속에서 고소한 냄새와 김이 솔솔 나는 '먹을 식'. (먹을식변)은 변형부수.

- 食器 식기 음식을 담아 먹는 그릇.
- 食糧 식량 먹거리. 양식
- 食言 식언 약속한 말을 지키지 않음. 虛言(허언)

6급

마실 **음**

(음식물)을 欠(입 벌리고) 마시는 모습에서 '마실 음'

- 飮料 음료 마실 것의 총칭.
- 飮食 음식 사람이 먹을 수 있게 만든 밥이나 국과 같은 먹을 것과 마실 것.
- 飮酒 음주 술을 마심.

3급

일찍 증

曾 (김 올라오는 시루)를 그렸는데 뒤에 '이전에'란 뜻이 나와 '일찍 증'

주의 會(모일 회)와 다르다.

- 曾祖 증조 아버지의 할아버지.
- 未曾有 미증유 아직까지 한 번도 있어 본 적이 없었음. '전례가 없음'을 이르는 말.

4급

더할 증

土 (흙)을 계속 쌓아 더하고 겹쳐 놓는다는 '더할 증'

- 增減 증감 많아지는 일과 적어지는 일. 늘림과 줄임.
- 增大 증대 더하여 많아지게 함.
- 增産 증산 생산량을 늘림.

6급

모일 회

會 (뚜껑 사이로 김이 나오는 그릇) 주변으로 사람들이 모이는 '모일 회'

- 會見 회견 어떤 의사나 소견을 발표하기 위해 절차를 밟아 공식적으로 서로 만나 봄.
- 會計 회계 나가고 들어온 돈을 따져서 셈함.
- 會談 회담 일정한 지위에 있는 사람들이 모여서 이야기함. 또는 그 일.

3급

곧 즉

皀 (밥고소할 흡 : 음식) 앞에 卩 (구부리고 앉아) 즉석 요리하는 모습에서 '곧 즉'

- 卽刻 즉각 당장에 곧. 卽時(즉시)
- 卽席 즉석 일이 진행되는 바로 그 자리.
- 卽時 즉시 그때 바로. 당장에

5급

마디 절

🎋 竹 (대 죽)의 마디처럼 🍲卩 (음식) 앞에서 절제를 해야 한다는 데서 '지조' '기간' '명절'의 뜻이 나와 '마디 절'

- 節介 절개 지조와 기개. 기개 있는 지조.
- 節氣 절기 한 해 동안을 24기로 가른 철의 표준점.
- 節約 절약 아끼어 군 비용이 나지 않게 씀.

4급

시골 향

🍲皀 (음식)을 마주보고 앉은 🧎🧎阝 (백성들)의 화기애애한 모습에서 '시골 향'

- 鄕愁 향수 타향에서 고향을 그리워 함.
- 鄕村 향촌 시골
- 鄕土 향토 ㉠ 시골 ㉡ 고향

3급

이미 기

앞에 놓인 🍲皀 (음식)을 이미 배부르게 먹고  (고개를 돌린 사람)의 모습에서 '이미 기'

- 旣成 기성 이미 이룬 상태가 되었음.
- 旣往 기왕 지금보다 이전.

이미 마음은 돌아섰네.

맛 지

🥄匕 (숟가락) 속의 음식물을 👄曰 (입)으로 맛보는 '맛 지'

- 旨義 지의 깊고도 중심이 되는 생각이나 의향.
- 趣旨 취지 근본이 되는 요긴한 뜻.

09. 음식·재물 215

4급

指
가리킬 지

才(손가락)으로 방향을 가리키는 '손가락 지'
'가리킬 지'

- 指示 지시   어떤 대상을 가리켜 보임.
- 指摘 지적   꼭 집어 가리킴. 잘못을 가리켜 드러냄.
- 指標 지표   ㉠ 방향을 가리키는 표지 ㉡ 달성하도록 지정된 표적.

4급

참 진

匕(숟가락)으로 (솥) 안의 음식을 떠서 간이 맞는지 맛보는 데서 '참 진'

- 眞理 진리   참된 도리. 언제 어디서나 누구든지 바르다고 인정되는 이치.
- 眞相 진상   ㉠ 참된 모습 ㉡ 실제의 모습.
- 眞僞 진위   참과 거짓.

4급 고

인원 원

○口(둥근) 鼎→貝(솥) 주변으로 모인 사람들을 가리켜 '인원 원'

4급

圓
둥글 원

員(사람)들이 口(둥글게) 둘러앉은 모습에서 '둥글 원'

- 圓滿 원만   인품이나 성격이 모난 데가 없이 너그럽고 결함이 없음.
- 圓熟 원숙   인격이나 지식 따위가 깊고 원만함.
- 圓卓 원탁   둥근 탁자

3급

곧을 정

 鼎→貝 (솥 정)에서 음을 취하고, 중요한 일을 앞두고 卜 (점)을 쳐서 행동을 바로잡는다는 '곧을 정'

- 貞潔 정결 여자의 정조가 곧고 행실이 깨끗함.
- 貞淑 정숙 여자의 지조가 곧고 마음씨가 고움.
- 貞操 정조 여자의 깨끗한 절개.

5급

則
법칙 칙

鼎→貝 (청동기)의 표면에 刂 (칼)로 중요한 사건을 원칙에 맞게 새겨 넣는 데서 '법칙 칙' 貝 (조개)를 刂 (칼)로 원칙에 맞게 반으로 쪼갠 모양이란 설도 있다.

- 規則 규칙 지키도록 정해 놓은 질서나 원칙.
- 法則 법칙 반드시 지켜야 할 규범.

5급

敗
패할 패

잘못 만들어진 貝 (청동기)를 몽둥이로 攵 (때려서) 못쓰게 만드는 '패할 패'. 貝 (조개껍질)을 攵 (막대기)로 쳐서 깨는 모양이란 설도 있다.

- 敗北 패배 싸움에서 짐.
- 敗訴 패소 소송에서 짐.↔ 勝訴(승소)
- 腐敗 부패 썩어서 못쓰게 됨.

3급

酉
닭 유

 酉 (술단지)를 그려 술과 관련 있으며 십이지의 열째자리인 닭에 해당하여 '닭 유'

주의 西(서녘 서)와 다르다.

- 酉時 유시 하루를 12시간으로 나눈 10째 시간. 곧, 하오 5시부터 7시 사이.

09. 음식・재물

4급

술 주

氵(술)이 들어 있는 酉 (술독)을 그려 '술 주'

- 酒客 주객 술을 유난히 좋아하는 사람. 술꾼
- 酒量 주량 술을 마시고 견디어낼 만한 정도의 분량.
- 酒興 주흥 술기운에서 나는 흥.

6급

의원 의

医 (침통 속의 화살=침)과 외과용 도구인 殳 (몽둥이)와 소독에 필요한 酉 (술)을 그려 환자를 치료하는 '의원 의'

- 醫療 의료 의술로 병을 치료함.
- 醫術 의술 ㉠ 병을 고치는 기술 ㉡ 의학에 관련된 기술.
- 醫學 의학 질병과 그 치료 · 예방 등에 관하여 연구하는 학문.

우두머리 추

八 (술 향기)가 피어오르는 酉 (술단지) 관리는 두목이 한다는 데서 '우두머리 추'

- 酋長 추장 집단의 지도자. 특히 미개 부족의 우두머리.

3급

오히려 유

酋 (추→유)에서 음을 犭(개)처럼 생긴 큰 원숭이로 작은 소리만 나도 나무에서 못 내려오고 오히려 망설이며 겁내는 표정에서 '①오히려 유' '②망설일 유' '③같을 유' '④원숭이 유'

- 過猶不及 과유불급 지나침은 모자람과 같다. 중용을 말함.
- 猶豫 유예 ㉠ 날짜나 시간을 미룸 ㉡ 우물쭈물하며 망설임.

4급

 酋 (술단지)를 寸 (양 손)으로 공손히 들고 신전에 바치는 모습에서 '높을 존'

높을 존

- 尊敬 존경 받들어 공경함.
- 尊貴 존귀 지위나 신분 따위가 높고 귀함.
- 尊嚴 존엄 범할 수 없게 고귀하고 엄숙함.

 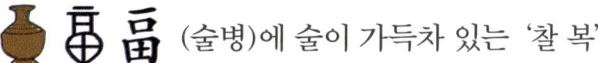 (술병)에 술이 가득차 있는 '찰 복'

찰 복

5급

 示=礻 (제단)에 畐 (술병)을 올려 제사를 지내며 신에게 복을 달라고 비는 '복 복'

복 복

- 福祉 복지 행복과 이익.
- 多福 다복 복이 많음. 많은 복.
- 壽福 수복 오래 사는 것과 복을 누리는 것.

4급

  (집)안에 畐 (술)을 만들어 저장해 놓은 '부자 부'

부자 부

- 富强 부강 나라의 재정이 부유하고 군사력이 강함.
- 富貴 부귀 재산이 많고 지위가 높음.
- 富益富 부익부 부자일수록 더욱 부자가 됨. ↔ 貧益貧(빈익빈)

09. 음식・재물   219

6급

말미암을 유

由 (손잡이가 달린 단지)에서 물이나 기름 따위가 흘러나오는 데서 시작을 뜻하는 '말미암을 유'

주의 甲 (갑옷 갑), 申 (아뢸 신)과 다르다.

- 由來 유래 사물의 내력.
- 由緒 유서 어떤 대상이 긴 세월을 거쳐 전하여 오는 내력.
- 事由 사유 일의 까닭. 연유

6급

기름 유

由 (단지)에서 흘러나오는 (물)을 가리켜 '기름 유'

- 油田 유전 석유가 나는 곳.
- 油脂 유지 동물이나 식물에서 짜낸 기름의 총칭.
- 食用油 식용유 음식을 만들 때 쓰는 기름.

3급

집 주

由 (유→주)에서 음을, 우주처럼 광활한 (집)을 뜻하는 '집 주'

- 宇宙 우주 ㉠ 온갖 물질이 존재하는 공간.
  ㉡ 무한한 공간과 그곳에 존재하는 천체와 모든 물질.

5급

굽을 곡

曲 (구부러진 나무)를 그려 ①굽을 곡 ②가락 곡

- 曲線 곡선 굽은 상태로 이어진 선.
- 曲藝 곡예 눈을 속이는 재주. 보통 사람이 하지 못하는 재주. 곡마·요술·마술 따위.
- 曲調 곡조 가사나 음악 등의 가락.

6급

者
놈 자

者 (곡식과 야채)를 그릇에 넣고 음식을 만드는 사람과 장소와 물건을 뜻하는 '놈 자' '곳 자' '것 자'

- 王者 왕자　㉠ 임금　㉡ 왕도(王道)로써 천하를 다스리는 사람.
- 筆者 필자　글이나 글씨를 쓴 사람.

5급

都
도읍 도

者 (사람)들이 많이 모여 생활하는 阝(고을)을 뜻하는 '도읍 도'

- 都賣 도매　물건을 도거리로 팖.
- 都心 도심　도시의 중심부.
- 首都 수도　한 나라의 중앙 정부가 있는 도시.

3급

諸
모두 제

言 (말)하는 모든 者 (사람)들이란 뜻으로 '모두 제'

- 諸君 제군　통솔자가 여러 명의 아랫사람들을 부르는 말. 여러분
- 諸侯 제후　봉건시대에 천자 밑에서 일정한 영토를 가지고 영내의 백성을 다스리던 사람.

3급

暑
더울 서

뜨거운 日 (태양) 아래 더위에 지쳐 걸어가는 者 (사람)에서 '더울 서'

주의 署(관청 서)와 다르다.

- 避暑 피서　시원한 곳으로 더위를 피함.
- 寒暑 한서　㉠ 추위와 더위　㉡ 겨울과 여름.
- 酷暑 혹서　몹시 심한 더위.

09. 음식·재물　221

3급

지을 저

원래는  (대나무)가 들어간 箸 (젓가락 저)와 같은 뜻이었다가 (풀 초)로 바뀌어 '지을 저'

- 著名 저명 이름이 세상에 널리 알려짐. 유명함.
- 著書 저서 책을 지음, 또는 그 책.
- 共著 공저 한 책을 두 사람 이상이 함께 지음, 또는 그렇게 지은 저술.

5급

붙을 착

著 (지을 저)의 속자로 나왔다가 뒤에 독립하여 '붙을 착'

주의 差 (어긋날 차)와 다르다.

- 着用 착용 의복 등을 몸에 입거나 물건 등을 쓰거나 신거나 함.
- 着工 착공 공사를 시작함.
- 着服 착복 ㉠ 옷을 입음 ㉡ 남의 금품을 부당하게 차지함.

3급 고

부를 소

(국자)로 (술독) 안의 술을 퍼서 사람들을 불러모아 대접한 데서 '부를 소'
윗사람이 刀 (칼)을 들고 口 (입)으로 호령하며 부른다는 뜻도 있다.

- 召喚 소환 관청에서 개인에게 법적으로 부르는 일.

4급

부를 초

扌 (손짓)으로 召 (부른다)는 데서 '부를 초'

- 招待 초대 모임에 참석하거나 참가할 것을 청함. 또는, 그렇게 대접함.
- 招聘 초빙 예(禮)를 갖추어 남을 부름.
- 招請 초청 청하여 부름.

국물이 담긴  勺(국자)를 그려 '구기 작'

주의 句(글귀 구)와 다르다. 양의 단위로 쓰임(홉의 1/10)

- 勺水不入 작수불입   한 모금의 물도 넘기지 못한다는 뜻으로, 음식을 조금도 먹지 못함.

5급

的
과녁 **적**

勺(구기 작→적)에서 음을 취해  白(흰) 과녁판을 뜻하는 '① 과녁 적', 뒤에 형용부사인 '② ~의 적'

- 的實 적실   틀림이 없이 확실함.
- 的中 적중   ㉠ 화살이 과녁에 맞음.
             ㉡ 예측이 들어맞음.
- 文學的 문학적   문학에 관계되는.

5급

約
맺을 **약**

 糸(실)로 단단히 묶는 것에서 확실히 구분짓는 '맺을 약'

- 約分 약분   분수의 분자와 분모를 공약수로 나누어 간단하게 함.
- 約束 약속   상대자와 서로 의견을 맞추어 정함, 또는 그 맞춘 내용.
- 約婚 약혼   결혼하기로 약속함.

4급

긴 자루가 달린  斗(국자) 모양에서 용량의 단위로 쓰여 '말 두'

- 泰斗 태두   태산과 북두. 한 분야에 가장 권위 있는 사람.
- 斗量 두량   되나 말로 됨, 또는 그 분량.
- 斗星 두성   북두칠성

6급

과목 **과**

禾(벼)와 곡식을 종류와 등급에 따라 斗(국자)로 퍼서 분류하듯 학문을 구분하는 '과목 과'

- 科目 과목   학문의 구분.
- 學科 학과   편의상 구분한 학급의 분과.
- 科擧 과거   옛날 중국과 우리나라에서 행하여진 관리등용 시험.

5급

헤아릴 **료**

米(쌀)을 斗(국자)로 떠서 양을 재고 요리의 재료로 삼아 '①헤아릴 료' '②삯 료' '③거리(재료) 료'

- 料金 요금   사물을 사용·관람하거나 할 때, 대가로 치르는 돈.
- 料量 요량   미리 헤아려 생각함.
- 料理 요리   음식물을 만듦, 또는 그 음식.

5급

반드시 **필**

斗→必 (낟알 담은 자루)로 딱 맞게 양을 재는 데서 '반드시 필.' 말뚝을 세워 경계를 반드시 결정짓는다는 설도 있음.

- 必讀 필독   꼭 읽어야 함.
- 必須 필수   꼭 해야 하거나 있어야 함.
- 必勝 필승   반드시 이김.

5급

헤아릴 **량**

曰(됫박)으로 주둥이를 벌린 重(자루)에 곡식을 퍼서 재는 '헤아릴 량'

- 量水器 양수기   수도 등의 사용량을 재는 계기.
- 度量 도량   사물의 분량이나 무게를 따짐.
- 質量 질량   물체를 이루는 물질의 양.

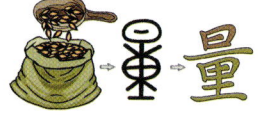

절구 구

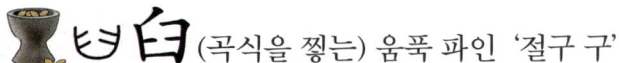 臼 (곡식을 찧는) 움푹 파인 '절구 구'

- 臼齒 구치 어금니
- 脫臼 탈구 뼈마디가 삐어져 물러남.

5급

예 구

雚 (부엉이)가 낡은 臼 (둥지)를 헐어버리는 오래된 습관에서 '예 구'

- 舊面 구면 전부터 알고 있는 사람.
- 舊習 구습 옛 풍습이나 관습.
- 新舊 신구 새것과 헌것.

7급

낮 오

 午 (절굿공이)를 땅에 꽂고 시간을 재는 모양인데 뒤에 십이지의 일곱 번째 지지로 쓰여 오전 11시부터 오후 1시까지의 시간을 가리켜 '낮 오' 주의 牛 (소 우)와 다르다.

- 正午 정오 낮의 열 두시
- 午時 오시 상오 11시부터 하오 1 시 사이.
- 午餐 오찬 점심식사

5급

허락할 허

 午 (절구질, 오→허)하면서 상대방과 言 (말)을 나누며 편든다는 '허락할 허'

- 許可 허가 어떤 일을 하도록 허용함.
- 許多 허다 매우 많음. 수두룩함.
- 許容 허용 허락하여 용납함.

3급

곡식 경

广 (집집)마다 (절구질)하는 모습에서 '곡식 경.' 뒤에 십간(十干) 중 일곱 번째에 해당되는 '일곱째 천간 경'

- 庚戌國恥 경술국치 1910년(경술년) 8월 29일 우리나라의 통치권을 일본에 빼앗기고 식민지가 된 국치(國恥)의 사실을 일컫는 말.
- 同庚 동경 같은 나이. 동갑

10

제사 · 신

示 | 卜 | 豆 | 且

5급

보일 시

示 (제단 위에 희생물)을 올리고 향을 피우면 신이 내려와 보인다는 '보일 시.' 부수인 示=礻(보일 시변)은 '제단, 제사, 신'과 관계 있다.

- 示範 시범   모범을 보여줌.
- 公示 공시   공개해서 일반에게 널리 알림.
- 示威 시위   위력(威力)이나 기세를 드러내어 보임.

4급

제사 제

夕 (고기)를 又→⺄ (손)에 들고서 示 (제단)에 올려 제사를 지내는 '제사 제'

- 祭物 제물   제사에 쓰이는 음식.
- 祭祀 제사   넋에게 음식을 바쳐 정성을 표하는 예절.
- 祭典 제전   제사 지내는 의식. 祭禮(제례)

4급

살필 찰

广(사당)에서 祭(제사)를 지낼 때 빠진 것은 없는지 꼼꼼히 살피는 데서 '살필 찰'

- 觀察 관찰 사물을 주의깊게 자세히 살펴봄.
- 視察 시찰 돌아다니며 실제의 사정을 자세히 살펴봄.

4급

마루 종

广(사당) 안에 示(제단)과 위패를 모신 종갓집으로 가장 중심을 의미하는 '마루 종'

- 宗家 종가 한 문중에서 족보상으로 맏이로만 이어온 큰집.
- 宗敎 종교 신의 힘이나 초자연적인 존재에 대한 신앙과 숭배.
- 宗孫 종손 종가(宗家)의 맏손자.

4급

높을 숭

山(산)처럼 우뚝 솟은 宗(종가)를 받들어 모시는 '높을 숭'

- 崇古 숭고 옛 문물을 숭상함.
- 崇尙 숭상 높여 소중히 여김.
- 崇拜 숭배 우러러 공경함.

3급 고

점 복

거북의 배나 등껍질에 글자를 써서 卜(갈라진 금)을 보고 길흉을 점친 데서 '점 복'

- 卜術 복술 점을 치는 방법이나 기술.
- 占卜 점복 점을 치는 일.

5급

가게 **점**

广 (가게) 안에 물건을 진열해 놓고 파는 '가게 점'

- 店員 점원 남의 상점에서 물건을 팔거나 그 밖의 일을 맡아서 하는 사람.
- 店鋪 점포 가게. 상점
- 露店 노점 길가에 물건을 벌여 놓고 파는 가게.

6급

朴
성씨 **박**

木 (나무)껍질의 卜 (갈라진) 부분을 그려 가공하기 전의 원목에서 순수하다는 '① 소박할 박', 우리나라에서는 성씨로 쓰여 '② 성씨 박'

- 素朴 소박 꾸밈이나 거짓없고 순수함.

3급

징조 **조**

거북의 껍질을 불에 그슬려 兆 (갈라진) 모습을 보고 길흉을 점친 데서 '① 징조 조', 많은 숫자를 뜻하는 '② 억조 조'

- 兆朕 조짐 길흉(吉凶)이 일어날 기미가 미리 보이는 현상.
- 前兆 전조 어떤 일이 일어나기 전에 미리 나타나는 조짐.
- 吉兆 길조 좋은 조짐.

4급

콩 **두**

발이 높은 豆 (제기)로 주로 제사 때 사용되었는데 뒤에 콩을 뜻하게 되어 '콩 두'

- 豆腐 두부 물에 불린 콩을 맷돌에 갈아 짜서 간수를 쳐서 엉기게 한 것.
- 豆油 두유 콩기름
- 豆乳 두유 우유 빛깔의 진한 콩국.

10. 제사·신 229

6급

머리 두

頁 (머리 혈)을 넣어 우두머리, 처음을 뜻하는 '머리 두'

- 頭腦 두뇌   사람의 머리 속에 있는 뇌.
- 頭目 두목   우두머리
- 先頭 선두   첫머리. 맨 앞

4급

풍년 풍

수확한 곡식을 豊 (제기 위에 풍성)하게 올려놓은 모습에서 '풍년 풍'

원래 豊(풍)은 豐(豆부수, 11획)의 약자임.

- 豊年 풍년   곡식이 잘 여문 해. 농사가 잘 된 해.
- 豊富 풍부   양이 넉넉하고 많음. 풍족
- 豊盛 풍성   넉넉하고 많음.

6급

예도 례

示=礻 (제단)에 豊 (풍성하게 담은 제기)를 올리고 신에게 예의를 갖춰 제사를 지내는 데서 '예도 례'

- 禮物 예물   사례의 뜻이나 예의로 주는 물건.
- 禮拜 예배   신이나 부처 앞에 경배(敬拜)하는 의식.
- 禮儀 예의   예절과 의리

6급

몸 체

骨 (뼈)에 살이 豊 (풍성)하게 붙어 있는 '몸 체'

- 體系 체계   일정한 원리에 따라서 계통을 세운 지식을 통일하는 전체.
- 體軀 체구   사람이나 동물의 몸의 크기. 몸집
- 體驗 체험   실지로 몸으로 경험함, 또는 그러한 경험.

7급

오를 등

 豆 (제기)를 들고 제단으로 오를 때 내려다 보이는
 (발)을 그려 '오를 등'

- 登校 등교   학교에 출석함.
- 登山 등산   산에 오름.
- 登場 등장   배우 등이 무대 같은 데에 나옴.

4급

등 등

어두운 제단을 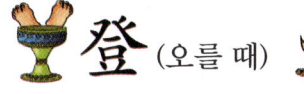 登 (오를 때)  火 (불) 밝히는 '등불 등'

- 燈盞 등잔   등불을 켜는 그릇.
- 燈下不明 등하불명   등잔 밑이 어둡다는 뜻으로, '가까이에서 생긴 일을 도리어 잘 모름'을 이르는 말.

4급

證
증거 증

 言 (말)로 증명하는 '증거 증'

- 證據 증거   어떤 사실을 증명할 만한 근거나 표적.
- 證明 증명   어떤 사항이 진실인지 아닌지를 증거를 들어 밝힘.
- 證書 증서   어떠한 사실을 증명하는 문서. 증거가 되는 문서.

3급

또 차

조상의  且 (신위)를 그려 '또 차.' 남근을 그렸다는 설도 있음.

- 且置 차치   문제로 삼아 따지지 아니하고 우선 내버려둠.
- 苟且 구차   ㉠ 살림이 가난함 ㉡ 떳떳하지 못하고 옹졸함.
- 重且大 중차대   매우 중요하고도 큼.

4급

도울 **조**

어려운 사람을 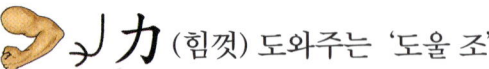 (힘껏) 도와주는 '도울 조'

- 助力 조력　힘을 도와 줌, 또는 도와 주는 힘.
- 助言 조언　어떤 문제에 대해 옆에서 말을 거들어 도움.
- 助長 조장　힘을 도와서 더 자라게 함. 무리하게 도와서 도리어 해(害)가 됨.
- 內助 내조　남편이 잘 할 수 있도록 아내가 도움.

7급

할아비 **조**

示=礻 (제단) 위에 且 (신위)를 올려놓고 조상에게 제사를 지내는 '할아비 조'

- 祖國 조국　자기 조상 때부터 대대로 살아온 나라. 자기가 태어난 나라.
- 祖父 조부　할아버지
- 祖上 조상　돌아간 어버이 위로 대대의 어른. 先祖(선조)

3급

남녘 **병**

희생물을 얹은 큰 제사상을 그렸다고 하나 지금은 십간 중 세 번째 글자로 나오는 '남녘 병'

- 丙子 병자　육십갑자의 열셋째.

6급

병 **병**

음으로 취한 丙 (병)에다 疒 (침상에 누운 환자)를 넣어 '병 병'

- 病菌 병균　병을 일으키는 세균. 병원균
- 病院 병원　병자를 진찰하고 치료하기 위하여 설비해 놓은 건물.
- 病患 병환　㉠ 질병 ㉡ 상대를 높여 그의 병을 이르는 말.

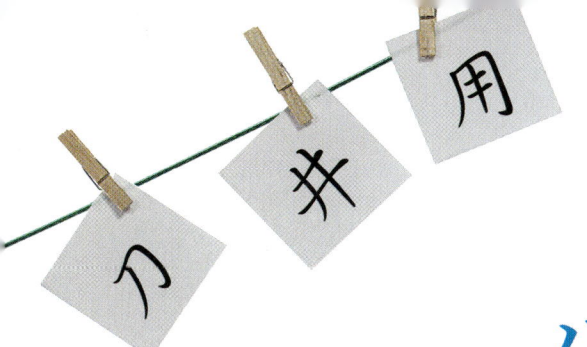

11 생활도구

刀 | 刃 | 斤 | 工 | 方 | 井 | 青
丁 | 兩 | 平 | 金 | 玉 | 朋

3급

칼 도

刀 (칼)을 그려 '칼 도.' 刂(선칼도방)은 변형 부수.

주의 力 (힘 력)과 다르다.

- 刀劍 도검　칼. 장검(長劍)
- 單刀直入 단도직입　㉠ 혼자서 한 자루의 칼로 거침없이 적을 쳐들어감. ㉡ 요점이나 본론을 곧바로 말함.

5급

처음 초

옷을 만들기 위해 처음으로 衤(옷감)을 刀(칼)로 자르는 모습이 '처음 초'

- 初步 초보　첫걸음. 기술이나 학문 등을 처음 익히는 단계.
- 初夜 초야　㉠ 이른 밤. 초경(初更)무렵 ㉡ 결혼 첫날밤
- 初志 초지　처음에 품은 의지.

4급

형벌 **형**

목에 开 (형틀)을 채우고 刂(칼)을 씌운 모습에서 '형벌 형'

주의 刊 (간행할 간), 別(다를 별)과 다르다.

- 刑罰 형벌　범죄자에게 국가가 제재를 가하는 일.
- 刑法 형법　범죄와 형벌에 대한 법.
- 刑事 형사　형법의 적용을 받는 사건.

6급

모양 **형**

开 (나무틀)의 彡(무늬) 모양에서 '모양 형'

- 形象 형상　물건의 생긴 모양.
- 形色 형색　㉠ 형상과 빛깔 ㉡ 안색과 표정.
- 形式 형식　일정한 상태나 고정된 성질.

6급

나눌 **분**

刀 (칼)로 八 (나누는) 모습이 '나눌 분'

- 分岐點 분기점　여러 갈래로 갈려지기 시작하는 곳.
- 分斷 분단　끊어서 동강을 냄, 또는 두 동강이 남.
- 分量 분량　수량의 많고 적음이나 부피의 크고 작은 정도.

4급

가난할 **빈**

가난한 자들에게 가진 貝(재물)을 分 (나누어) 주어 '가난할 빈'

주의 貪(탐할 탐)과 다르다.

- 貧困 빈곤　가난하여 살기가 어려움.
- 貧富 빈부　가난함과 부유함. 가난한 사람과 부자.
- 貧弱 빈약　㉠ 가난하고 약함 ㉡ 내용이 보잘것없음.

칼날 **인**

햇빛을 받아 날카로운 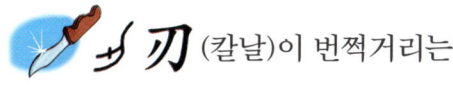 刃 (칼날)이 번쩍거리는 '칼날 인'

- 刃傷 인상   칼날 등에 상함. 또는 그 상처.
- 兵刃 병인   칼·창 등과 같이 날이 있는 병기를 일컫는 말.

3급

참을 **인**

刃 (칼날)이 心 (심장)에 꽂히는 잔악한 모습에서 '① 잔인할 인', 이때에 느끼는 고통까지 참아야 한다는 '② 참을 인'

- 殘忍 잔인   인정없고 아주 모짊.
- 忍耐 인내   참고 견딤.
- 忍辱 인욕   욕되는 일을 참음.

4급

알 **인**

남의 言 (말)을 忍 (참고) 인정하며 허용하다는 '알 인' '인정할 인'

- 認可 인가   인정하여 허락함.
- 認定 인정   확실히 그렇다고 여김.
- 承認 승인   정당하다고 인정하여 승낙함.

3급

말 **물**

짐승을 죽인 勹 (칼)에서 흐르는 (핏방울)을 보고 "죽이지 마!" 하는 외침에서 금지의 뜻인 '말 물'

- 勿論 물론   말할 것도 없음.
- 勿忘草 물망초   지칫과의 여러해살이꽃.
- 四勿 사물   논어에서 금하는 네 가지. 즉 예가 아니면 보지 말며, 듣지 말며, 말하지 말며, 움직이지 말 것. 사잠(四箴)

11. 생활도구

7급

물건 물

짐승의 대표인 🐂 牛(소)를 🪓 勿(도살)한 모습에서 천지 사이에 존재하는 모든 물건을 뜻하는 '물건 물'

- 物心 물심   물질과 정신.
- 物情 물정   세상 돌아가는 이치나 형편.
- 物質 물질   인간의 의식과 독립하여 존재하는 객관적 실제.

3급 고

도끼 근

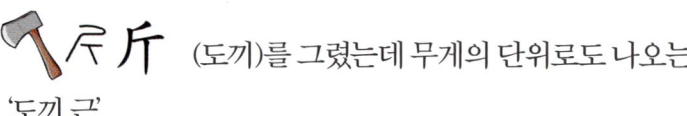 (도끼)를 그렸는데 무게의 단위로도 나오는 '도끼 근'

- 斤數 근수   저울로 단 무게의 수.
- 千斤萬斤 천근만근   무게가 천 근이나 만 근이 된다는 뜻으로, '아주 무거움'을 뜻하는 말.

6급

가까울 근

가까운 거리를 👆 之 (걸어가는) '가까울 근'

- 近來 근래   가까운 과거 시점부터 지금까지의 시간.
- 近視 근시   먼데 있는 물체를 잘 못보는 시력. ↔ 遠視(원시)
- 近親 근친   촌수가 가까운 일가. 흔히 8촌 이내를 일컬음.

5급

바탕 질

🪓🪓 所 (도끼 두 자루)를 🐚 貝(돈)과 맞바꿀 수 있는 가치가 있다는 데서 '바탕 질'

- 質量 질량   물체 속에 포함되어 있는 물질의 분량.
- 質問 질문   대답해 주기를 바라고 물음.
- 質疑 질의   의심나는 것을 물음.

5급

兵 ⑦
병사 **병**

斤(도끼)를 들고 있는 병사의 (양 손)을 그려 '병사 병'

- 兵器 병기   전쟁에 쓰는 모든 기구.
- 兵役 병역   병사가 되어 군무에 봉사함, 또는 그 의무.
- 兵丁 병정   병역에 복무하는 장정.

7급

工 ③
장인 **공**

장인(匠人)이 사용하는 (자)나 (연장)을 들고 물건 만드는 사람인 '장인 공'

- 工具 공구   일에 쓰이는 소기구(小器具).
- 工事 공사   토목이나 건축 등의 일.
- 工藝 공예   공작이나 제조에 관한 기술.

7급

空 ⑧
빌 **공**

텅 빈 (동굴)에서 부질없거나 비었다는 '빌 공'

- 空間 공간   아무것도 없이 비어 있는 곳. 빈자리
- 空軍 공군   항공기를 주요 수단으로 하여 공중에서의 공격과 방어를 맡은 군대.
- 空想 공상   현실적이 아니거나 이루어질 수 없는 헛된 생각.

6급

功 ⑤
공 **공**

工(장인)이 온 力(힘)을 다해 이룩한 결과물에서 '공적 공'

- 功過 공과   공로와 허물.
- 功德 공덕   공로와 어진 덕.
- 功勞 공로   어떤 목적을 이루는 데에 애쓴 공적.

11. 생활도구

7급

강 **강**

일반적인 氵(강)을 뜻하며 工(장인 공→강)에서 음을 취해 '강 강'

- 江南 강남   강의 남쪽에 있는 땅이나 지방.
- 江山 강산   ㉠ 강과 산 ㉡ 국토
- 江邊 강변   강가

4급

붉을 **홍**

붉은 색으로 염색한 糸(실)에서 '붉을 홍'

- 紅裳 홍상   붉은 치마.
- 紅顔 홍안   붉고 윤이 나는 얼굴.
- 紅一點 홍일점   여러 남자들 중에 홀로 끼여 있는 여자를 비유하는 말.

4급

클 거

손잡이가 달린 巨(커다란 자)를 잡고 있는 장인(匠人)의 모습에서 '클 거'

- 巨金 거금   거액의 돈
- 巨富 거부   큰 부자
- 巨物 거물   학문이나 세력 등이 뛰어나 영향력이 큰 인물.

7급

방향 **방**

일정한 방법으로 네모 반듯하게 사방을 골고루 方(쟁기)질 하는 데서 '① 방향 방' '② 방법 방' '③ 모 방'

- 方法 방법   어떤 일을 처리하는 방식이나 요령.
- 方言 방언   한 지방 특유의 말. 사투리
- 方位 방위   동서남북을 기준으로 하여 정한 방향.

4급

막을 **방**

높은 阝(언덕)은 적의 침입을 막아준다 하여 '막을 방'

- 防備 방비   적의 침략이나 재해 따위를 막기 위한 설비.
- 防止 방지   부정적인 일을 막아서 멎게 함.
- 防波堤 방파제   밀려드는 거친 파도를 막기 위하여 만든 둑.

4급

찾을 **방**

직접 찾아가 言(말)로 안부를 묻는 '찾을 방'

- 訪問 방문   남을 찾아봄.
- 來訪 내방   손님이 만나러 찾아옴.
- 探訪 탐방   사람이나 장소를 찾아감.

6급

놓을 **방**

方(사방)으로 뛰어다니며 막대기를 들고 攵(때려서) 내쫓거나 놓아버린다는 '놓을 방'

- 放心 방심   정신이 팔려 주의하지 않음.
- 放任 방임   간섭하지 아니하고 내버려 둠.
- 放學 방학   일정기간 수업을 쉼.

4급

방 **방**

 戶(집)안에 方(네모)난 방을 가리켜 '방 방'

- 房門 방문   방으로 드나드는 문.
- 空房 공방   ㉠비어 있는 방 ㉡남편 없이 혼자 있는 방.
- 暖房 난방   방에 열을 공급하여 따뜻하게 함.

11. 생활도구   239

3급

우물 정

 丼 井 (우물)을 그려 '우물 정'

- 市井 시정   인가가 모인 곳.
- 井底之蛙 정저지와   우물 안 개구리. 견문이 좁음.

3급

밭갈 경

口 井 (정)자 모양으로 고르게 耒 (쟁기)질하는 '밭갈 경'

- 耕耘 경운   논밭을 갈고 김을 맴.
- 耕作 경작   갈아서 농작물을 심음. 농사일을 함.
- 耕地 경지   ㉠ 경작지의 준말 ㉡ 농지로 삼는 땅.

3급

붉을 단

우물 모양인 口 丹 (굴) 안에서 캐낸 丶 (붉은 주사=단사)가 반짝이는 데서 '붉을 단'

- 丹粧 단장   얼굴이나 옷차림 등을 곱게 꾸미는 것.
- 丹心 단심   속에서 우러나오는 정성스러운 마음.
- 丹靑 단청   붉은 빛과 푸른 빛, 또는 채색하는 일.

8급

푸를 청

靑 (우물가의 새싹)이 돋아나는 모습에서 '푸를 청'

- 靑山流水 청산유수   ㉠ 푸른 산과 흐르는 물 ㉡ 말을 막힘 없이 잘함을 비유하는 말.
- 靑雲 청운   ㉠ 푸른 빛깔의 구름 ㉡ 높은 이상이나 벼슬.
- 靑春 청춘   스무 살 안팎의 젊은이.

6급

淸
맑을 청

맑고 깨끗한  氵(물)에서 靑(푸른 빛)이 도는 '맑을 청'

- 淸廉 청렴 마음이 청백하고 바름. 곧 욕심이 없음.
- 淸白吏 청백리 청백한 관리.
- 淸算 청산 말끔하게 셈을 하여 끝냄.

3급

晴
갤 청

비온 뒤 日(해)가 나타나면서  靑(맑게) 개는 '갤 청'

- 晴天 청천 맑게 갠 하늘. 좋은 날씨.
- 快晴 쾌청 날씨가 상쾌하게 맑음.

4급

請
청할 청

하고자 하는 일을  言(말)로 요청하거나 물건을 구한다는 '청할 청'

- 請求 청구 상대방에 대하여 무엇을 달라고 하거나, 무엇을 해 달라고 요구함.
- 請問 청문 청하여 물음.
- 要請 요청 일이 이루어지도록 부탁함.

5급

情
뜻 정

사람들  忄(마음)속에서 우러나오는 靑(깨끗한, 청→정) 마음에서 '뜻 정'

- 情談 정담 ㉠ 남녀간의 애정 이야기 ㉡ 정답게 주고받는 이야기.
- 情緖 정서 주위 사물을 대할 때 일어나는 감정의 실마리.
- 情勢 정세 일이 되어 가는 형편. 형세.

4급

정할 **정**

米 (쌀)을 靑(깨끗하고) 곱게 찧어놓은 '① 정할 정', 순수하고 맑은 영혼인 '② 마음 정'

- 精氣 정기 ㉠ 천지 만물이 생성하는 원기 ㉡ 정신과 기력.
- 精密 정밀 아주 잘고 자세함.
- 精肅 정숙 고요하고 엄숙함.

4급

책 **책**

글을 적어놓은 冊(죽간)이나 목간을 그려 '책 책' 冊(책 책)과 같은 한자.

- 冊封 책봉 왕세자, 왕세손, 후(后), 비(妃), 빈(嬪) 등을 봉작함.
- 冊子 책자 책. 서책
- 分冊 분책 하나의 책을 여러 권으로 나누어서 제본함.

5급

법 **전**

법률이나 본보기가 될 만한 내용이 적힌 曲(책)을 (두 손)으로 들고 있는 '법 전'

- 典禮 전례 ㉠ 왕실 또는 나라의 의식(儀式).
              ㉡ 일정한 의식.
- 典籍 전적 서적. 중요한 고서.
- 經典 경전 성현의 말씀이 적힌 책.

뭉치 **륜**

순서에 맞게 (모아서) 冊(책)을 분류한 '뭉치 륜'. 주로 음으로 나온다.

3급

倫
인륜 륜

(인간) 사회에는 질서와 윤리를 지켜야 한다는 '인륜 륜'

- 倫理 윤리   인간으로서 마땅히 지켜야 할 도리와 규범.
- 人倫 인륜   인간으로서 지켜야 할 떳떳한 도리.
- 悖倫 패륜   인간으로서 마땅히 하여야 할 도리에 어그러짐.

4급

論
논할 론

선악과 우열을 조리 있게 비평하는 言(말)에서 '논할 론'

- 論說 논설   어떤 문제에 대해 글을 통해 평론하고 설명하는 일.
- 論議 논의   서로 의견을 내어 논술하여 토의함.
- 論評 논평   어떤 사건이나 문제에 대해 논하면서 비평함.

扁
납작할 편

戶(집) 앞에 冊(죽간)으로 만든 울타리가 고르고 평평한 데서 '납작할 편.' 주로 음으로 나온다.

- 扁桃腺 편도선   사람의 입속 양쪽 구석에 하나씩 있는 편평하고 타원형의 림프 조직.

4급

篇
책 편

竹(대나무)로 묶어낸 '책 편'

- 篇首 편수   책에서 편의 첫 머리.
- 玉篇 옥편   한자를 일정 순서로 배열해 글자 하나하나의 뜻과 음을 풀이한 책.
- 千篇一律 천편일률   여러 시문의 글귀가 변화 없이 비슷비슷함.

11. 생활도구

4급

두 손으로 돌돌 말고 있는 关(말 권) 아래 㔾(말린 두루마리)를 넣어 '책 권'

- 卷頭言 권두언   책의 머리말.
- 卷數 권수   책의 수효.
- 席卷 석권   돗자리를 말음. 영토나 세력을 빠르게 넓힘.

(손에 빗자루)를 들고 있는 모습에서 '빗자루 추'

4급

女(여자)가 帚(빗자루) 들고 집 안팎을 청소하는 '① 며느리 부' '② 아내 부'

- 婦德 부덕   부녀자로서 지켜야 할 덕행.
- 婦人 부인   결혼한 여자.
- 姑婦 고부   시어머니와 며느리.

4급

혼인을 치른 뒤에 신랑의 집으로 𠂤(따라가서) 집안 일을 하는 婦(신부)의 모습에서 '돌아갈 귀'

- 歸順 귀순   적이 더 이상 맞서거나 대항하지 않고 굴복하고 순종함.
- 歸鄕 귀향   고향으로 돌아감. 또는 돌아옴.
- 歸還 귀환   전쟁터·외지 등에서 제자리로 다시 돌아옴.

5급

 (그물)로 건져 올린 貝(조개)로 물건을 사들여서 '살 매'

- 不買 불매 상품 따위를 사지 아니함.
- 買收 매수 ㉠ 물건을 사들임 ㉡ 남의 마음을 사서 자기편으로 삼음.
- 買票 매표 ㉠ 차표 따위를 사는 일 ㉡ 선거에서 표를 사는 일.

5급

 買 (사들인) 물건을 出→士 (내다 파는) '팔 매'

- 賣渡 매도 물건을 팔아 넘김.
- 賣買 매매 물건을 팔고 사고 함.
- 急賣 급매 물건을 급히 팖.

6급

읽을 독

물건 賣(파는) 상인처럼 크게 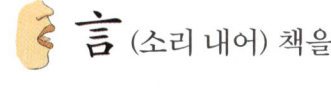 言(소리 내어) 책을 낭독한다는 '읽을 독'

- 讀經 독경 소리 내어 경문(經文)을 읽음.
- 讀書 독서 책을 그 내용과 뜻을 헤아리거나 이해하면서 읽음.
- 讀破 독파 끝까지 다 읽어냄.

4급

이을 속

糸 (실)이 계속해서 이어지는 모습에서 '이을 속'

- 續刊 속간 정간(停刊) 되었던 신문이나 잡지를 다시 간행함.
- 續開 속개 일단 멈추었던 회의 등을 다시 계속하여 엶.
- 繼續 계속 끊이지 않고 늘 잇대어 나감.

11. 생활도구

5급

값 가

貝 (돈) 될 만한 물건을 襾 (덮어 놓은) 한자 賈 (장사 고) 앞에 亻(손님)과 값을 흥정한다는 '값 가'

- 價格 가격 물건이 지니고 있는 가치를 화폐로 나타낸 것.
- 價值 가치 ㉠ 값. 값어치 ㉡ 사물 및 일의 중요성이나 의의.
- 定價 정가 상품에 일정한 값을 매김.

5급

귀할 귀

臼虫 (손에 든 바구니)에 귀한 貝 (재물)을 담아 잘 보관하는 데서 '귀할 귀'

- 貴人 귀인 신분이나 지위가 높은 사람.
- 貴重 귀중 가치가 커 매우 소중함.
- 貴賤 귀천 부귀와 빈천.

4급

남길 유

길을 辶 (걷다가) 貴 (귀한) 물건을 떨어뜨린 데서 '① 남길 유' '② 버릴 유'

- 遺棄 유기 내다버림.
- 遺失 유실 잃어버림.
- 遺言 유언 ㉠ 임종 때 남기는 말 ㉡ 옛 성현이 남긴 말이나 교훈.

3급 고

꿸 관

貝 (조개)나 엽전에 구멍을 내서 毌 (실로 꿰어) 놓은 데서 하나로 통한다는 '꿸 관.'

주의 毋(말 무)를 母(어미 모)로 쓰지 않는다.

- 初志一貫 초지일관 처음에 세운 뜻을 끝까지 밀고 나감.

5급

열매 **실**

⌂ 宀 (집)안에 貫 (돈꾸러미)가 가득 쌓여 있는 모습에서 씨가 잘 여문 열매를 뜻하는 '열매 실'

- 實存 실존　실제로 존재함.
- 實際 실제　현실의 상태나 형편.
- 實質 실질　실상의 본바탕.

6급

쓸 **용**

집 주변을 둘러싼 用 (울타리)에서 쓸모 있다는 '쓸 용.' 用 (통)을 그렸다는 설도 있음.

- 用途 용도　쓰이는 데. 쓰는 법.
- 用例 용례　전부터 써 온 사례.
- 用務 용무　볼일. 필요한 임무.

4급

갖출 **비**

イ (사람) 옆에 葡 (화살통)을 갖춰두고 필요할 때 바로 뽑아쓸 수 있게 준비해둔 모습에서 '갖출 비'

- 備考 비고　참고하기 위하여 갖춤, 또는 그 내용.
- 備忘錄 비망록　잊지 않으려고 적어두는 기록.
- 備置 비치　갖추어 놓음.

有備無患

솟을 **용**

甬 (울타리 위로 봉긋 솟은 봉오리)에서 '솟을 용' 주로 음으로 나온다.

11. 생활도구　247

6급

  (봉오리)가 올라오려고 (안간힘)을 쓰는 데서 '용기 용'

용기 **용**

- 勇敢 용감　두려움 없이 씩씩하고 기운참.
- 勇氣 용기　씩씩하고 굳센 기운.
- 勇猛 용맹　날래고 사나움.

6급

 (봉오리 올라온 울타리, 용→통) 사이를 막힘없이 (걸어가는) 데서 '통할 통'

통할 **통**

- 通告 통고　서면이나 말로 알림.
- 通過 통과　㉠ 통하여 지나가거나 옴 ㉡ 관청에 제출한 원서가 허가됨.
- 通達 통달　막힘이 없이 환히 앎.

4급

 (못)의 단단한 성질에서 '장정 정'

장정 **정**

- 丁年 정년　장정이 된 나이. 남자의 스무 살.
- 丁寧 정녕　정말로 틀림없이.
- 壯丁 장정　나이가 젊은 남자.

5급

 (손)에 망치를 들고 (못)을 치는 '칠 타'

칠 **타**

- 打擊 타격　때리거나 쳐서 움직이게 함.
- 打算 타산　계산함. 이해관계를 따져 헤아려봄.
- 打作 타작　곡식의 이삭을 두드려 그 낟알을 거둠. 마당질.

3급

정수리 정

 頁 (머리)의 꼭대기를 뜻하는 '정수리 정'

- 頂門 정문   정수리. 숫구멍
- 頂門一針 정문일침   남의 급소를 찔러 따끔하게 충고하는 일.
- 頂上 정상   ㉠ 산꼭대기 ㉡ 그 이상은 없는 것.

5급

쌓을 저

 貝 (재물)을 宁 (멈출 저 : 저장함)에 보관해 둔 모습에서 '쌓을 저'

- 貯水 저수   상수도용으로나 산업용으로 물을 모아 가두어 둠, 또는 그 물.
- 貯藏 저장   물건을 쌓아서 간직하여 둠.
- 貯蓄 저축   절약하여 모아둠.

4급

두 량

좌우가 대칭인 兩 (저울)의 모습에서 '두 량'

- 兩家 양가   양쪽의 집.
- 兩立 양립   ㉠ 둘이 함께 맞섬 ㉡ 두 가지 사실이 동시에 성립됨.
- 兩班 양반   동반(東班)과 서반(西班). 곧, 문관과 무관.

4급

찰 만

가득찬 氵(물)과 균형 잡힌 㒼 (저울)을 넣어 가득찼다는 '찰 만'

- 滿足 만족   부족함이나 모자람 없이 흐뭇하고 충분한 마음의 상태.
- 滿朔 만삭   ㉠ 아이 낳을 달이 참 ㉡ 달의 만월(滿月)과 삭월(朔月).
- 滿員 만원   정원(定員)이 다 참.

11. 생활도구

7급

평평할 평

平 (저울 위에 두 물건)이 균형 있게 올려져 있는 모습에서 '평평할 평'

주의 乎 (어조사 호)와 다르다.

- 平均 평균 물건의 수나 양의 많고 적음이 없이 고름, 또는 고르게 함.
- 平日 평일 특별한 일이 없는 보통 때. 평상시.
- 平和 평화 사람들끼리 서로 싸우거나 미워하지 않고 화목한 상태.

8급

쇠 금

흙 속에서 金 (금속이 반짝)거리는 모습이 '① 쇠 금', 성씨로 나와 '② 성 김'

- 金屬 금속 쇠붙이
- 金額 금액 금전의 액수.
- 金言 금언 생활의 지침으로 삼을 만한 내용을 가진 짧은 말.

4급

바늘 침

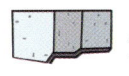 金 (쇠붙이)로 만든 뾰족한 十 (바늘귀)를 그린 '바늘 침'

주의 鍼(바늘 침)과 같은 한자.

- 針灸 침구 침질과 뜸질.
- 針小棒大 침소봉대 바늘만한 것을 몽둥이만 하다고 말함.
- 針術 침술 동양의학의 치료술의 한 가지. 침으로 병을 고치는 기술.

5급

쇠 철

 金 (쇠)를  戴 (모루) 위에 올려놓고 두드리고 있는 '쇠 철'

- 鐵拳 철권 쇠같이 굳은 주먹. 무쇠주먹
- 鐵則 철칙 변경하거나 어길 수 없는 규칙.
- 鐵面皮 철면피 쇠로 만든 낯가죽. 염치없고 뻔뻔스런 사람.

홀 규

천자가 제후를 봉할 때 내리는 圭(옥)으로 만든 신표를 뜻하는 '홀 규.' 따라서 제후가 천자를 조회할 때 손에 받쳐 들고 있음.

- 圭田 규전   수확물로 제사를 드리는 밭.

3급

佳
아름다울 가

亻(제후)가 圭(홀, 규 → 가)을 들고 위엄과 권위를 갖고 서 있는 모습에서 '아름다울 가'

- 佳約 가약   부부의 인연을 맺자는 약속.
- 佳人 가인   아름다운 여인.
- 佳作 가작   ㉠ 잘된 작품 ㉡ 현상·공모 등에서 당선작에 다음가는 작품.

4급

거리 가

圭(흙)으로 다져진 十 行(네거리)에서 '거리 가'

- 街頭 가두   도시의 길가. 길거리
- 街路 가로   시가지의 도로.
- 市街 시가   도시의 번화한 길거리.

6급

즐길 락

樂(받침대 위에 현악기)를 올려놓고 白(엄지손가락)을 퉁기며 음악을 즐기고 좋아한다 하여
'① 풍류 악' '② 즐길 락' '③ 좋아할 요'

- 樂園 낙원   안락하게 살 수 있는 즐거운 곳. 이상향
- 極樂 극락   지극히 안락하여 아무 걱정이 없는 경우와 처지.

11. 생활도구

6급

약 약

아플 때 (약초)를 먹으면 몸과 마음이 樂(즐겁고) 편안해진다는 데서 '약 약'

- 藥方 약방　약의 처방법.
- 藥效 약효　병을 낫게 하는 약의 효험(效驗)이나 정도.
- 靈藥 영약　신령스러운 약.

4급

기쁠 희

(북)을 치며 기뻐서 웃는 口(입)을 그려 '기쁠 희'

- 喜悲 희비　기쁨과 슬픔.
- 喜捨 희사　남을 위하여 기쁜 마음으로 재물을 베풀어 줌.
- 喜色 희색　기뻐하는 얼굴빛.

6급

업 업

종이나 북을 거는 도구인 業(판자) 모양에서 발전하여 불교에서 인(因)을 과(果)로 하게 하는 업과 작업을 뜻하는 '업 업'

- 業種 업종　영업의 종류.
- 開業 개업　영업이나 사업을 시작함.
- 業報 업보　전생의 악업으로 인한 과보.

6급

대할 대

業(촛불)을 寸(손에 잡고) 마주보고 있는 데서 '대할 대'

- 對立 대립　마주섬.
- 對備 대비　문제가 생기지 않도록 하는 준비.
- 反對 반대　서로 방향이 어그러져 등지게 되는 상태.

6급

이제 금

🔔 A 스 (종)의 🔔 ㄱ (방울) 소리를 울려퍼지게 해서 현재 시간을 알리는 모습에서 '이제 금'

주의 令(하여금 령)과 다르다.

- 今方 금방 방금. 지금 막.
- 今昔之感 금석지감 지금을 전과 비교할 때 변화가 심함을 본 느낌.
- 今時 금시 바로 지금.

5급

생각 념

今 (지금, 금→념) 계속 🫀 心 (마음) 속으로 생각한다는 데서 '생각 념'

- 念慮 염려 여러 가지로 헤아려 걱정하는 마음.
- 念佛 염불 부처의 모습과 공덕을 생각하면서 나무아미타불을 부르는 일.
- 信念 신념 굳게 믿는 마음.

3급

읊을 음

👄 口 (입)을 벌려 今 (금→음~~~) 소리를 낸다는 데서 '읊을 음'

- 吟味 음미 ㉠ 시(詩)나 노래를 읊어 깊은 뜻을 맛봄 ㉡ 사물의 속 내용을 새겨 궁구함.
- 吟風弄月 음풍농월 바람을 쐬며 시를 읊고 달을 즐긴다는 뜻으로, 곧 '시 따위로 아름다운 자연을 즐김'을 일컬음.

4급

구슬 옥

세 개의 구슬을 꿴 모양이 王 (임금 왕)과 같자 구별하기 위해 玉 (점)을 찍어 만든 '구슬 옥'

주의 다른 자와 결합할 때는 王(구슬옥변)으로 쓴다.

- 玉童子 옥동자 옥같이 예쁜 어린 아들. 몹시 소중한 아들.
- 玉石 옥석 ㉠ 옥과 돌 ㉡ 좋은 것과 나쁜 것.
- 玉手 옥수 아름답고 고운 여자의 손.

11. 생활도구

3급

벗 붕

화폐로 사용한 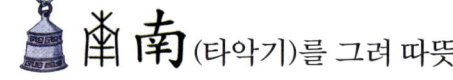(조개 한 쌍)이 늘어진 모습에서 몰려다니는 한패, 벗이란 뜻에서 '벗 붕'

- 朋黨 붕당 주의나 이해를 같이 하는 사람들끼리의 결합체.
- 朋友 붕우 벗. 친구

8급

남녘 남

옛날 남방에서 연주하던 南(타악기)를 그려 따뜻한 느낌을 주는 '남녘 남'

- 南向 남향 남쪽으로 향함.
- 南方 남방 남쪽. 남쪽지방

건축 12

門 絲 戶 高 京
良 宀 穴 冓

8급

문 문

양쪽으로 열리는 門門 (두 개의 문짝)을 그려 문, 집안, 문벌을 뜻하는 '문 문'

- 門外漢 문외한 직접 그 일에 상관하지 않는 사람. 전문 이외의 사람.
- 門人 문인 이름난 학자의 제자.
- 門前 문전 대문 앞. 집 앞

7급

물을 문

門 (문) 앞에서 口 (입)으로 물어보는 '물을 문'

- 問答 문답 서로 묻고 답함.
- 問病 문병 앓는 사람을 찾아가 위로함.
- 問安 문안 아랫사람이 웃어른에게 안부를 여쭘.

12. 건축 255

6급

들을 **문**

 門 (문) 앞에서 耳 (귀)를 대고 듣는 '들을 문'

- 見聞 견문   듣거나 보거나 하여 깨달아 얻은 앎.
- 新聞 신문   사회 전반에 대한 새로운 보도나 비판을 전달하는 정기 간행물.
- 風聞 풍문   바람결에 들리는 확실치 않은 소문. 곧 세상에 떠도는 소문.

6급

열 **개**

 門 (문)의  开 (빗장을 양손)으로 열고 있는 '열 개'

- 開幕 개막   무대의 막을 엶.
- 開發 개발   토지나 천연자원을 개척하여 인간생활에 유용하게 함.
- 開放 개방   활짝 터놓음.

4급

닫을 **폐**

 門 (문)에 才 (빗장)을 지른 '닫을 폐'

- 閉門 폐문   문을 닫음.
- 閉鎖 폐쇄   통행하지 못하게 문을 굳게 닫고 자물쇠를 채움.
- 閉店 폐점   폐업으로 가게 문을 닫음.

4급

한가할 **한**

門 (문) 옆에 서 있는 木 (나무)의 여유로움에서 '한가할 한.' 주의 門(문)위로 月(달)이 뜬  閒 (한가할 한)과 같은 글자.

- 閑暇 한가   일이 없어 시간의 여유가 있음.
- 閑寂 한적   다니는 사람이 거의 없이 조용하고 쓸쓸함.
- 忙中閑 망중한   바쁜 가운데 잠깐 짬을 냄.

7급

사이 **간**

 門 (문) 사이로 日 (해)가 보이는 '사이 간'

- 間食 간식   끼니 외에 먹는 음식.
- 間隔 간격   ㉠ 물건 사이의 거리 ㉡ 시간과 시간과의 동안.
- 間諜 간첩   스파이. 적중에 들어가 적의 기밀을 탐지하는 사람.

꿸 **관**

대문을 닫아거는 (빗장)을 그려 '꿸 관'

5급

관계할 **관**

門 (대문)을 가로질러 닫아거는  (빗장)에서 관문, 관계를 맺는다는 '관계할 관'

- 關係 관계   ㉠ 둘 이상이 서로 걸림 ㉡ 남녀 사이의 성적 교섭.
- 關門 관문   국경이나 요새의 성문.
- 關稅 관세   옛날 관문에서 물품에 부과하던 세금.

4급

집 **호**

일반 집의 戶 (한쪽 문짝)을 그려 일반 집이나 방의 출입구를 뜻하는 '집 호'

- 戶別 호별   집집마다. 每戶(매호)
- 戶籍 호적   호수(戶數) 및 인구(人口)를 기록한 장부.
- 戶主 호주   한 집안의 주장이 되는 사람.

7급

바 소

벌목하는 사람 户(집)에 斤(도끼)가 놓인 곳을 가리켜 '① 곳 소', 방법, 일을 뜻하는 '② 바 소'

- 所得 소득　어떤 일의 결과로 얻은 바의 이익.
- 所願 소원　원하는 바. 바람.
- 所有 소유　자기 것으로 가짐, 또는 그 물건.

6급

높을 고

높은 喬高(건물)을 사실적으로 그려 '높을 고'

- 高價 고가　비싼 값, 또는 값이 비쌈.
- 高見 고견　㉠ 뛰어난 의견 ㉡ 남을 높여서 그 의견을 이르는 말.
- 高手 고수　장기나 바둑에서 수가 높음, 또는 수가 높은 사람.

3급 고

정자 정

高(높을 고)에다 음으로 丁(못 정)을 넣어서 망루가 있어 머물러 쉴 수 있는 건물인 '정자 정'

주의 享(누릴 향), 亨(형통할 형)과 다르다.

5급

머무를 정

亻(사람)이 亭(정자)에서 잠시 발걸음을 멈추고 쉬고 있는 '머무를 정'

- 停留場 정류장　버스·택시 등이 사람이 타고 내리도록 잠시 머무르는 일정한 장소.
- 停戰 정전　양쪽 전쟁국이 쌍방의 합의에 의해 전투 행위를 중지함.

5급

장사 상

 商 (성) 아래 口 (물건)을 진열해 놓고 장사하는 '장사 상'

- 商街 상가   상점이 많이 늘어서 있는 거리.
- 商業 상업   장사하는 영업.
- 商品 상품   매매를 위해 유통되는 생산물

높을 교

어린 나이에 목이 부러져 죽은 夭 (요절할 요→교)에서 음을 취해 高 (높을 고)처럼 크고 긴 건물인 '높을 교'

- 喬木 교목   줄기가 곧고 굵으며 높이 자라고 위쪽에서 가지가 퍼지는 나무.

5급

다리 교

물 위에 길게 세워진 木 (나무)로 만든 '다리 교'

- 橋梁 교량   비교적 큰 규모의 다리.
- 架橋 가교   다리를 놓음. 교량을 가설함.

6급

서울 경

높은 언덕 위에 세운 京 (망루)를 중심으로 많은 사람들이 모여 살면서 도시가 되어 '서울 경'

- 京城 경성   도읍의 성. 서울
- 京鄕 경향   서울과 시골
- 歸京 귀경   서울로 돌아가거나 돌아옴.

3급

서늘할 량

冫(얼음)처럼 시원한 바람이 京(큰 집, 경→량)으로 불어오는 '서늘할 량'

- 涼風 양풍 서늘한 바람. 선들바람
- 納涼 납량 여름철에 더위를 피하여 서늘한 바람을 쐼.
- 凄涼 처량 거칠고 황폐하여 쓸쓸함.

5급

볕 경

日(태양)이 京(큰 집) 위에서 빛나고 있는 '볕 경'

- 景致 경치 산수 등 자연계의 아름다운 현상.
- 景福 경복 크나큰 행복.
- 景勝 경승 경치가 좋은 곳.

5급

좋을 량

良(회랑)을 걸을 때의 기분에서 나온 '좋을 량'

주의 艮(그칠 간)과 다르다.

- 良識 양식 도덕적으로 건전한 판단력을 갖춘 식견.
- 良心 양심 사람으로서 마땅히 가져야 할 바르고 착한 마음.
- 良好 양호 사물이나 대상의 수준이 매우 좋음.

3급

물결 랑

제멋대로 출렁이는 氵(물결)에서 '① 물결 랑' '② 방랑할 랑' '③ 함부로 랑'

- 浪漫 낭만 고상하고 서정적이면서 사랑과 정겨움을 귀하게 여기는 낙천적인 심리 상태.
- 浪費 낭비 쓸데없는 일에 돈이나 물건을 헛되이 씀.
- 浪說 낭설 터무니없는 말이나 헛소문.

3급

사내 랑

(고을)을 적으로부터 지키는 남자에서 '사내 랑'

- 郞君 낭군   아내가 자기의 남편을 예스럽거나 사랑스럽게 일컫는 말.
- 新郞 신랑   곧 결혼할 남자나 갓 결혼한 남자.
- 花郞 화랑   신라 때 청소년의 민간 수양 단체.

집 면

(집의 지붕)을 그렸으며 '집'과 관련 있다.
부수이름은 '갓머리'라고 부른다.

5급

집 택

(풀잎탁 → 택)에서 음을 취하고 (지붕) 아래 여러 사람이 살고 있는 '① 집 택' 속음으로 '② 집 댁'

- 宅地 택지   주택을 지을 터. 垈地(대지)
- 住宅 주택   살림살이를 할 수 있도록 지은 집.
- 宅內 댁내   남의 '집안'을 이르는 말.

5급

해칠 해

(집안) 식구에게 (상처)를 주는 말을 하는 (입)을 그려 '해칠 해'

- 害毒 해독   어떤 대상에 미치는 악하거나 나쁜 영향.
- 害蟲 해충   사람이나 농작물에 해를 끼치는 벌레.
- 加害 가해   남의 생명이나 재산 등에 손해나 상처를 입힘.

12. 건축

5급

찰 한

한겨울 宀(움막) 안에서 茻(짚 풀)을 덮은 발 아래 冫(얼음)이 얼어 추위에 떨고 있는 '찰 한'

- 寒氣 한기 서늘하거나 다소 추운 기운. 추위.
- 寒村 한촌 가난하고 쓸쓸한 마을.
- 寒波 한파 겨울철에 갑자기 심한 추위가 오는 기류의 흐름.

5급

잘 숙

宀(집)안에 亻(사람)이 百(자리)를 깔고 누워 잠자는 '잘 숙'

- 宿命 숙명 날 때부터 정해진 운명. 타고난 운명.
- 宿泊 숙박 남의 집이나 여관에서 머물러 잠을 잠.
- 宿題 숙제 학교에서 배운 것의 학습을 목적으로 내주는 과제.

3급 고

굴 혈

인류가 최초로 살았던 穴(동굴 집)에서 '굴 혈.' 변형부수인 穴(구멍혈머리)는 '집, 동굴' 과 관계 있다.

- 穴居 혈거 동굴 속에서 삶. 또는 그 주거.
- 經穴 경혈 ㉠ 14경맥에 속한 혈 ㉡ 침을 놓거나 뜸을 뜨기에 적당한 자리.

6급

창 창

宀(집)의 囪(창문)을 열면 시원한 바람이 心(마음) 속까지 들어온다는 '창 창'

- 窓口 창구 외부와 어떤 일을 교섭하고 절충하는 곳.
- 窓門 창문 빛이나 바람이 통하도록 방이나 복도 등의 벽에 낸 문.

4급

연구할 **구**

구절양장(九折羊腸)같은 穴(동굴)속을 깊숙이 더듬어 들어가서 '연구할 구'

- 究明 구명　깊이 연구하여 밝힘.
- 窮究 궁구　속속들이 깊이 연구함.
- 探究 탐구　파고들어 깊이 연구함.

6급

향할 **향**

向(집의 창문)을 열면 연기가 사방으로 향하는 데서 '향할 향'

向上 향상　㉠ 높아지거나 나아짐 ㉡ 생활 기능 등의 수준이 높아짐.
向學 향학　학문에 뜻을 두고 그 길로 나아감.
向後 향후　이 다음. 此後(차후)

3급

숭상할 **상**

向 (집의 창문) 사이로 八八(연기)가 나와 위로 퍼져 올라가는 데서 '숭상할 상'

- 尚武 상무　무예(武藝)를 숭상함.
- 尚存 상존　아직 존재함.
- 高尚 고상　품은 뜻과 몸가짐이 격이 높고 점잖음.

4급

항상 **상**

아랫도리를 가리는 巾(천)은 항상 입고 있어야 떳떳하다는 데서 '떳떳할 상' '항상 상'

- 常備 상비　늘 준비하여 둠.
- 常識 상식　㉠ 보통 사람이 지녀야 할 지식 ㉡ 보통의 지식. 평범한 생각.
- 常任 상임　일정한 직무를 늘 계속하여 맡음

12. 건축

5급

마땅 **당**

자기가 농사지을  田(밭)은 마땅히 감당해야 한다는
'① 마땅 당' '② 감당할 당' '③ 맞을 당'

- 當然 당연 이치로 보아 그렇게 되어야 할 일, 또는 마땅히 하여야 할 일.
- 當爲 당위 마땅히 해야 될 일.
- 當直 당직 당번으로 일직(日直)이나 숙직(宿直)을 함, 또는 그 사람.

6급

집 **당**

 土(흙)을 높게 쌓은 위에 지어진 집을 가리켜
'집 당'

- 堂堂 당당 거리낌 없이 매우 의젓하고 떳떳함.
- 堂叔 당숙 오촌 아저씨. 곧, 아버지의 사촌.
- 食堂 식당 음식을 파는 가게.

5급

상줄 **상**

좋은 일을 한 사람에게 貝(재물)로 보답하는 '상줄 상' '즐길 상'

- 賞罰 상벌 상과 벌
- 賞春 상춘 봄경치를 구경하며 즐김.
- 鑑賞 감상 서화·골동품 따위의 예술 작품을 즐기고 평가함.

3급 고

여러 **서**

广(움막) 앞에서 灬(불 위에 그릇)을 올려놓고 사람들이 둘러앉아 먹는 모습에서 '① 여러 서', 뒤에 첩의 자식을 뜻하는 '② 서자 서'

- 庶民 서민 중류 이하의 넉넉지 못한 생활을 하는 사람.
- 庶子 서자 본부인이 아닌 딴 여자에게 태어난 아들.

6급

席 자리 석

庶 (여러 사람들)이 모여 앉을 때 깐  巾 (돗자리)에서 '자리 석'

- 席捲 석권 자리를 둘둘 말듯이 너른 땅을 손쉽게 차지함.
- 席次 석차 ㉠ 자리의 차례 ㉡ 성적 순서.
- 宴席 연석 연회를 베푸는 자리.

6급

度 법도 도

庶 (여러 서→도)에서 음을 취하고 익숙한  又 (오른손)으로 길이를 재어 기준을 정하는 '법도 도'

- 程度 정도 ㉠ 알맞는 한도 ㉡ 얼마 가량의 분량.
- 制度 제도 국가·사회 구조의 체계나 국가의 형태.
- 度數 도수 온도·습도·각도 등의 단위를 나타내는 수.

3급

余 나 여

지붕을 받치는 나무 기둥을 그린  余 (집)이었는데 뒤에 자신을 뜻하게 되어 '나 여.' 주로 음으로 나온다.

주의 舍(집 사)와 다르다.

- 余等 여등 우리들
- 余輩 여배 우리의 무리. 우리네

4급

餘 남을 여

 皀=食 (먹을 것)이 넉넉한 余 (집)을 뜻하는 '남을 여'

- 餘裕 여유 ㉠ 공간적·시간적으로 넉넉하고 남음이 있음. ㉡ 느긋하고 대범함.
- 餘波 여파 어떤 일이 끝난 뒤에 남아 미치는 영향.
- 餘暇 여가 일이 없어 한가하게 남은 시간.

12. 건축

4급

덜 제

阝(언덕=층층계단)이 있는 余(집, 여→제)의 먼지를 깨끗하게 제거한 데서 '섬돌 제' '덜 제'

- 除去 제거　없애거나 사라지게 함.
- 除隊 제대　현역 군인이 만기 또는 그 밖의 일로 현역 복무가 해제됨.
- 除夜 제야　섣달 그믐날 밤.

4급

집 사

임시로 지은 舍(움막)을 그린 '집 사'

- 舍宅 사택　기업체나 기관에서 직원을 위하여 지은 살림집.
- 舍兄 사형　자기 형을 남에게 겸손히 일컫는 말.

깊을 심

宀穴(동굴)속 水→木(물)의 깊이를 더듬거리며 알아보는 '깊을 심.' 아궁이에 나무를 넣어 불씨를 찾는다는 설도 있음.

4급

깊을 심

氵(물)속 깊이를 재는 '깊을 심'

- 深刻 심각　㉠ 깊이 새김 ㉡ 아주 깊고 절실함.
- 深遠 심원　내용이 쉽게 헤아릴 수 없게 깊음.
- 深海 심해　깊은 바다.

4급

찾을 **탐**

扌(손)으로 더듬거리며 '찾을 탐'

- 探究 탐구 더듬어 찾아 깊이 연구함.
- 探査 탐사 더듬어 살펴 조사함.
- 探索 탐색 감추어진 사실을 알아내기 위하여 더듬어 샅샅이 찾음.

돌아올 **복**

앞뒤가 통하는 (움집)을 통과해서 다시 되돌아 (걸어오는) '돌아올 복'
주로 음으로 나온다.

4급

회복할 **복**

(갔던 길)을 (다시 되돌아)온다는 뜻인 '① 다시 부' '② 회복할 복'

- 復舊 복구 본래의 상태로 고치거나 세움.
- 復習 복습 배운 것을 다시 익힘.
- 復活 부활 죽었다가 다시 살아남.

얽을 **구**

나무와 나무를 연결해 쌓아 올린 (구조물)에서 '얽을 구'

4급

강론할 **강**

다른 사람 앞에서 言 (말)할 때 冓 (구조물) 처럼 짜임새 있게 풀어서 설명하는 '강론할 강'

- 講習 강습 　여러 사람을 대상으로 가르쳐 익히게 하는 일.
- 講義 강의 　문장이나 학설 등을 체계적으로 설명하여 가르치는 것.
- 講座 강좌 　대학 교수로서 맡은 학과목.

3급

기와 **와**

瓦 瓦 (기와)를 그려 '기와 와'

瓦解 되기 전에 보수하자!

- 瓦解 와해 　기와 깨지듯이 조직이나 집단 등이 깨져 산산히 흩어짐.
- 瓦家 와가 　기와로 지붕을 인 집. 기와집

13

교통

十行 | 車 | 凡 | 舟

6급

다닐 행

十彳行 (네거리)를 걸어가며 어떤 행동을 하는 '① 다닐 행' '행할 행', 서열에 맞춰가는 모습에서 '② 항렬 항'

주의 十行 (다닐 행)의 왼쪽 부분을 十彳 (두인변)이라 부른다. 한자 속에서 '길거리'나 '행동'과 관계 있다.

- 行樂 행락　재미있게 놀며 즐김.
- 行路 행로　㉠ 다니는 길 ㉡ 세상을 살아나가는 길.
- 行列 항렬　혈족 사이의 서열.

4급

얻을 득

길을 十彳 (가다가) 떨어져 있는 貝→旦 (재물)을 寸 (손)으로 줍는 '얻을 득'

- 得失 득실　㉠ 얻음과 잃음 ㉡ 이익과 손해.
- 得意 득의　뜻한 바를 이룸.
- 利得 이득　이익을 얻음, 또는 그 이익.

4급

따를 종

(길거리)에 (앞사람을 뒷사람)이 따라가는 止→㐌 (발)을 그려 '따를 종'

- 從事 종사   어떤 일에 마음과 힘을 다함.
- 從容 종용   차분하고 침착함.
- 從前 종전   ㉠ 이전. 그전 ㉡ 이전부터의 그대로

7급

車
수레 거

위에서 내려다본 車(수레, 전차)를 그려 '① 수레 거', 현대로 오면서 음이 변해서 '② 수레 차'

- 車便 차편   차가 내왕하는 편.
- 車票 차표   차를 타기 위하여 일정한 차삯을 주고 산 표.
- 乘用車 승용차   사람이 타는 자동차.

4급

連
이을 련

 車 (전차)들이 줄지어 之 (행군)하는 '이을 련'

⚠ 運(돌 운)과 다르다.

- 連結 연결   잇대어 맺음. 맺어 합침.
- 連絡 연락   서로 잇대어 줌.
- 連日 연일   여러 날을 계속함.

8급

軍
군사 군

(병사)가 車(전차)를 타고 있는 모습에서 '군사 군'

- 軍備 군비   국방상의 군사 설비.
- 軍士 군사   계급이 낮은 하사관 이하의 군인.
- 軍樂 군악   군대에서 쓰이는 음악.

6급

돌 운

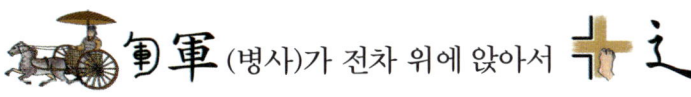(병사)가 전차 위에 앉아서 (돌고) 있는 모습에서 '① 돌 운'과 '② 운수 운'

- 運營 운영 일을 경영하여 나아감.
- 運轉 운전 기계 따위를 다룸.
- 運河 운하 육지를 파서 배가 다닐 수 있게 인공으로 판 수로.

3급

무릇 **범**

물 위에 뜬 범선의 凡(돛)을 그려 보편적이란 뜻인 '① 무릇 범'과 '② 평범할 범'

- 平凡 평범 뛰어난 점이 없음.
- 凡夫 범부 평범한 사나이.
- 凡事 범사 ㉠ 평범한 일 ㉡ 모든 일

6급

바람 **풍**

바람을 잔뜩 먹은 風(돛에 벌레)가 달라붙은 모습에서 '바람 풍'

- 風格 풍격 ㉠ 풍채와 인품 ㉡ 시문(詩文). 미술품 등의 멋.
- 風景 풍경 어떤 상황이나 분위기 가운데에 있는 어느 곳의 모습. 경치
- 風浪 풍랑 바람과 물결.

7급

한가지 **동**

冂(돛)에 口(구멍)이 나서 그곳을 통해 바람이 분다는 '한가지 동'

- 同感 동감 다른 사람과 의견이나 견해를 같이 생각함.
- 同情 동정 남의 불행이나 슬픔 따위를 자기일처럼 생각하고 마음 아파함.
- 同胞 동포 같은 민족에 속하는 사람.

7급

洞
골 동

氵(물)이 同(한 방향)으로 흘러가는 '① 통할 통', 골짜기와 마을이 생겨 물을 함께 쓰며 생활하는 '② 골 동'

- 洞察力 통찰력　사물을 통찰하는 능력.
- 洞口 동구　동굴의 어귀. 마을 어귀
- 洞里 동리　마을. 동네

3급 고

배 주

나무로 만든 夕舟(작은 배)를 그려 '배 주'

5급

船
배 선

夕舟(배) 중에 㕣(늪, 연→선)이나 바다를 항해할 수 있는 커다란 '배 선'

- 船舶 선박　배의 총칭. 특히 상당히 큰 규모의 배를 가리킴.
- 船員 선원　배에서 일을 보는 사람의 총칭.
- 船積 선적　선박에 짐을 싣는 일.

7급

前
앞 전

앞으로 나아가는 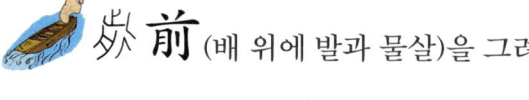前(배 위에 발과 물살)을 그려 '앞 전'

- 前科 전과　이전에 형벌을 받은 사실.
- 前代未聞 전대미문　지금까지 들어본 적이 없는 새로운 일을 이르는 말.
- 前後 전후　앞뒤.

나 짐

舟→月(배)가 고장이 나지 않았는지 (손에 횃불)이나 공구를 들고 살피는 모습인데 진시황 이후에 천자의 자칭으로 쓰여 '나 짐'

6급

이길 승

朕(나)자신의 어려움을 극복하고 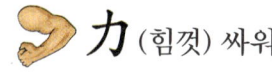 力(힘껏) 싸워서 이긴다는 '이길 승'

- 勝利 승리　싸움이나 경기 등에서 겨루어 이김.
- 勝地 승지　경치가 좋은 이름 난 곳.
- 勝敗 승패　이김과 짐. 勝負(승부).

4급

보낼 송

어두운 밤길에 (양손에 횃불)을 들고 (가서) 배웅하는 '보낼 송'

- 送金 송금　돈을 부침.
- 送別 송별　헤어지거나 떠나는 사람을 보냄.
- 送還 송환　도로 돌려보냄.

14 의류·직물

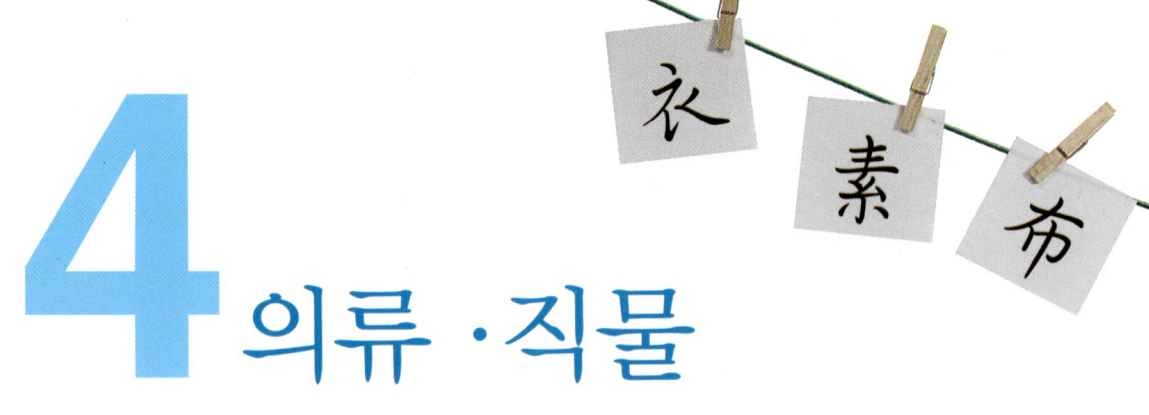

6급

옷 의

衣(윗도리)를 그려 '옷 의' 변형부수인 衤(옷의변)은 礻(보일 시)와 다르다.

- 衣類 의류 옷을 포괄적으로 이르는 말.
- 衣裳 의상 ㉠ 저고리와 치마 ㉡ 옷. 衣服(의복).
- 衣食 의식 ㉠ 의복과 음식 ㉡ 입는 일과 먹는 일.

4급

의지할 의

亻(사람)이 衣(옷)을 입어 신체를 가리고 의지한다는 데서 '의지할 의'

- 依據 의거 ㉠ 어떤 사실에 근거함 ㉡ 남의 힘을 빌려 의지함.
- 依例 의례 전례를 좇거나 따름.
- 依支 의지 남에게 마음을 붙여 그 도움을 받음.

3급

슬플 애

 衣(옷)으로 口(입)을 가리고 슬픔에 겨워 우는 '슬플 애'

- 哀悼 애도 사람의 죽음을 슬퍼함.
- 哀憐 애련 남의 불행을 애처롭고 가엾게 여김.
- 哀歡 애환 슬픔과 기쁨.

6급

겉 표

主(털)이 衣(옷) 밖으로 드러난 모습에서 '겉 표'

- 表決 표결 회의할 때에 가부(可否)의 의사를 표시하여 결정함.
- 表面 표면 사물의 바깥 면. 겉모양
- 表現 표현 말이나 행동으로 나타내 보임.

5급

마칠 졸

卒(가죽 조각)을 이어 만든 옷을 입은 최하급의 병사는 전쟁터에서 삶을 마친다는 데서
'① 병사 졸' '② 마칠 졸'

- 卒倒 졸도 갑자기 정신을 잃고 쓰러지는 일.
- 卒兵 졸병 병사. 병졸
- 卒業 졸업 학생이 소정의 학업 과정을 마침.

나를 卒로 보지마!

5급

펼 전

몸을 尸(구부려) 衣衣(옷들)을 펼쳐 늘어 놓는 '펼 전'

- 展開 전개 (논리나 사건 따위가) 점차 크게 펼쳐짐.
- 展望 전망 ㉠ 멀리 바라보이는 경치 ㉡ 앞날을 내다봄.
- 展示 전시 여러 가지를 늘어놓아 보임.

4급

지을 제

나뭇가지 치기하는 制(마를 제)에서 음을 취하고 衣(옷 의)를 넣어 자르거나 물건을 만드는 '지을 제'

- 製鍊 제련 광석을 용광로에 녹여서 금속을 빼내어 정제함.
- 製作 제작 물건을 만듦. 製造(제조)
- 製品 제품 원료를 써서 물건을 만듦. 또는 만들어 낸 물품.

4급

구할 구

동물의 털로 만든 求(가죽 옷)은 누구나 입고 싶어서 구한다는 데서 '구할 구'

- 求愛 구애 ㉠ 사랑을 받아 달라고 하는 것 ㉡ 이성(異性)의 사랑을 구함.
- 求職 구직 일자리를 구함.
- 要求 요구 달라고 청함.

5급

구제할 구

위험에 빠진 사람을 求(구하려고) 攵(손에 든 나뭇가지)를 붙잡게 하는 '구제할 구'

- 救援 구원 위험이나 어려운 고비에서 구하여 도와줌.
- 救濟 구제 어려운 사람을 도와 건짐.
- 救護 구호 재난이나 어려움에 처하여 있는 사람을 도와서 보호함.

7급

무거울 중

亻千(사람)이 무거운 東田(짐)을 土(땅)위로 들어올리는 모습에서 '무거울 중'

- 重量 중량 무게
- 重複 중복 불필요하게 거듭함. 겹침
- 重傷 중상 심하게 다침. 심한 상처

7급

움직일 **동**

(무거운 짐)을 (힘)을 주어 들어 올리는 '움직일 동'

- 動機 **동기** 어떤 사태나 행동을 일으키게 하는 계기.
- 動亂 **동란** 폭동·반란·전쟁 따위가 나서 사회가 질서 없이 소란해짐.
- 騷動 **소동** 여럿이 법석을 떪.

5급

씨 **종**

禾(벼)와 각종 씨앗을 넣은 (무거운, 중 → 종) 자루에서 '씨 종'

- 種類 **종류** 일정한 질적 특징에 따라 사물의 부문을 나누는 갈래.
- 種別 **종별** 종류에 따라 구별하는 것.
- 種族 **종족** ㉠ 사람의 종류 ㉡ 같은 조상에서 나온 씨족 집단.

수건 **건**

巾(수건)이나 옷감 종류가 걸려 있는 '수건 건'

- 巾布 **건포** 두건을 만들 베.
- 網巾 **망건** 상투를 튼 사람이 머리에 두르는 물건.

4급

베 **포**

(손)으로 巾(옷감)을 펴고 있는 데서 '① 베 포' '② 펼 포'

- 布告 **포고** 일반에게 널리 알림.
- 布木 **포목** 베와 무명.
- 宣布 **선포** 세상에 널리 알림.

14. 의류·직물   277

4급

바랄 희

爻→爻 (성글게) 짠 시원한 巾(옷감)을 여름에 바란다는 '바랄 희'

- 希求 희구   어떤 일을 원하며 바람.
- 希望 희망   앞일에 대하여 기대를 가지고 바람.
- 希少 희소   매우 드물고 적음.

7급

저자 시

市 (깃대 아래 깃발)을 그려 사람이 많고 매매가 이루어지는 '저자 시', 저자를 중심으로 형성되는 '도시 시'

- 市場 시장   매일 또는 정기적으로 사람이 모여 상품을 매매하는 곳.
- 市街 시가   도시의 큰 길거리.
- 市民 시민   ㉠ 시의 주민 ㉡ 공민(公民)

4급

손윗누이 자

女 (손윗누이)를 가리켜 '손윗누이 자'

주의 원래는 巿(자)였는데 뒤에 市 (시)로 모양이 바뀜.

- 姉妹 자매   여자끼리의 동기.
- 姉兄 자형   손윗누이의 남편. 매형

4급

실 사

고치에서 뽑은 絲(실타래)에서 '실 사'
糸 부수인 (실사변)은 '끈, 직물'과 관계 있다.

- 原絲 원사   직물의 원료가 되는 실.
- 繭絲 견사   ㉠ 누에고치와 실 ㉡ 고치에서 뽑은 실.
- 一絲不亂 일사불란   조금도 흐트러지지 않음.

4급

본디 소

물들이지 않은 ▨ 主(하얀) 🧵糸(명주실)을 뽑아내고 있는 모습에서 본바탕이 희다는 '① 본디 소' '② 흴 소'

- 素朴 소박   꾸밈이나 거짓이 없이 수수한 그대로임.
- 素養 소양   평소에 쌓은 교양.
- 素材 소재   어떤 것을 만드는 데 바탕이 되는 재료.

4급

푸를 록

🧵彔(새길 록)에서 음을 취해 푸른빛이 도는 🧵糸(실)에서 '푸를 록'

- 綠豆 녹두   팥의 변종. 열매가 잘고 빛이 푸름.
- 綠色 녹색   청색과 황색의 중간색. 곧 풀빛.
- 綠陰 녹음   푸른 나뭇잎의 그늘.

4급

순수할 순

🌱屯(진칠 둔 → 순)에서 음을 취해 잡것이 섞이지 않은 깨끗한 🧵糸(실)에서 '순수할 순'

- 純潔 순결   마음이 순수하고 깨끗한 상태에 있는 것.
- 純金 순금   다른 물질이 섞이지 않은 순수한 금.
- 純情 순정   순결하고 깨끗한 애정.

4급

깨끗할 결

아래 부분을 묶고 칼로 다듬은 絜(조촐할 결 : 실)을 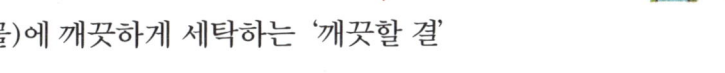(물)에 깨끗하게 세탁하는 '깨끗할 결'

- 潔白 결백   ㉠ 깨끗하고 흼. ㉡ 허물이 없음.
- 潔癖 결벽   불결한 것을 대단히 싫어하는 성벽(性癖).
- 純潔 순결   잡것이 섞이지 아니하고 깨끗함.

4급 고

이을 계

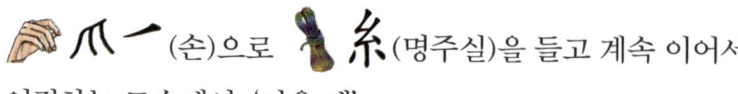(손)으로 系(명주실)을 들고 계속 이어서 연결하는 모습에서 '이을 계'

- 母系 모계 어머니쪽 핏줄 계통.
- 系統 계통 일의 체계나 순서.

6급

손자 손

子(자손)을 계속 系(이어서) 낳고 또 낳는다 하여 '자손 손' '손자 손'

- 外孫 외손 ㉠ 딸이 낳은 자식 ㉡ 딸의 자손
- 子孫 자손 ㉠ 자식과 손자 ㉡ 후손(後孫)
- 後孫 후손 여러 대가 지난 뒤의 자손.

작을 요

실의 幺(끄트머리)를 그려 미세한 것을 뜻하는 '작을 요'
뱃속의 幺(태아)를 그렸다는 설도 있음.

3급

어릴 유

아직은 幺(미약)하게 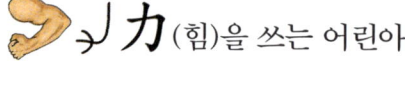力(힘)을 쓰는 어린아이에서 '어릴 유'

- 幼年 유년 나이가 어림. 어린이
- 幼兒 유아 어린 아이
- 幼稚 유치 격에 맞지 않을 만큼 수준·정도가 낮음. 미숙함.

7급

뒤 후

彳(길거리)를 죄수가 夊(밧줄에 묶인 발)로 뒤쳐져 걸어가는 '뒤 후'

- 後援 후원 뒤에서 도와줌.
- 後患 후환 뒤에 생기는 걱정과 근심.
- 後悔 후회 이전의 잘못을 때늦게 깨닫고 뉘우침.

3급

몇 기

幺幺(날실) 앞에 人(여자)가 戈(북)을 들고 베틀에 앉아 길쌈질하면서 얼마나 했나 살피는 데서 '몇 기'

- 幾微 기미 낌새. 機微(기미)
- 幾日 기일 몇 날
- 幾何 기하 어느 만큼

물줄기 경

물이 흐르는 것처럼 보여 '물줄기 경'이라 했지만 사실은 巠(베틀에 걸린 날실) 즉, 세로줄을 그린 모습. 주로 음으로 나온다.

4급

지날 경

糸(실)중에 베틀에 직선으로 곧게 뻗은 巠糸(날실)을 강조해 '① 날실 경' '② 지날 경, 다스릴 경' 성인(聖人)의 저서를 뜻하는 '③ 책 경'

- 經典 경전 ㉠ 경서(經書)와 그 해설서 ㉡ 종교의 교리를 적은 글.
- 經濟 경제 욕망을 충족하기 위하여 재화를 획득하고 사용하는 일체의 행위.
- 經驗 경험 실제로 보고 듣고 느끼면서 겪음.

5급

가벼울 경

전쟁에서 적진을 향해 나르듯 공격하는 작은 (전차)에서 '가벼울 경'

- 輕車 경차 가벼운 차.
- 輕薄 경박 언행이 침착하지 못함.
- 輕率 경솔 언행이 조심성이 없고 가벼움.

3급

북방 임

실을 감아두는 (실패) 모양이었는데 뒤에 십간의 아홉 번째 간지로 쓰였으며, 방위로 북쪽에 해당하여 '북방 임'

- 壬方 임방 24방위의 하나. 정북방에서 서쪽으로 15도(度) 되는 방위.

3급 고

나 여

베틀의 날실 사이를 왔다 갔다 하는 (북)을 그렸는데 뒤에 일인칭대명사로 나와 '나 여'

주의 矛(창 모)와 다르다.

5급

차례 서

予(나 여→서)에서 음을 취하고 (집)의 토담을 순서대로 지나가는 데서 '차례 서'

- 序論 서론 머리말. 序說(서설).
- 序幕 서막 ㉠ 연극에서 처음 여는 막 ㉡ 일의 시작을 비유하는 말.
- 序列 서열 ㉠ 어떤 기준에서 차례로 늘어 놓음 ㉡ 차례. 순서

6급

들 야

시골 里(마을)에서 보이는 들판에서 시골, 거칠다, 천하다는 뜻이 나와 '들 야'

- 野黨 야당　정당 정치에서 현내각이나 행정부에 참여하지 않은 정당.
- 野蠻 야만　미개하여 문화가 뒤떨어진 상태.
- 野望 야망　큰 일을 이루고자 하는 소망이나 야심을 품은 욕망.

4급 고

오로지 전

물레 앞에서 叀(방추)를 寸(손)에 쥐고 오로지 정신을 모아 실을 잣는 '오로지 전'

- 專攻 전공　어느 분야를 전문적으로 연구함.
- 專門家 전문가　한 분야에 상당한 지식과 경험이 있는 사람.

5급

전할 전

亻(사람)을 보내 소식을 전했다는 '전할 전'

- 傳記 전기　한 개인의 일생의 사적(事跡)을 적은 기록.
- 傳單 전단　(선전 광고를 위해) 사람들에게 돌리거나 눈에 잘 띄는 곳에 붙이는 종이.
- 傳達 전달　전하여 이르게 함.

4급

은혜 혜

叀(방추)를 돌리는 힘든 노동을 하면서 자식을 생각하는 자애로운 어머니의 心(마음)에서 '은혜 혜'

- 惠贈 혜증　은혜롭게 무엇을 줌.
- 惠澤 혜택　자연이나 문명이나 단체 등이 사람에게 베푸는 이로움이나 이익.
- 恩惠 은혜　사람이나 신이 어떤 사람에게 베풀어 주는 혜택.

다스릴 련

 糸 糸 (실)처럼 엉켜 풀어지지 않을 것 같은  言 (말)을 잘 풀려는 '다스릴 련.' 주로 음으로 나온다.

5급

변할 변

 織 (엉킨) 일을  攵 (때려서) 조금씩 변화를 주는 '변할 변'

- 變節 변절 ㉠ 절개를 지키지 않고 배반함 ㉡ 종래의 주장을 바꿈.
- 變化 변화 사물의 형상·성질 같은 것이 변하여 달라짐.
- 變身 변신 몸이나 태도를 바꿈.

3급 고

어찌 해

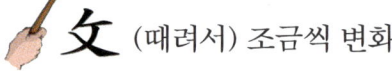 爫 (손)에 幺 (밧줄)을 들고 大 (노예)를 잡아끌고 가는 모습에서 '어찌 해'

주의 系(이을 계)와 다르다.

3급

시내 계

 奚 (어찌 해→계)에서 음을 취해 氵(시냇물)을 가리켜 '시내 계'

- 溪谷 계곡 물이 흐르는 산골짜기.
- 溪流 계류 산골짜기에 흐르는 시냇물.
- 溪川 계천 시내와 내.

4급

닭 계

 奚 (어찌, 해→계) 집에서 기르는 (새)가 날 수 있겠는가? 에서 나온 '닭 계'

- 鷄冠 계관 ㉠ 닭의 볏 ㉡ 맨드라미
- 鷄口 계구 ㉠ 닭의 주둥이 ㉡ 작은 단체의 우두머리의 비유.
- 鷄肋 계륵 닭의 갈비뼈. 뜯어먹을 만한 살은 없으나 버리기에는 아까움.

잠깐 사

잠깐 乍 (옷깃을 꿰매는) 모습에서 '잠깐 사'

6급

지을 작

亻 (사람)이 옷을 乍 (꿰매어) 만드는 모습에서 '지을 작'

- 作家 작가 문학이나 예술의 창작 활동에 전문적으로 종사하는 사람.
- 作故 작고 죽음. 死亡(사망)
- 作業 작업 어떤 일터에서 일정한 목적 아래 하는 노동.

6급

어제 작

乍 (잠깐) 사이에 日 (해)가 떨어지면 오늘이 어제 된다는 '어제 작'

- 昨今 작금 어제와 오늘. 요즈음
- 昨日 작일 어제

옷길 **원**

길고 치렁치렁한 (옷) 때문에 가다가 (멈춘) 모습에서 '옷길 원.' 주로 음으로 나온다.

6급

멀 **원**

(갈 길)이 멀다는 데서 공간적, 시간적으로 '멀 원'

- 遠近 원근 멀고 가까움.
- 遠大 원대 먼 앞날을 내다보는 꿈이 깊고 큼.
- 遠征 원정 멀리 싸우러 감.

6급

동산 **원**

(울타리)를 쳐서 채소나 꽃을 심은 '동산 원'

- 園內 원내 ㉠ 정원의 안 ㉡ 유치원, 동물원 등 원(園)자가 붙은 곳의 내부.
- 園頭幕 원두막 참외, 수박 따위를 심은 밭을 지키기 위하여 지은 막.
- 公園 공원 유원지, 동산 등 사회시설.

도울 **양**

(옷)을 벗고 (흙)을 파서 농사를 도와주는 '도울 양.' 주로 음으로 나온다.

3급

사양할 양

言 (말)로 정중하게 襄 (도움)을 거절하는

'사양할 양'

- **讓渡** 양도   권리나 이익 따위를 남에게 넘겨줌.
- **讓步** 양보   남을 위하여 자기의 이익을 희생함.
- **讓位** 양위   임금 자리를 물려줌.

3급

짝 필

匚 匹 (상자 속에 옷감 두 필)에서 하나를 뜻하는

'① 홑 필' 과 배우자를 뜻하는 '② 짝 필'

匹夫匹婦 no!
天生配匹~

- **匹馬** 필마   한 필의 말.
- **匹夫** 필부   ㉠ 한 사람의 남자 ㉡ 신분이 미천한 남자.
- **匹敵** 필적   힘이 비슷비슷하여 서로 맞서는 적수.

3급

*甘
심할 심

평생을 함께한 匹 (짝)을 만나 너무 오랫동안 甘 (달콤한) 생활에 빠진 데서 '심할 심'

- **甚難** 심난   몹시 어려움.
- **莫甚** 막심   더 이상 이를 수 없이 심함.

14. 의류 · 직물

15 전쟁·무기

3급

매울 신

죄인의 살에 먹물을 새겨 넣은 辛(형벌의 도구)에서 고통과 매운 맛을 뜻하는 '매울 신'

- 辛苦 신고 ㉠ 매운 것과 쓴 것 ㉡ 어려운 일을 당하여 몹시 애를 씀.
- 辛辣 신랄 ㉠ 맛이 몹시 매움 ㉡ 매우 날카로움.

6급

새 신

辛(매울 신)에서 음을 斤(도끼로 자른 나무)에서 새 나무결이 드러난 생나무에서 '새 신'

- 新年 신년 새해
- 新綠 신록 늦은 봄, 또는 초여름에 새로 나온 잎의 푸른 빛.
- 新設 신설 새로 설치하거나 설비함.

6급

친할 **친**

辛(매울 신→친)에서 음을, 木(자른 나무)를 가까이 가서 見(살펴보는) 데서 '① 친할 친' '② 어버이 친' '③ 친척 친'

- 親權 친권 　부모가 미성년의 자식을 보호·감독하는 권리와 의무.
- 親近 친근 　정분이 친하고 사이가 아주 가까움.
- 親睦 친목 　서로 친하여 뜻이 맞고 정다움.

6급

글 **장**

조각하는 辛(칼)로 그릇에 새겨 넣은 曰(무늬)에서 문채, 문장으로 발전하여 '글 장'

- 章句 장구 　글의 장(章)과 구(句).
- 文章 문장 　생각이나 느낌을 글자로 적어 나타낸 것. 글월
- 序章 서장 　첫머리에 해당하는 장(章).

3급 고

첩 **첩**

묵형 당한 辛(죄인)이나 포로로 끌려온 女(여자)를 시중들게 하는 '첩 첩'

- 妾室 첩실 　남의 첩이 되는 여자.
- 婢妾 비첩 　종으로 첩이 된 여자.

4급

이을 **접**

妾(첩)의 扌(손)을 사내가 끌어당겨 붙이려는 데서 '이을 접'

- 接待 접대 　손을 맞아서 대접함.
- 接續 접속 　떨어지지 않게 맞닿게 하여 이음.
- 接受 접수 　관청·회사 따위에서 신청 또는 신고를 받는 것.

15. 전쟁·무기

6급

아이 동

묵형의 형구인 ▼辛(신)으로 見→罒(눈)을 찔러 노예로 만드는 모습인데 뒤에 15세 이하의 어린이를 가리켜 '아이 동'

- 童顔 동안 어린아이와 같은 얼굴.
- 童謠 동요 어린이가 부르도록 만든 노래.
- 童話 동화 아동문학의 한 부문. 아이들을 상대로 하여 꾸민 이야기.

4급

쇠북 종

 金(쇠)를 쳐서 소리를 낸다는 데서 '쇠북 종'

- 鐘閣 종각 큰 종을 달아 놓은 집.
- 鐘鼓 종고 종과 북
- 警鐘 경종 경계하고자 위급한 일이나 비상사태를 알릴 때 치는 종.

6급

다행 행

죄인의 목과 손과 발을 결박하는 형구인 幸(칼)과 차꼬를 그려 체포한 뒤 다행이라고 생각하는 '다행 행'

주의 辛(매울 신)과 다르다.

- 幸福 행복 생활 속에서 만족함.
- 幸運 행운 행복한 운수. 좋은 운수
- 不幸 불행 행복하지 못함.

3급

잡을 집

幸(차꼬)를 채운 丸(무릎 꿇은 죄인)을 그려 체포를 완료한 모습에서 '잡을 집'

- 執權 집권 정권을 잡음.
- 執念 집념 ㉠ 머리 속에서 떠나지 않는 생각 ㉡ 한 가지 일에 몰두함.
- 執務 집무 사무를 맡아봄.

4급

갚을 보

(차꼬)를 채운 (죄인을 손)으로 잡고 상부에 알리는 '① 알릴 보', 지은 죄값은 갚아야 한다는 '② 갚을 보'

- 報告 보고 일의 내용이나 결과를 말 또는 글로 알림.
- 報答 보답 남의 호의(好意)나 은혜 따위를 갚음.
- 報道 보도 생긴 일을 널리 일반에게 알림.

6급

옷 복

(배)를 저으며 일하는 (죄인)의 모습에서 '① 복종할 복' '② 옷 복'

- 服務 복무 군인이나 공무원 등으로 맡은 일을 봄.
- 服從 복종 남의 의사나 명령을 좇음.
- 衣服 의복 옷

5급

선비 사

땅속에 꽂힌 (무기)를 소유한 남자에서 무사와 선비로 발전한 '선비 사'

- 士氣 사기 기운이 넘쳐 자신 있고 씩씩한 기세.
- 士大夫 사대부 벼슬이나 문벌이 높은 집안 사람을 평민에 상대를 이름.
- 義士 의사 나라와 민족을 위해 목숨을 바친 사람.

5급

섬길 사

(윗사람)을 섬기는 (무사)에서 '섬길 사'

- 仕官 사관 ㉠ 벼슬살이를 함 ㉡ 부하가 매달 1일에 상관을 뵙는 일.
- 仕途 사도 벼슬길
- 奉仕 봉사 남을 위하여 자기를 돌보지 않고 친절히 보살펴 줌.

5급

길할 길

오랜 시간 ▬ 口(땅) 위에 ✝ 士(무기)가 꽂혀 있는 평화로운 시대에서 나온 '길할 길'

- 吉報 길보   좋은 소식.
- 吉凶 길흉   좋은 일과 언짢은 일. 행복과 재앙.

5급

맺을 결

🧵 糸(실)로 단단히 묶은 '맺을 결'

- 結果 결과   ㉠ 열매를 맺음 ㉡ 어떤 행위로 이루어진 결말.
- 結婚 결혼   시집가고 장가듦. 부부로서의 법률적 관계를 맺는 것.
- 結論 결론   전개한 생각이나 의견을 끝맺는 말이나 글.

창 과

전쟁터에서 살상용 무기인 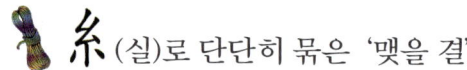(창)을 그려 '창 과'

4급

칠 벌

👤 亻(사람)이 🗡 戈(창)을 들고 적을 무찌르는 '칠 벌'

- 伐木 벌목   산판이나 숲의 나무를 벰.
- 伐採 벌채   나무를 베어내고 섶을 깎아냄.
- 征伐 정벌   군사로써 적군이나 죄있는 무리를 침.

4급

호반 무

戈→弋 (창)을 들고 있는 병사의 止止(발바닥)을 그려 용감한 무관을 뜻하는 '호반 무'

※ 호반(虎班)인 무관과 학반(鶴班)인 문관을 합쳐 양반(兩班)이라 부른다.

- 武器 무기 전투에 쓰이는 쓰는 모든 기구.
- 武士 무사 군사에 관한 재주를 익히어 군사에 종사하는 사람.
- 武術 무술 무도(武道)의 기술. 무예

3급

나 아

톱날 모양을 하고 있는 我 (창)이 나를 보호해주어 '나 아'

- 我田引水 아전인수 자기에게 이로울 대로만 함. 제 논에 물대기.
- 我執 아집 제 생각에만 사로잡혀 집착함.
- 自我 자아 자기. 자기 자신

4급

혹시 혹

戈 (창)을 든 병사가 口 (나라)를 지키느라 一 (발)을 왔다 갔다 움직이다 낯선 사람을 보면 '혹시?' 하며 살피는 '혹시 혹'

- 或是 혹시 어쩌다가 우연한 기회에.
- 或者 혹자 밝힐 필요가 없거나 밝히고 싶지 않은 어떤 사람.

8급

나라 국

나라를 지키는 군인을 그린 或 (혹시 혹 → 국)에서 음과 뜻을 취하고 둘레에 口 (국경선)을 다시 넣은 '나라 국'

- 國論 국론 나라 안의 공론(公論). 국민 일반의 여론.
- 國民 국민 국가를 구성하는 자연인을 통틀어 일컫는 말.
- 國史 국사 ㉠ 그 나라의 역사 ㉡ 우리나라의 역사

3급

다섯째천간 무

원래는 ▨▨戊 (창)을 그렸는데 십간의 다섯째를 가리켜 '다섯째천간 무'

주의 戌 (개 술)과 다르다.

- 戊夜 무야   오경(五更). 곧, 오전 3시에서 5시 사이.

3급

무성할 무

무성하게 자란 ▨▨艹 (풀)에다 음으로 ▨戊 (천간 무)를 넣어 '무성할 무'

- 茂林 무림   나무가 우거진 숲.
- 茂盛 무성   풀이나 나무가 우거짐.
- 茂學 무학   학문에 힘씀.

6급

이룰 성

丁→丁 (고무래 정→성)에서 음을 취하고 ▨戊 (무기)를 이용해서 일을 완성하는 데서 '이룰 성'

- 成功 성공   잘 대응하거나 최선을 다해 뜻을 이룸. 목표에 도달함. ↔ 失敗(실패).
- 成果 성과   ㉠ 일이 이루어진 결과 ㉡ 일의 좋은 결과.
- 成熟 성숙   ㉠ 몸과 마음이 자라서 어른스럽게 됨 ㉡ 열매가 충분히 익음.

4급

성 성

▨土 (흙)으로 담을 쌓아서 적의 침입을 막기 위해 지은 성곽을 가리켜 '성 성'

- 城郭 성곽   내성(內城)과 외성(外城) 전부.
- 城樓 성루   성벽 위의 누각.
- 築城 축성   성을 쌓음.

4급

정성 성

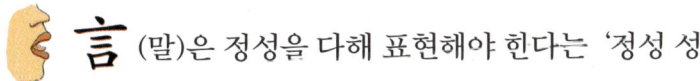 言 (말)은 정성을 다해 표현해야 한다는 '정성 성'

- 誠實 성실 정성스럽고 참되어 거짓이 없음.
- 精誠 정성 참되고 성실한 마음이나 태도.
- 至誠 지성 지극한 정성.

4급

성할 성

皿 (그릇)에 햇곡식과 과일을 수북하게 담아 신에게 바치는 모습에서 풍성과 절정을 뜻하는 '성할 성'

- 盛衰 성쇠 성함과 쇠함.
- 盛裝 성장 옷을 잘 차려 입음, 또는 그렇게 입은 옷.
- 豊盛 풍성 가득 담겨 있음.

3급

개 술

원래  戌 (도끼) 모양을 그렸는데 十二支(십이지) 중 열한 번째인 '개'를 뜻하게 되어 '개 술'

주의 戊(천간 무), 戍(지킬 수), 成(이룰 성)과 다르다.

- 戌時 술시 오후 7~9시까지의 동안.

4급

위엄 위

약한 女 (여자)를 戌 (무기)로 위협하는 데서 '위엄 위.' 모계사회 때 전투복 입은 여자가 무기를 들고 있는 위엄 있는 모습이란 설도 있음.

- 威力 위력 위풍 있는 강대한 힘.
- 威勢 위세 맹렬하거나 위엄이 있는 기세.
- 威嚴 위엄 위세가 있어 의젓하고 엄숙함.

5급

해 세

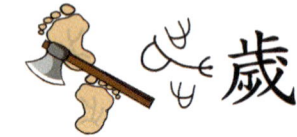 步 (걸음)을 바삐 움직이며 戌 (도끼)로 수확을 하면서 한 해를 마무리한다는 데서 1년을 뜻하는 '해 세'

- 歲拜 세배 웃어른께 문안하는 새해 인사.
- 歲月 세월 흘러가는 시간. 광음(光陰)
- 歲入 세입 한 회계 연도 동안의 총 수입.

3급 고

다 함

살상용 戌 (무기)를 들고 口 (입)으로 소리지르며 온 힘을 다해 내리치는 모습에서 '다 함'

6급

느낄 감

 咸 (다, 함→감) 함께 누구나 느끼는  心 (마음)에서 '느낄 감'

- 感動 감동 깊이 느끼어 마음이 움직이거나 놀라거나 흥분이 되는 것.
- 感服 감복 마음에 깊이 느끼어 탄복함.
- 感謝 감사 고마움. 고맙게 여김.

4급

덜 감

氵 (물)이 빠져나가 줄어든다는 '덜 감'

- 減員 감원 구성원의 수를 줄임.
- 減刑 감형 사면의 한 가지로 형벌을 덜어 가볍게 함.
- 增減 증감 많아짐과 적어짐.

벨 재

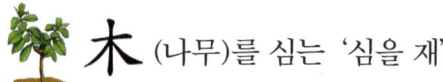(창) 끝에 (적군의 머리)를 매달아 놓고 승리를 과시하는 '벨 재.' 주로 음으로 나온다.

3급

심을 재

木(나무)를 심는 '심을 재'

- 栽培 재배   식물을 심고 가꿈.
- 盆栽 분재   화초·나무 등을 화분에 심어 가꿈.

3급

어조사 재

口 (입)에서 나오는 의문이나 감탄을 나타내는 '어조사 재'

- 嗚呼痛哉 오호통재   아, 슬프도다.

알 직

戈(전쟁)이 일어나면 북이나 징 따위로 音(소리)를 내서 진퇴를 알리는 데서 '알 직.' 주로 음으로 나온다.

15. 전쟁·무기

5급

알 식

言(말)로 깨닫게 하는 '① 알 식', 기호를 뜻하는 '② 기록할 지'

- 識見 식견   사물을 식별하고 관찰하는 능력. 지견(知見)
- 識別 식별   무엇인지 알아보거나 구별함.
- 標識 표지   어떤 사물과 구별하기 위한 기록.

해칠 잔

(창을 서로 맞대고) 죽이는 '해칠 잔', 해치고 난 뒤 남은 시체의 자잘한 조각에서 '작을 전'

4급

돈 전

(해칠 잔 → 전)에서 음을 취하고  金(쇠)붙이로 만들어진 '돈 전'

- 錢穀 전곡   ㉠ 돈과 곡식 ㉡ 재물(財物)의 총칭.
- 金錢 금전   돈
- 銅錢 동전   동전 구리로 만든 돈.

錢의 전쟁

3급

얕을 천

氵(물)속이 훤히 다 보이는 '얕을 천'

- 淺見 천견   ㉠ 얕은 견문이나 생각 ㉡ 자기 생각을 낮추어 이르는 말.
- 淺薄 천박   지식이나 생각이 얕음.
- 淺學 천학   얕은 학식, 또는 학식이 얕음.

주살 익

(오늬에 줄)을 매어 쏘는 화살에서 '주살 익'

6급

법 식

(공구)를 사용해 물건을 만들 때 엄격한 절차에 따른다는 '법 식'

- 式辭 식사 식장에서 그 식에 대하여 인사로 하는 말이나 글.
- 式場 식장 의식을 거행하는 장소.
- 方式 방식 어떤 형식이나 방법.

4급

시험 시

言 (말)이나 글로 式 (형식)을 갖춰서 떠보는 '시험 시'

- 試鍊 시련 겪기 어려운 시험과 단련.
- 試食 시식 맛이나 요리 솜씨를 알아보기 위하여 시험적으로 먹어봄.
- 試驗 시험 문제를 내어 그 성적을 판정함.

6급

대신 대

弋 (주살 익→대)에서 음을 취하고 亻(다른 사람)으로 대신 교체한다는 '대신 대'

주의 伐(칠 벌)과 다르다.

- 代價 대가 ㉠ 값. 대금(代金) ㉡ 일을 실현하기 위해 들인 노력이나 희생.
- 代辯 대변 사람이나 기관을 대신하여 그의 의견이나 태도를 발표함.
- 時代 시대 역사적으로 어떤 표준에 의해 구분한 일정한 기간.

창 모

뾰족한 ▮ 孑 矛 (창)을 그려 '창 모'

주의 予(나 여)와 다르다.

- 矛盾 모순 말이나 행동 또는 사실의 앞뒤가 서로 맞지 않음.

3급

부드러울 유

木(나무)를 불에 쬐어 부드럽게 구부러지게 만든다는 뜻에 矛(창 모→유)에서 음을 취해 '부드러울 유'

- 柔弱 유약 어리고 약함.
- 柔道 유도 일본의 독특한 무술의 한 가지.

4급

힘쓸 무

무사가 矛(창)을 들고 力(힘껏) 攵 (내리치는) 모습에서 맡은 바 임무를 다하는 '힘쓸 무'

- 務實力行 무실역행 실속 있도록 힘써 실행함.
- 公務 공무 여러 사람에 관한 공적인 사무.
- 事務 사무 문서를 정리하거나 다루는 일.

3급

활 궁

弓(활)을 그린 '활 궁'

- 弓馬 궁마 활과 말
- 弓術 궁술 활 쏘는 기술
- 洋弓 양궁 서양식의 활

4급

끌 인

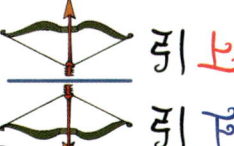 弓(활)의 ∥(시위)를 당기는 '끌 인'

- 引力 인력 두 물체가 서로 당기는 힘.
- 引上 인상 ㉠ 끌어올림 ㉡ 물건값을 올림.
- 引用 인용 남의 말이나 글을 끌어다가 근거로 삼음.

6급

약할 약

두 개의 弓弓(활)이 오래되고 닳아서 활줄이 ⁄⁄(너덜)거리는 모양이 '약할 약.' 부드러운 翡翡(새의 깃털)이라는 설도 있음.

- 弱冠 약관 20세 전후의 남자, 또는 그 나이.
- 弱勢 약세 약한 세력, 또는 세력이 약함.
- 弱點 약점 부족하거나 불충분한 점.

6급

강할 강

등이 弘(넓은 홍 : 넓고 딱딱한) 껍질로 된 벌레 虫(바구미)였는데 뒤에 '① 강할 강' '② 억지로 강'

- 强要 강요 상대의 뜻을 무시하고 억지로 또는 강제로 요구함.
- 强制 강제 힘으로 상대의 자유 의사를 누름.
- 强奪 강탈 강제로 빼앗음. 폭력을 써서 빼앗음.

4급

방패 간

Y干(사냥도구)를 그렸는데 뒤에  干(방패)를 뜻하게 되어 '방패 간'

주의 于(어조사 우)와 다르다.

- 干涉 간섭 남의 일에 끼어들어 영향을 주려고 함. 남의 일에 참견함.
- 干與 간여 참견하는 것.
- 干支 간지 10간(十干)과 12지(十二支). 천간(天干)과 지지(地支).

15. 전쟁・무기   301

3급 고

화살 시

↑ 矢 (화살)을 그려 '화살 시'

- 嚆矢 효시 온갖 사물의 맨 처음의 비유.

6급

짧을 단

↑ 矢 (화살)과 豆豆 (제기)의 짧은 모습에서 '짧을 단'

- 短點 단점 사람이나 사물의 흠이 되거나 모자라는 점. 缺點(결점) ↔ 長點(장점)
- 短縮 단축 짧게 줄이는 것.
- 長短 장단 길고 짧음.

5급

알 지

아는 지식을 ↑矢 (화살)처럼 빨리 口 (말)하는 데서 '알 지'

- 知覺 지각 ㉠ 알아서 깨달음.
  ㉡ 감각기관에 의하여 외계의 사물을 인식하는 기능.
- 知己 지기 자기의 마음이나 참된 가치를 알아주는 사람.
- 知能 지능 지식과 재능.

3급

어조사 의

↑矢 (화살)이 날아가 厶 (일정한 곳)에 멈춘 모습으로 문장 맨 끝에서 단정 종결사(~이다)로 나와 '어조사 의'

- 萬事休矣 만사휴의 '온갖 일이 끝났도다' 라는 뜻으로, '모든 일이 헛수고로 돌아감' 을 이르는 말.

4급

이를 지

至 (화살이 땅에 꽂히는) 모습에서 '① 이를 지', 최상급인 '② 지극히 지' '③ 까지 지'

- 至今 지금   지금까지. 지금에 와서. '至于今(지우금)'의 준말.
- 至誠 지성   매우 지극한 정성.
- 自初至終 자초지종   처음부터 끝까지.

5급

이를 치

천천히 夊→攵(걸어서, 치) 목표에 至 (이르렀다)는 '이를 치' '다할 치'

- 致命 치명   목숨이 끊어질 지경에 이름.
- 致富 치부   재물을 모아 부자가 됨.
- 致辭 치사   치하하는 말. 축하하는 말.

8급

집 실

식구들이 하나 둘 宀(집)에 至 (이르러서) 쉬는 편안한 방을 포함한 '집 실'

- 室內 실내   방 안 ↔ 室外(실외)
- 內室 내실   부녀자가 거처하는 안방.
- 分室 분실   본부가 아닌 곳에 따로 설치한 작은 사무실.

5급

집 옥

집에 至 (이르러) 편히 尸 (앉아서) 쉬는 '집 옥'

- 屋上 옥상   지붕 위
- 屋外 옥외   집 바깥. 건물의 밖
- 韓屋 한옥   한국식 전통 가옥

15. 전쟁・무기   303

5급

이를 도

(칼 도)에서 음을 취해 장소에 至(도착한다)는 '이를 도'

- 到達 도달 정한 곳에 이름.
- 到來 도래 (어떤 시기나 기회에) 이름. 와 닿음.
- 到着 도착 목적지에 다다름.

깃발 언

认(펄럭이는 깃발)을 그려 '깃발 언'

6급

겨레 족

민족을 지키기 위해 方(깃발) 아래로 矢(화살)을 들고 전투 태세를 갖춘 '겨레 족'

- 族譜 족보 한 족속의 혈통 관계를 적어 놓은 책.
- 族屬 족속 같은 종족의 겨레붙이.
- 民族 민족 언어와 문화의 공통성이 있는 집단.

5급

나그네 려

方(깃발) 아래 从(두 사람을 그린 모양 : 병사들)이 모여 있는 '① 군사 려' 였다가 뒤에 여행하는 '② 나그네 려'

- 旅客 여객 여행하는 사람. 나그네.
- 旅館 여관 돈을 받고 여행객을 묵게 하는 집.
- 旅行 여행 객지나 외국에 나다니는 일.

4급

遊
놀 유

 方 (깃발) 아래 子 (아이들)이 之 (왔다갔다)하며 노는 '놀 유'

- 遊覽 유람 돌아다니며 구경함.
- 遊說 유세 각처로 돌아다니며 자기 주장을 함.
- 遊學 유학 고향을 떠나 타향에서 공부함.

4급

施
베풀 시

 方 (깃발) 꼭대기에 패한 적군의 也 (시체, 야→시)를 매달고 포로들을 잡아 진열하고 나누어 주는 '베풀 시'

- 施賞 시상 의식을 베푼 곳에서 상을 줌.
- 施設 시설 도구 장치 따위를 설치한 구조물.
- 施行 시행 법령 등을 공포한 뒤 그 효력을 발생시킴.

3급

於
어조사 어

 於 (까마귀)를 그린 모습이었다가 뒤에 전후 자구의 관계를 나타내는 말로 ~에서, ~에게, ~보다로 해석하는 '어조사 어'

- 於異阿異 어이아이 어 다르고 아 다르다.
- 靑出於藍 청출어람 푸른색이 쪽풀보다 푸르다. 제자가 스승보다 나음.

에울 위

사방의 口 (둘레)를 에워싸고 외부의 침입을 막기 위한 장벽으로 '에울 위.' 부수이름은 '큰입구몸' 임.

15. 전쟁 • 무기

4급

곤할 곤

 木 (나무) 주변을 口 (에워싸고) 있어 나무가 제대로 자라지 못하는 '곤할 곤'

주의 因 (인할 인), 囚 (가둘 수)와 다르다.

- 困窮 곤궁 가난하고 구차함.
- 勞困 노곤 나른하고 고달픔.
- 貧困 빈곤 가난하여 살기 어려움.

6급

그림 도

 啚 (마을의 풍경)에다가 口 (경계선)을 그려 넣은 '그림 도'

- 圖謀 도모 앞으로 할 일이 이루어지도록 수단과 방법을 꾀함.
- 圖案 도안 건축물 따위의 제작이나 장식을 위해 일정한 모양으로 그려낸 고안.
- 圖表 도표 여러 가지 양을 분석하여 선 또는 그림으로 그리어 나타낸 표.

7급

고을 읍

뮵,邑 (성 안의 사람)들이 생활하는 모습에서 '고을 읍' 阝 (우부방)은 변형부수

- 邑人 읍인 마을 사람
- 邑村 읍촌 읍에 속한 마을.
- 都邑 도읍 서울. 首都(수도)

가죽 위

韋 (성을 순찰하는 발)을 그려 순찰을 뜻하다가 뒤에 韋 (무두질한 가죽)을 뜻하게 되어 '가죽 위.' 주로 음으로 나온다.

5급

클 위

보통사람 이상의 능력을 지닌 뛰어난 (사람)을 뜻하는
'클 위'

- 偉大 위대 뛰어나고 훌륭함.
- 偉人 위인 뛰어나고 훌륭한 사람.

4급

가죽 혁

짐승의 털을 제거해 펴놓은 革(날가죽)에서
'① 가죽 혁', 말리면 전혀 다른 모양으로 바뀐다 하여
'② 바꿀 혁'

- 革帶 혁대 가죽으로 만든 띠.
- 革命 혁명 피지배 계급이 지배 계급의 정치 권력을 빼앗아 사회조직이 바뀌는 일.
- 革新 혁신 묵은 풍속이나 방법 등을 고쳐 새롭게 함.

4급

홑 단

짐승을 잡는 Y자형 單(무기)로 새총처럼 생겼는데 뒤에 하나라는 뜻인 '홑 단'

- 單刀直入 단도직입 혼자서 한 자루의 칼을 휘두르며 거침없이 적진에 쳐들어감.
- 單一 단일 ㉠ 단 하나 ㉡ 구성이나 내용이 복잡하지 않음.

6급

싸움 전

새총 같은 單(무기)와 戈(창)이 난무하는 전투에서 '싸움 전'

- 戰亂 전란 전쟁으로 인한 난리.
- 戰慄 전율 심한 분노나 두려움 따위로 벌벌 떪.
- 戰爭 전쟁 나라 사이에 무력을 써서 하는 싸움.

15. 전쟁·무기

3급

범 인

寅 寅 (양손으로 화살)을 잡아당기는 모습인데 뒤에 십이지 중 세 번째로 띠로는 범에 해당되어 '범 인'

- 寅方 인방   24방위의 하나. 동북동서 북쪽으로 15도까지의 방위.
- 寅時 인시   12시의 셋째 시. 오전 3~5시까지의 두 시간.

숫자 16

8급

숫자인 ▬ 一 (하나)에서 '하나' '한결같이' 란 뜻으로 '한 일'

한 일

- 一家見 일가견   어떤 일에 대해 개인이 갖는 일정한 체계의 전문적 견해.
- 一刻 일각   ㉠ 일주야의 100분의 1. 약 15분 ㉡ 매우 짧은 동안.
- 一貫 일관   한 방법이나 태도로써 처음부터 끝까지 한결같이 함.

8급

숫자 ▬ 二 (둘)에서 '둘' '둘째' 란 뜻으로 '두 이'

두 이

- 二毛作 이모작   한 논밭에 한 해에 두 가지 작물을 심어 수확하는 일. 그루갈이.
- 唯一無二 유일무이   오직 하나뿐이고 둘도 없음.

16. 숫자   309

8급

석 삼

숫자 三(셋)을 뜻하는 '석 삼'

- 三顧草廬 삼고초려 세 번 초가집을 방문한다는 뜻으로, '인재를 맞아들이기 위해 몸소 여러 번 찾아가서 예를 다하는 일'을 이르는 말.
- 三權 삼권 세 가지 권력. 곧, 입법권·사법권·행정권.

8급

넉 사

처음엔 ☰(네 가닥)으로 표시했는데 三(석 삼)과 혼동되자 뒤에 입김 모양으로 바꿔 만든 '넉 사'

- 四分五裂 사분오열 여러 갈래로 갈기갈기 찢어짐.
- 四書 사서 유교의 경전인 대학·중용·논어·맹자의 네 가지 책을 통틀어 이르는 말.

8급

다섯 오

㐅 五 五 (X)모양으로 다섯을 나타내어 '다섯 오'

- 五里霧中 오리무중 5리(里)에 걸친 안개 속에 있다는 뜻으로, '무슨 일에 대하여 방향이나 갈피를 잡을 수 없는 상태'를 이름.
- 五福 오복 다섯 가지 복. 곧, 수(壽), 부(富), 강녕(康寧), 유호덕(攸好德), 고종명(考終命).

8급

여섯 륙

六(초가집)의 골격을 그렸는데 뒤에 숫자로 나와 '여섯 륙'

- 六書 육서 한자의 구조 및 사용에 대한 여섯 가지 방법. 상형(象形)·지사(指事)·회의(會意)·형성(形聲)의 제자(製字) 원리에 전주(轉注)·가차(假借)의 활용(活用)을 합한 것.
- 六法 육법 곧 헌법·형법·민법·상법·형사 소송법·민사 소송법.

8급

일곱 **칠**

물건을 칼로  七(두 조각)내는 모습에서 '일곱 칠' 주의 匕(비수 비)와 다르다

- 七顚八起 칠전팔기　일곱 번 넘어지고 여덟 번 일어난다는 뜻으로, '여러 번의 실패에도 굽히지 않고 꾸준히 노력함'을 이르는 말.
- 七縱七擒 칠종칠금　적을 일곱 번 놓아주었다가 일곱 번 사로잡음.

8급

여덟 **팔**

물건이 八 (둘로 나누어지는) 모습에서 '여덟 팔'

- 八頭身 팔두신　신장이 얼굴 길이의 여덟 배가 되는 몸, 또는 그러한 사람.
- 八字 팔자　'어떤 사람이 타고난 한평생의 운수'를 뜻함.

8급

아홉 **구**

불끈 힘이 들어간 九(팔뚝)을 그려 마지막 숫자이면서 많은 수를 의미하는 '아홉 구'

- 九死一生 구사일생　여러 차례 죽을 고비를 넘어서 겨우 살아남.
- 九牛一毛 구우일모　많은 소 가운데 하나의 털이라는 뜻으로, '썩 많은 가운데서 극히 적은 수'를 비유하여 이르는 말.

8급

열 **십**

十 (매듭을 한 노끈)에서 '열 십'

※ 계약서 같이 중요한 문서에 이런 숫자는 변조할 가능성이 많아 획수가 많은 같은 숫자를 다시 만들었다. 예를 들면 壹(일) 貳(이) 參(삼) 伍(오) 拾(십) 佰(백) 阡(천)이 있다.

- 十誡命 십계명　구약성서에서 모세가 하나님께 받았다는 10개의 계시.
- 十人十色 십인십색　'생각 취향이 사람마다 다름'을 이르는 말.
- 十中八九 십중팔구　열이면 여덟이나 아홉이 그러함.

7급

일천 **천**

무수히 많은 亻(사람들)이 줄지어 있는 앞에 一 (한 일)을 합쳐 '일천 천'

주의 干 (방패 간)과 다르다.

- 千里眼 천리안   천 리 밖의 것을 볼 수 있는 안력(眼力).
- 千秋 천추   긴 세월. 썩 오랜 세월.
- 千態萬象 천태만상   천 가지 모습과 만 가지 현상. 천차만별의 상태.

8급

일만 **만**

萬 (전갈)의 왕성한 번식력에서 가장 큰 숫자를 뜻하게 되어 '일만 만'

- 萬能 만능   모든 것에 능력이 있음.
- 萬物商 만물상   온갖 일용 잡화를 파는 장사.
- 萬事 만사   모든 일.

7급

인간 **세**

인간세상에서 한 세대인 卅 → 世 (삼십 년)이란 뜻으로 十 (열 십)자 세 개를 그려 '인간 세' '세대 세'

- 世代 세대   약 30년을 한 구분으로 하는 연령층, 또는 그런 사람들의 총체.
- 世襲 세습   재산·직업 등을 한 집안에서 대대로 물려받음.
- 世子 세자   왕의 자리를 이을 왕자. 王世子(왕세자)

부록

》 중학교 한자 900 찾아보기
》 한국어문회 8~4급 배정한자

중학교 한자 900 찾아보기

■ 중학교 한자 900자는 검정색으로 그 외 참고용 한자는 파란색으로 표시했습니다.

가	家 (집 가) 81	佳 (아름다울 가) 251	街 (거리 가) 251	可 (옳을 가) 166	歌 (노래 가) 166	加 (더할 가) 180
	價 (값 가) 246	假 (거짓 가) 195	叚 (빌릴 가) 194			
각	角 (뿔 각) 77	各 (각각 각) 203	脚 (다리 각) 76			
간	干 (방패 간) 301	間 (사이 간) 257	看 (볼 간) 154	艮 (그칠 간) 159		
갈	渴 (목마를 갈) 169	曷 (어찌 갈) 169				
감	甘 (달 감) 161	減 (덜 감) 296	感 (느낄 감) 296	敢 (감히 감) 81		
갑	甲 (갑옷 갑) 109					
강	江 (강 강) 238	降 (내릴 강) 206	講 (강론할 강) 268	強(=强) (강할 강) 301		
개	改 (고칠 개) 126	皆 (다 개) 119	個 (낱 개=箇) 164	開 (열 개) 256		
객	客 (손 객) 204					

갱	更 (다시 갱) 191					
거	去 (갈 거) 124	巨 (클 거) 238	居 (살 거) 163	車 (수레 거) 270	擧 (들 거) 194	
건	建 (세울 건) 189	乾 (마를 건) 107	巾 (수건 건) 277			
견	犬 (개 견) 80	見 (볼 견) 155	堅 (굳을 견) 157	臤 (굳을 견) 157		
결	決 (결단할 결) 131	結 (맺을 결) 292	潔 (깨끗할 결) 279			
경	京 (서울 경) 259	景 (볕 경) 260	輕 (가벼울 경) 282	經 (지날 경) 281	庚 (곡식 경) 226	
	耕 (밭갈 경) 240	敬 (공경할 경) 196	驚 (놀랄 경) 196	慶 (경사 경) 129	競 (다툴 경) 122	巠 (물줄기 경) 281
계	癸 (열째천간 계) 207	季 (계절 계) 132	界 (지경 계) 66	計 (셀 계) 167	溪 (시내 계) 284	
	鷄 (닭 계) 285	系 (이을 계) 280				
고	古 (예 고) 162	故 (연고 고) 162	固 (굳을 고) 163	苦 (쓸 고) 163	考 (생각할 고) 141	

314

고	高 (높을 고) 258	告 (고할 고) 79			
곡	谷 (골 곡) 72	曲 (굽을 곡) 220	穀 (곡식 곡) 104		
곤	困 (곤할 곤) 306	坤 (땅 곤) 56			
골	骨 (뼈 골) 119				
공	工 (장인 공) 237	功 (공 공) 237	空 (빌 공) 237	共 (함께 공) 191	公 (공평할 공) 213
과	果 (과실 과) 99	課 (과정 과) 99	科 (과목 과) 224	過 (지날 과) 208	戈 (창 과) 292
관	官 (벼슬 관) 71	觀 (볼 관) 92	關 (관계할 관) 257	貫 (꿸 관) 246	錧 (꿸 관) 257	鸛 (황새 관) 92
광	光 (빛 광) 62	廣 (넓을 광) 150			
교	交 (사귈 교) 127	校 (학교 교) 127	敎 (가르칠 교) 195	橋 (다리 교) 259	喬 (높을 교) 259
구	九 (아홉 구) 311	口 (입 구) 160	求 (구할 구) 276	救 (구제할 구) 276	究 (연구할 구) 263	久 (오랠 구) 115
	舊 (예 구) 225	句 (글귀 구) 162	臼 (절 구) 225	冓 (얽을 구) 267		
국	國 (나라 국) 293				
군	君 (임금 군) 189	軍 (군사 군) 270	郡 (고을 군) 190		
궁	弓 (활 궁) 300				

권	卷 (책 권) 244	勸 (권할 권) 93	權 (권세 권) 92		
귀	貴 (귀할 귀) 246	歸 (돌아갈 귀) 244			
규	圭 (홀 규) 251				
균	均 (고를 균) 66				
극	極 (다할 극) 152	亟 (빠를 극) 152			
근	近 (가까울 근) 236	勤 (부지런할 근) 73	根 (뿌리 근) 159	斤 (도끼 근) 236	堇 (진흙 근) 73
금	金 (쇠 금) 250	今 (이제 금) 253	禁 (금할 금) 101		
급	給 (줄 급) 212	及 (미칠 급) 177	急 (급할 급) 145		
기	其 (그 기) 192	基 (터 기) 192	己 (몸 기) 125	幾 (몇 기) 281	技 (재주 기) 197	旣 (이미 기) 215
	期 (기약할 기) 192	氣 (기운 기) 105	記 (기록할 기) 125	起 (일어날 기) 125		
길	吉 (길할 길) 292				
난	暖 (따뜻할 난) 187	難 (어려울 난) 74			
남	南 (남녘 남) 254	男 (사내 남) 179			
내	內 (안 내) 124	乃 (이에 내) 170			

중학교 한자 900 찾아보기

녀	女 (계집 녀) 137						도	刀 (칼 도) 233	到 (이를 도) 304	度 (법도 도) 265	道 (길 도) 172	島 (섬 도) 88	都 (도읍 도) 221
년	年 (해 년) 104							圖 (그림 도) 306	徒 (무리 도) 206				
념	念 (생각 념) 253						독	獨 (홀로 독) 96	讀 (읽을 독) 245				
노	怒 (성낼 노) 139						동	同 (한가지 동) 271	洞 (골 동) 272	童 (아이 동) 290	冬 (겨울 동) 58	東 (동녘 동) 98	動 (움직일 동) 277
농	農 (농사 농) 95						두	斗 (말 두) 223	豆 (콩 두) 229	頭 (머리 두) 230			
능	能 (능할 능) 85						득	得 (얻을 득) 269					
다	多 (많을 다) 76						등	等 (무리 등) 184	登 (오를 등) 231	燈 (등 등) 231			
단	丹 (붉을 단) 240	但 (다만 단) 115	單 (홀 단) 307	短 (짧을 단) 302	端 (끝 단) 122		락	落 (떨어질 락) 204	樂 (즐길 락) 251				
달	達 (통달할 달) 84						란	卵 (알 란) 94					
담	談 (말씀 담) 62						랑	浪 (물결 랑) 260	郎 (사내 랑) 261				
답	答 (대답할 답) 212						래	來 (올 래) 105					
당	堂 (집 당) 264	當 (마땅 당) 264					랭	冷 (찰 랭) 146					
대	大 (큰 대) 116	對 (대할 대) 252	代 (대신 대) 299	待 (기다릴 대) 183			량	兩 (두 량) 249	凉 (서늘할 량) 260	良 (좋을 량) 260	量 (헤아릴 량) 224		
덕	德 (덕 덕=悳) 158						려	旅 (나그네 려) 304					

력	力 (힘 력) 179	歷 (지날 력) 202				림	林 (수풀 림) 100				
련	連 (이을 련) 270	練 (익힐 련) 101	戀 (다스릴 련) 284			립	立 (설 립) 121				
렬	列 (벌일 렬) 120	烈 (매울 렬) 120				마	馬 (말 마) 85				
령	令 (하여금 령) 145	領 (거느릴 령) 146				막	莫 (없을 막) 51				
례	例 (법식 례) 121	禮 (예도 례) 230				만	萬 (일만 만) 312	滿 (찰 만) 249	晚 (늦을 만) 136		
로	路 (길 로) 204	老 (늙을 로) 141	勞 (일할 로) 63	露 (이슬 로) 204		말	末 (끝 말) 98				
록	綠 (푸를 록) 279					망	望 (바랄 망) 127	亡 (망할 망) 126	忙 (바쁠 망) 126	忘 (잊을 망) 126	
론	論 (논할 론) 243					매	每 (매양 매) 140	買 (살 매) 245	賣 (팔 매) 245	妹 (누이 매) 100	
료	料 (헤아릴 료) 224					맥	麥 (보리 맥) 106				
류	流 (흐를 류) 133	柳 (버들 류) 84	留 (머무를 류) 84	充 (흐를류) 133		면	免 (면할 면) 135	勉 (힘쓸 면) 136	面 (얼굴 면) 173	眠 (잠잘 면) 156	宀 (집 면) 261
륙	六 (여섯 륙) 310	陸 (뭍 륙) 71				명	名 (이름 명) 53	命 (명령할 명) 146	明 (밝을 명) 53	鳴 (울 명) 89	皿 (그릇명) 210
륜	倫 (인륜 륜) 243	侖 (뭉치륜) 242				모	母 (어미 모) 139	毛 (털 모) 76	暮 (저물 모) 51	矛 (창 모) 300	
률	律 (법 률) 189	聿 (붓 률) 187				목	木 (나무 목) 97	目 (눈 목) 154			
리	里 (마을 리) 67	理 (다스릴 리) 67	利 (이로울 리) 103	李 (오얏 리) 132		묘	卯 (토끼 묘) 84	妙 (묘할 묘) 68			

무	武 (호반 무) 293	務 (힘쓸 무) 300	無 (없을 무) 206	戊 (다섯째천간 무) 294	茂 (무성할 무) 294	舞 (춤출 무) 207	별	伐 (칠 벌) 292					
묵	墨 (먹 묵) 149						범	凡 (무릇 범) 271					
문	門 (문 문) 255	問 (물을 문) 255	聞 (들을 문) 256	文 (글월 문) 117			법	法 (법 법) 125					
물	物 (만물 물) 236	勿 (말 물) 235					변	變 (변할 변) 284					
미	未 (아닐 미) 100	味 (맛 미) 100	美 (아름다울 미) 82	米 (쌀 미) 105	尾 (꼬리 미) 77		별	別 (나눌 별) 120					
민	民 (백성 민) 156						병	病 (병 병) 232	兵 (병사 병) 237	丙 (남녘 병) 232			
밀	密 (빽빽할 밀) 65						보	保 (지킬 보) 115	步 (걸음 보) 201	報 (갚을 보) 291			
박	朴 (성씨 박) 229						복	福 (복 복) 219	服 (옷 복) 291	復 (회복할 복) 267	伏 (엎드릴 복) 80	冨 (찰 복) 219	
반	反 (반대로 반) 178	飯 (밥 반) 178	半 (반 반) 79					复 (돌아올 복) 267	攴 (칠 복) 195	卜 (점 복) 228			
발	發 (필 발) 207	癶 (등질 발) 207					본	本 (근본 본) 97					
방	方 (방향 방) 238	放 (놓을 방) 239	訪 (찾을 방) 239	房 (방 방) 239	防 (막을 방) 239		봉	奉 (받들 봉) 193	逢 (만날 봉) 208				
배	拜 (절 배) 176	杯 (잔 배=盃) 111					부	夫 (지아비 부) 122	父 (아비 부) 178	富 (부자 부) 219	婦 (며느리 부) 244	扶 (도울 부) 122	部 (떼 부) 165
백	白 (흰 백) 180	百 (일백 백) 181						否 (아닐 부) 110	浮 (뜰 부) 185	音 (침 부) 164	阜 (언덕 부) 70		
번	番 (차례 번) 66						북	北 (북녘 북) 119					

분	分 (나눌 분) 234				
불	不 (아닐 불) 110	佛 (부처 불) 116			
붕	朋 (벗 붕) 254				
비	比 (견줄 비) 118	非 (아닐 비) 87	備 (갖출 비) 247	悲 (슬플 비) 88	飛 (날 비) 87	鼻 (코 비) 172
빈	貧 (가난할 빈) 234				
빙	氷 (얼음 빙) 58				
사	四 (넉 사) 310	士 (선비 사) 291	史 (사기 사) 190	師 (스승 사) 70	死 (죽을 사) 120	思 (생각 사) 136
	事 (일 사) 190	仕 (섬길 사) 291	射 (쏠 사) 128	謝 (사례할 사) 128	使 (하여금 사) 190	舍 (집 사) 266
	巳 (뱀 사) 95	寺 (절 사) 182	私 (사사로울 사) 103	絲 (실 사) 278	乍 (잠깐 사) 285	
산	山 (메 산) 64	産 (낳을 산) 107	算 (셈할 산) 102	散 (흩을 산) 195		
살	殺 (죽일 살) 198				
삼	三 (석 삼) 310	彡 (터럭 삼) 174			
상	上 (위 상) 69	尙 (숭상할 상) 263	常 (항상 상) 263	賞 (상줄 상) 264	商 (장사 상) 259	相 (서로 상) 154
	霜 (서리 상) 155	想 (생각 상) 155	傷 (다칠 상) 52	喪 (잃을 상) 162		

색	色 (빛 색) 147				
생	生 (날 생) 106				
서	西 (서녘 서) 89	序 (차례 서) 282	書 (글 서) 188	暑 (더울 서) 221	庶 (여러 서) 264
석	夕 (저녁 석) 53	石 (돌 석) 67	昔 (예 석) 61	惜 (아낄 석) 61	席 (자리 석) 265
선	先 (먼저 선) 205	線 (줄 선) 60	善 (착할 선) 82	選 (가릴 선) 209	鮮 (고울 선) 93
	船 (배 선) 272	仙 (신선 선) 64			
설	舌 (혀 설) 168	雪 (눈 설) 54	說 (말씀 설) 143	設 (베풀 설) 198	
성	姓 (성씨 성) 106	性 (성품 성) 106	成 (이룰 성) 294	城 (성 성) 294	誠 (정성 성) 295	盛 (성할 성) 295
	省 (살필 성) 68	星 (별 성) 107	聖 (성스러울 성) 151	聲 (소리 성) 198		
세	世 (인간 세) 312	洗 (씻을 세) 205	稅 (세금 세) 143	細 (가늘 세) 137	勢 (형세 세) 149	歲 (해 세) 296
소	小 (작을 소) 68	少 (적을 소) 68	所 (바 소) 258	消 (사라질 소) 58	素 (본디 소) 279
	笑 (웃을 소) 102	召 (부를 소) 222			
속	俗 (풍속 속) 72	速 (빠를 속) 101	續 (이을 속) 245	束 (묶을 속) 101	
손	孫 (손자 손) 280				

송	送 (보낼 송) 273	松 (소나무 송) 213					신	申 (아뢸 신) 56	辰 (날 신) 95	囟 (정수리 신) 136		
수	水 (물 수) 57	手 (손 수) 176	受 (받을 수) 185	授 (줄 수) 185	守 (지킬 수) 182	收 (거둘 수) 196	실	失 (잃을 실) 177	室 (집 실) 303	實 (열매 실) 247		
	數 (셈 수) 196	首 (머리 수) 172	誰 (누구 수) 91	須 (모름지기 수) 175	雖 (비록 수) 90	愁 (근심 수) 105	심	心 (마음 심) 128	深 (깊을 심) 266	甚 (심할 심) 287	架 (깊을심) 266	
	樹 (나무 수) 99	壽 (장수할 수) 142	修 (닦을 수) 175	秀 (빼어날 수) 104	殳 (몽둥이 수) 197		십	十 (열 십) 311				
숙	叔 (아저씨 숙) 179	淑 (맑을 숙) 179	宿 (잘 숙) 262				씨	氏 (성씨 씨) 123				
순	順 (순할 순) 59	純 (순수할 순) 279					아	兒 (아이 아) 135	我 (나 아) 293	亞 (버금 아) 130		
술	戌 (개 술) 295						악	惡 (악할 악) 130				
숭	崇 (높을 숭) 228						안	安 (편안 안) 139	案 (책상 안) 139	顔 (낯 안) 173	眼 (눈 안) 160	
습	習 (익힐 습) 87	拾 (주울 습) 212					암	暗 (어두울 암) 171	巖 (바위 암=岩) 82			
승	勝 (이길 승) 273	乘 (탈 승) 99	承 (이을 승) 192				앙	仰 (우러를 앙) 147	央 (가운데 앙) 130	卬 (나 앙) 146		
시	市 (저자 시) 278	示 (보일 시) 227	是 (옳을 시) 203	時 (때 시) 183	詩 (시 시) 183	視 (볼 시) 155	애	愛 (사랑 애) 129	哀 (슬플 애) 275			
	始 (비로소 시) 144	施 (베풀 시) 305	試 (시험 시) 299	矢 (화살 시) 302	豕 (돼지 시) 80		야	夜 (밤 야) 54	野 (들 야) 283	也 (어조사 야) 140		
식	食 (먹을 식) 213	植 (심을 식) 158	識 (알 식) 298	式 (법 식) 299			약	約 (맺을 약) 223	藥 (약 약) 252	弱 (약할 약) 301	若 (같을 약) 181	
신	身 (몸 신) 128	神 (귀신 신) 56	臣 (신하 신) 156	信 (믿을 신) 167	新 (새 신) 288	辛 (매울 신) 288	양	羊 (양 양) 82	洋 (큰바다 양) 83	養 (기를 양) 83	陽 (볕 양) 52	讓 (사양할 양) 287	揚 (날릴 양) 52

장	長	場	將	章	壯	爿
	(길 장)	(마당 장)	(장수 장)	(글 장)	(장할 장)	(조각 장)
	142	52	111	289	111	111

재	材	才	財	在	栽	再
	(재목 재)	(재주 재)	(재물 재)	(있을 재)	(심을 재)	(두번 재)
	108	108	108	109	297	94
	哉	戈				
	(어조사 재)	(벨 재)				
	297	297				

쟁	爭
	(다툴 쟁)
	186

저	貯	低	著
	(쌓을 저)	(낮을 저)	(지을 저)
	249	123	222

적	的	赤	適	敵	啇
	(과녁 적)	(붉을 적)	(맞을 적)	(대적할 적)	(밑동 적)
	223	152	113	113	112

전	田	全	前	展	電	傳
	(밭 전)	(온전할 전)	(앞 전)	(펼 전)	(번개 전)	(전할 전)
	65	124	272	275	55	283
	典	戰	錢	專		
	(법 전)	(싸움 전)	(돈 전)	(오로지 전)		
	242	307	298	283		

절	節	絶	卩=巳
	(마디 절)	(끊을 절)	(병부 절)
	215	148	145

점	店
	(가게 점)
	229

접	接
	(이을 접)
	289

정	丁	停	頂	井	正	政
	(장정 정)	(머무를 정)	(정수리 정)	(우물 정)	(바를 정)	(다스릴 정)
	248	258	249	240	202	202
	定	貞	情	精	庭	靜
	(정할 정)	(곧을 정)	(뜻 정)	(정할 정)	(뜰 정)	(고요할 정)
	202	217	241	242	151	187
	淨	廷	亭	呈		
	(깨끗할 정)	(조정 정)	(정자 정)	(드릴 정)		
	186	151	258	151		

제	弟	題	除	第	祭	帝
	(아우 제)	(제목 제)	(덜 제)	(차례 제)	(제사 제)	(임금 제)
	112	203	266	112	227	150
	諸	製				
	(모두 제)	(지을 제)				
	221	276				

조	早	造	鳥	調	朝	助
	(일찍 조)	(지을 조)	(새 조)	(고를 조)	(아침 조)	(도울 조)
	50	79	88	168	50	232
	祖	兆	爪			
	(할아버지 조)	(징조 조)	(손톱 조)			
	232	229	184			

족	足	族
	(발 족)	(겨레 족)
	200	304

존	存	尊
	(있을 존)	(높을 존)
	108	219

졸	卒
	(군사 졸)
	275

종	種	從	宗	終	鐘
	(씨 종)	(따를 종)	(마루 종)	(마칠 종)	(쇠북 종)
	277	270	228	59	290

좌	左	坐
	(왼 좌)	(앉을 좌)
	181	116

죄	罪
	(허물 죄)
	88

주	主	注	住	晝	酒	宙
	(주인 주)	(물댈 주)	(살 주)	(낮 주)	(술 주)	(집 주)
	63	64	63	188	218	220
	朱	走	舟			
	(붉을 주)	(달릴 주)	(배 주)			
	98	205	272			

죽	竹
	(대 죽)
	102

중	中	衆	重
	(가운데 중)	(무리 중)	(무거울 중)
	69	211	276

즉	即 (곧 즉) 214				
증	曾 (일찍 증) 214	增 (더할 증) 214	證 (증거 증) 231		
지	只 (다만 지) 161	支 (지탱할 지) 197	枝 (가지 지) 197	止 (그칠 지) 201	知 (알 지) 302	地 (땅 지) 140
	指 (가리킬 지) 216	志 (뜻 지) 205	至 (이를 지) 303	紙 (종이 지) 123	持 (가질 지) 183
	之 (갈 지) 201	旨 (맛 지) 215			
직	直 (곧을 직) 158	識 (알 직) 297			
진	眞 (참 진) 216	進 (나아갈 진) 90	辰 (별 진) 95	盡 (다할 진) 189	
질	質 (바탕 질) 236				
짐	朕 (나 짐) 273				
집	集 (모일 집) 91	執 (잡을 집) 290			
차	此 (이것 차) 201	次 (버금 차) 165	借 (빌릴 차) 61	且 (또 차) 231	
착	着 (붙을 착) 222	辶 (쉬엄쉬엄갈 착) 208			
찰	察 (살필 찰) 228				
참	參 (참여할 참) 175				

창	昌 (창성할 창) 50	唱 (부를 창) 50	窓 (창 창) 262		
채	菜 (나물 채) 186	採 (캘 채) 186	采 (캘 채) 185		
책	責 (꾸짖을 책) 94	册 (책 책) 242			
처	處 (곳 처) 86	妻 (아내 처) 138			
척	尺 (자 척) 200				
천	千 (일천 천) 312	天 (하늘 천) 117	川 (내 천) 59	泉 (샘 천) 60	淺 (얕을 천) 298	舛 (어그러질 천) 206
철	鐵 (쇠 철) 250				
첩	妾 (첩 첩) 289				
청	靑 (푸를 청) 240	淸 (맑을 청) 241	聽 (들을 청) 158	晴 (갤 청) 241	請 (청할 청) 241
체	體 (몸 체) 230				
초	初 (처음 초) 233	草 (풀 초) 109	招 (부를 초) 222	艸 (풀 초) 109	
촉	蜀 (벌레 촉) 96				
촌	村 (마을 촌) 182	寸 (마디 촌) 182			
최	最 (가장 최) 154				

추	秋 (가을 추) 104	追 (쫓을 추) 70	推 (밀 추) 90	酋 (우두머리 추) 218	帚 (빗자루 추) 244	隹 (새 추) 89
축	祝 (빌 축) 135	丑 (소 축) 178				
춘	春 (봄 춘) 49					
출	出 (날 출) 203					
충	充 (채울 충) 134	忠 (충성 충) 69	蟲 (벌레 충) 95			
취	取 (취할 취) 153	就 (나아갈 취) 199	吹 (불 취) 165			
치	治 (다스릴 치) 144	致 (이를 치) 303	齒 (이 치) 161			
칙	則 (법칙 칙) 217					
친	親 (친할 친) 289					
칠	七 (일곱 칠) 311					
침	針 (바늘 침) 250					
쾌	快 (상쾌할 쾌) 131	夬 (터질 쾌) 131				
타	打 (칠 타) 248	他 (다를 타) 141				
탈	脫 (벗을 탈) 143					
탐	探 (찾을 탐) 267				
---	---	---	---	---	---
태	太 (클 태) 116	泰 (클 태) 193	兌 (기쁠 태) 142	台 (별 태) 143	
택	宅 (집 택) 261				
토	土 (흙 토) 66				
통	通 (통할 통) 248	統 (거느릴 통) 134			
퇴	退 (물러날 퇴) 160				
투	投 (던질 투) 198				
특	特 (특별할 특) 184				
파	波 (물결 파) 78	破 (깨뜨릴 파) 78			
판	判 (판단할 판) 79				
팔	八 (여덟 팔) 311				
패	敗 (패할 패) 217	貝 (조개 패) 94			
편	篇 (책 편) 243	便 (편할 편) 191	片 (조각 편) 112	扁 (납작할 편) 243	
평	平 (평평할 평) 250				

중학교 한자 900 찾아보기   325

혼	混 (섞을 혼) 119	婚 (혼인할 혼) 123			
홍	紅 (붉을 홍) 238				
화	火 (불 화) 61	化 (될 화) 118	花 (꽃 화) 118	和 (화할 화) 103	話 (말씀 화) 168	畵 (그림 화) 188
	華 (빛날 화) 110	貨 (재물 화) 118	禾 (벼 화) 102		
환	歡 (기뻐할 환) 92	患 (근심 환) 70			
활	活 (살 활) 168				
황	黃 (누를 황) 149	皇 (임금 황) 150			
회	回 (돌 회) 58	會 (모일 회) 214			
효	孝 (효도 효) 141	效 (효험 효) 127			
후	後 (뒤 후) 281	厚 (두터울 후) 71			
훈	訓 (가르칠 훈) 59				
휴	休 (쉴 휴) 98				
흉	凶 (흉할 흉) 65	胸 (가슴 흉) 65			
흑	黑 (검을 흑) 149				

흠	欠 (하품 흠) 165	
흥	興 (일어날 흥) 194	
희	喜 (기쁠 희) 252	希 (바랄 희) 278

한국어문회 8~4급 배정한자

■ 한국어문회에서 주관하는 한자능력검정시험 8~4급 배정한자 1000자를 급수별로 분류해 실었습니다.

8급

校 학교 교
敎 가르칠 교
九 아홉 구
國 나라 국
軍 군사 군
金 쇠 금
南 남녘 남
女 계집 녀
年 해 년
大 큰 대
東 동녘 동
六 여섯 륙
萬 일만 만
母 어미 모
木 나무 목
門 문 문
民 백성 민
白 흰 백
父 아비 부

北 북녘 북
四 넉 사
山 메 산
三 석 삼
生 날 생
西 서녘 서
先 먼저 선
小 작을 소
水 물 수
室 방 실
十 열 십
五 다섯 오
王 임금 왕
外 바깥 외
月 달 월
二 두 이
人 사람 인
一 한 일
日 날 일
長 길 장
弟 아우 제

中 가운데 중
靑 푸를 청
寸 마디 촌
七 일곱 칠
土 흙 토
八 여덟 팔
學 배울 학
韓 나라 한
兄 형 형
火 불 화

7급

家 집 가
歌 노래 가
間 사이 간
江 강 강
車 수레 거
工 장인 공
空 빌 공
口 입 구

旗 기 기
記 기록할 기
氣 기운 기
男 사내 남
內 안 내
農 농사 농
答 대답할 답
道 길 도
冬 겨울 동
動 움직일 동
同 같을 동
洞 마을 동
登 오를 등
來 올 래
力 힘 력
老 늙을 로
里 마을 리
林 수풀 림
立 설 립
每 매양 매
面 낯 면

名 이름 명	語 말씀 어	天 하늘 천	開 열 개
命 목숨 명	然 그럴 연	川 내 천	京 서울 경
問 물을 문	午 낮 오	草 풀 초	界 경계 계
文 글월 문	右 오른쪽 우	村 마을 촌	計 셀 계
物 물건 물	有 있을 유	秋 가을 추	古 예 고
方 모 방	育 기를 육	春 봄 춘	苦 쓸 고
百 일백 백	邑 고을 읍	出 날 출	高 높을 고
夫 사내 부	入 들 입	便 편할 편	共 함께 공
不 아닐 불	子 아들 자	平 평평할 평	公 공평할 공
事 일 사	字 글자 자	下 아래 하	功 공 공
算 셈 산	自 스스로 자	夏 여름 하	果 열매 과
上 윗 상	場 마당 장	漢 한나라 한	科 과목 과
色 빛 색	全 온전할 전	海 바다 해	光 빛 광
夕 저녁 석	前 앞 전	花 꽃 화	交 사귈 교
姓 성 성	電 번개 전	話 말씀 화	區 구분할 구
世 세대 세	正 바를 정	活 살 활	球 공 구
少 적을 소	祖 할아비 조	孝 효도 효	郡 고을 군
所 바 소	足 발 족	後 뒤 후	近 가까울 근
手 손 수	左 왼쪽 좌	休 쉴 휴	根 뿌리 근
數 셈 수	主 주인 주		今 이제 금
時 때 시	住 살 주	**6급**(준6급포함)	級 등급 급
市 시장 시	重 무거울 중		急 급할 급
植 심을 식	地 땅 지	各 각각 각	多 많을 다
食 밥 식	紙 종이 지	角 뿔 각	短 짧을 단
心 마음 심	直 곧을 직	感 느낄 감	堂 집 당
安 편안할 안	千 일천 천	强 강할 강	代 대신할 대

對 대할 대	放 놓을 방	式 법 식	音 소리 음
待 기다릴 대	番 차례 번	神 귀신 신	飲 마실 음
圖 그림 도	別 나눌 별	信 믿을 신	衣 옷 의
度 법도 도	病 병 병	新 새 신	意 뜻 의
讀 읽을 독	服 옷 복	身 몸 신	醫 의원 의
童 아이 동	本 근본 본	失 잃을 실	者 놈 자
頭 머리 두	部 나눌 부	愛 사랑 애	作 지을 작
等 무리 등	分 나눌 분	夜 밤 야	昨 어제 작
樂 즐길 락	使 하여금 사	野 들 야	章 글 장
例 법식 례	社 모일 사	弱 약할 약	在 있을 재
禮 예도 례	死 죽을 사	藥 약 약	才 재주 재
路 길 로	書 글 서	陽 볕 양	戰 싸움 전
綠 푸를 록	席 자리 석	洋 큰 바다 양	定 정할 정
利 이로울 리	石 돌 석	言 말씀 언	庭 뜰 정
李 오얏 리	線 줄 선	業 일 업	題 문제 제
理 다스릴 리	雪 눈 설	永 길 영	第 차례 제
明 밝을 명	成 이룰 성	英 꽃부리 영	朝 아침 조
目 눈 목	省 살필 성	溫 따뜻할 온	族 겨레 족
聞 들을 문	消 사라질 소	勇 날랠 용	注 부을 주
米 쌀 미	速 빠를 속	用 쓸 용	晝 낮 주
美 아름다울 미	孫 손자 손	運 옮길 운	集 모일 집
朴 성 박	樹 나무 수	園 동산 원	窓 창 창
半 반 반	術 재주 술	遠 멀 원	淸 맑을 청
反 돌이킬 반	習 익힐 습	由 말미암을 유	體 몸 체
班 나눌 반	勝 이길 승	油 기름 유	親 어버이 친
發 쏠 발	始 비로소 시	銀 은 은	太 클 태

通 통할 통	件 물건 건	規 법 규	練 익힐 련
特 특별할 특	建 세울 건	給 줄 급	令 명령할 령
表 겉 표	健 건강할 건	基 터 기	領 거느릴 령
風 바람 풍	格 격식 격	期 때 기	勞 일할 로
合 합할 합	見 볼 견	技 재주 기	料 헤아릴 료
幸 다행 행	決 정할 결	己 몸 기	流 흐를 류
行 다닐 행	結 맺을 결	汽 김 기	類 무리 류
向 향할 향	景 경치 경	吉 길할 길	陸 뭍 륙
現 나타날 현	敬 공경 경	念 생각 념	馬 말 마
形 모양 형	輕 가벼울 경	能 능할 능	末 끝 말
號 부르짖을 호	競 다툴 경	團 모을 단	亡 망할 망
和 화할 화	固 굳을 고	壇 단 단	望 바랄 망
畫 그림 화	告 고할 고	談 말씀 담	買 살 매
黃 누를 황	考 생각할 고	當 마땅 당	賣 팔 매
會 모일 회	曲 굽을 곡	德 덕 덕	無 없을 무
訓 가르칠 훈	課 부과할 과	到 이를 도	倍 곱 배
	過 지날 과	島 섬 도	法 법 법
5급	觀 볼 관	都 도읍 도	變 변할 변
	關 빗장 관	獨 홀로 독	兵 군사 병
加 더할 가	廣 넓을 광	落 떨어질 락	福 복 복
價 값 가	橋 다리 교	朗 밝을 랑	奉 받들 봉
可 옳을 가	具 갖출 구	冷 찰 랭	比 나란할 비
改 고칠 개	救 구원할 구	量 헤아릴 량	費 쓸 비
客 손 객	舊 예 구	良 어질 량	鼻 코 비
去 갈 거	局 판 국	旅 나그네 려	氷 얼음 빙
舉 들 거	貴 귀할 귀	歷 지낼 력	士 선비 사

仕 섬길 사	實 열매 실	偉 클 위	罪 허물 죄
史 역사 사	兒 아이 아	以 써 이	週 주일 주
寫 베낄 사	惡 악할 악	耳 귀 이	州 고을 주
思 생각 사	案 책상 안	因 의지할 인	止 그칠 지
査 조사할 사	約 맺을 약	任 맡길 임	知 알 지
産 낳을 산	養 기를 양	再 두 재	質 바탕 질
賞 상줄 상	魚 물고기 어	材 재목 재	着 붙을 착
商 장사 상	漁 고기잡을 어	財 재물 재	參 참여할 참
相 서로 상	億 억 억	災 재앙 재	唱 부를 창
序 차례 서	熱 더울 열	爭 다툴 쟁	責 꾸짖을 책
仙 신선 선	葉 잎 엽	貯 쌓을 저	鐵 쇠 철
善 착할 선	屋 집 옥	的 과녁 적	初 처음 초
選 가릴 선	完 완전할 완	赤 붉을 적	最 가장 최
船 배 선	曜 빛날 요	傳 전할 전	祝 빌 축
鮮 고울 선	要 중요할 요	典 법 전	充 가득할 충
說 말씀 설	浴 목욕할 욕	展 펼 전	致 이룰 치
性 성품 성	友 벗 우	切 끊을 절	則 법칙 칙
洗 씻을 세	牛 소 우	節 마디 절	他 다를 타
歲 해 세	雨 비 우	店 가게 점	打 칠 타
束 묶을 속	雲 구름 운	停 머무를 정	卓 높을 탁
首 머리 수	雄 수컷 웅	情 뜻 정	炭 숯 탄
宿 잘 숙	元 으뜸 원	調 고를 조	宅 집 택
順 순할 순	院 집 원	操 잡을 조	板 널 판
示 보일 시	原 근원 원	卒 군사 졸	敗 패할 패
識 알 식	願 원할 원	種 씨 종	品 물건 품
臣 신하 신	位 자리 위	終 마칠 종	必 반드시 필

筆 붓 필	經 글 경	隊 무리 대	密 빽빽할 밀
河 강 하	慶 경사 경	導 인도할 도	博 넓을 박
寒 찰 한	係 맬 계	毒 독할 독	防 막을 방
害 해할 해	故 연고 고	督 감독할 독	訪 찾을 방
許 허락할 허	官 벼슬 관	銅 구리 동	房 방 방
湖 호수 호	究 연구할 구	斗 말 두	拜 절 배
化 변화할 화	句 글귀 구	豆 콩 두	背 등 배
患 근심 환	求 구할 구	得 얻을 득	配 나눌 배
效 본받을 효	宮 궁궐 궁	燈 등 등	伐 칠 벌
凶 흉할 흉	權 권세 권	羅 벌일 라	罰 벌할 벌
黑 검을 흑	極 끝 극	兩 두 량	壁 벽 벽
	禁 금할 금	麗 고울 려	邊 가 변
준4급	器 그릇 기	連 이을 련	保 지킬 보
	起 일어날 기	列 벌일 렬	報 알릴 보
街 거리 가	暖 따뜻할 난	錄 기록할 록	寶 보배 보
假 거짓 가	難 어려울 난	論 논할 론	步 걸음 보
減 덜 감	努 힘쓸 노	留 머무를 류	復 다시 부
監 살필 감	怒 성낼 노	律 법칙 률	府 관청 부
康 편안할 강	單 홑 단	滿 찰 만	副 버금 부
講 강론할 강	檀 박달나무 단	脈 혈관 맥	富 부자 부
個 낱 개	端 끝 단	毛 털 모	婦 아내 부
檢 검사할 검	斷 끊을 단	牧 기를 목	佛 부처 불
缺 이지러질 결	達 이를 달	務 힘쓸 무	備 갖출 비
潔 깨끗할 결	擔 멜 담	武 군사 무	非 아닐 비
警 깨우칠 경	黨 무리 당	未 아닐 미	悲 슬플 비
境 지경 경	帶 띠 대	味 맛 미	飛 날 비

貧	가난할 빈	修	닦을 수	榮	영화 영	田	밭 전
寺	절 사	守	지킬 수	藝	재주 예	絕	끊을 절
謝	사례할 사	受	받을 수	誤	그르칠 오	接	대접할 접
師	스승 사	授	줄 수	玉	구슬 옥	程	한도 정
舍	집 사	收	거둘 수	往	갈 왕	政	정사 정
殺	죽일 살	純	순수할 순	謠	노래 요	精	깨끗할 정
常	항상 상	承	이을 승	容	얼굴 용	制	절제할 제
床	평상 상	施	베풀 시	員	관원 원	製	지을 제
想	생각 상	是	옳을 시	圓	둥글 원	濟	건널 제
狀	형상 상	視	살필 시	衛	지킬 위	提	드러낼 제
設	베풀 설	試	시험 시	爲	할 위	祭	제사 제
誠	정성 성	詩	시 시	肉	고기 육	際	사귈 제
城	성 성	息	쉴 식	恩	은혜 은	除	덜 제
盛	성할 성	申	펼 신	陰	그늘 음	助	도울 조
星	별 성	深	깊을 심	應	응할 응	早	이를 조
聖	성인 성	眼	눈 안	義	옳을 의	造	지을 조
聲	소리 성	暗	어두울 암	議	의논할 의	鳥	새 조
勢	형세 세	壓	누를 압	移	옮길 이	尊	높을 존
稅	세금 세	液	즙 액	益	더할 익	宗	사당 종
細	가늘 세	羊	양 양	認	알 인	走	달릴 주
掃	쓸 소	餘	남을 여	印	도장 인	竹	대 죽
笑	웃음 소	如	같을 여	引	끌 인	準	평평할 준
素	흴 소	逆	거스를 역	將	장수 장	衆	무리 중
俗	풍속 속	研	갈 연	障	막을 장	增	더할 증
續	이을 속	演	펼 연	低	낮을 저	指	가리킬 지
送	보낼 송	煙	연기 연	敵	대적할 적	志	뜻 지

支 가를 지	波 물결 파	回 돌 회	堅 굳을 견
至 이를 지	破 깨뜨릴 파	吸 마실 흡	犬 개 견
職 직분 직	包 쌀 포	興 일 흥	傾 기울 경
進 나아갈 진	砲 대포 포	希 바랄 희	鏡 거울 경
眞 참 진	布 펼 포		驚 놀랄 경
次 다음 차	暴 사나울 폭	**4급**	季 계절 계
察 살필 찰	票 표 표		鷄 닭 계
創 시작할 창	豊 풍성할 풍	暇 겨를 가	階 계단 계
處 곳 처	限 한정 한	刻 새길 각	戒 경계할 계
請 청할 청	航 건널 항	覺 깨달을 각	系 이어맬 계
總 다 총	港 항구 항	干 방패 간	繼 이을 계
銃 총 총	解 풀 해	看 볼 간	孤 외로울 고
蓄 모을 축	鄕 시골 향	簡 간략할 간	庫 곳집 고
築 쌓을 축	香 향기 향	甘 달 감	穀 곡식 곡
忠 충성 충	虛 빌 허	敢 용감할 감	困 곤란할 곤
蟲 벌레 충	驗 시험 험	甲 갑옷 갑	骨 뼈 골
取 가질 취	賢 어질 현	降 내릴 강	攻 칠 공
測 헤아릴 측	血 피 혈	更 다시 갱	孔 구멍 공
置 둘 치	協 도울 협	居 살 거	管 관리할 관
治 다스릴 치	惠 은혜 혜	巨 클 거	鑛 쇳돌 광
齒 이 치	呼 부를 호	拒 막을 거	構 얽을 구
侵 침노할 침	好 좋을 호	據 의지할 거	君 임금 군
快 시원할 쾌	戶 집 호	傑 뛰어날 걸	群 무리 군
態 모습 태	護 보호할 호	儉 검소할 검	屈 굽힐 굴
統 합칠 통	貨 재물 화	激 심할 격	窮 궁할 궁
退 물러날 퇴	確 확실할 확	擊 칠 격	券 문서 권

卷 책 권	離 떠날 리	絲 실 사	映 비칠 영
勸 권할 권	妹 여동생 매	辭 말씀 사	營 경영할 영
歸 돌아갈 귀	勉 힘쓸 면	散 흩을 산	迎 맞을 영
均 고를 균	鳴 울 명	傷 상할 상	豫 미리 예
劇 심할 극	模 본뜰 모	象 코끼리 상	遇 만날 우
勤 부지런할 근	墓 무덤 묘	宣 베풀 선	優 넉넉할 우
筋 힘줄 근	妙 묘할 묘	舌 혀 설	郵 우편 우
奇 기특할 기	舞 춤출 무	屬 붙을 속	源 근원 원
寄 붙어살 기	拍 손뼉칠 박	損 덜 손	援 도울 원
紀 벼리 기	髮 터럭 발	松 소나무 송	怨 원망할 원
機 베틀 기	妨 방해할 방	頌 칭송할 송	圍 에워쌀 위
納 바칠 납	犯 범할 범	秀 빼어날 수	危 위태할 위
段 층계 단	範 본보기 범	叔 아재비 숙	委 맡길 위
徒 무리 도	辯 말잘할 변	肅 엄숙할 숙	威 위엄 위
逃 도망 도	普 넓을 보	崇 높을 숭	慰 위로할 위
盜 도둑 도	伏 엎드릴 복	氏 뿌리 씨	乳 젖 유
亂 어지러울 란	複 겹칠 복	額 이마 액	儒 선비 유
卵 알 란	否 아닐 부	樣 모양 양	遊 놀 유
覽 볼 람	負 질 부	嚴 엄할 엄	遺 남길 유
略 간략할 략	粉 가루 분	與 더불 여	隱 숨을 은
糧 양식 량	憤 성낼 분	域 지경 역	依 의지할 의
慮 염려할 려	碑 비석 비	易 바꿀 역	儀 거동 의
烈 세찰 렬	批 비평할 비	延 끌 연	疑 의심할 의
龍 용 룡	秘 숨길 비	鉛 납 연	異 다를 이
柳 버들 류	射 쏠 사	燃 탈 연	仁 어질 인
輪 바퀴 륜	私 사사 사	緣 인연 연	姿 모양 자

資 재물 자	組 짤 조	推 밀 추	避 피할 피
姉 손윗누이 자	潮 조수 조	縮 줄일 축	恨 한 한
殘 잔인할 잔	條 가지 조	趣 재미 취	閑 한가할 한
雜 섞일 잡	存 있을 존	就 나아갈 취	抗 겨룰 항
腸 창자 장	從 좇을 종	層 층 층	核 씨 핵
壯 씩씩할 장	鐘 쇠북 종	寢 잘 침	憲 법 헌
裝 꾸밀 장	座 자리 좌	針 바늘 침	險 험할 험
奬 장려할 장	周 두루 주	稱 칭찬할 칭	革 가죽 혁
帳 장막 장	朱 붉을 주	彈 튕길 탄	顯 나타날 현
張 베풀 장	酒 술 주	歎 탄식할 탄	刑 형벌 형
底 밑 저	證 증거 증	脫 벗을 탈	或 혹 혹
適 갈 적	持 가질 지	探 찾을 탐	婚 혼인할 혼
積 쌓을 적	誌 기록할 지	擇 가릴 택	混 섞일 혼
績 길쌈 적	智 지혜 지	討 칠 토	紅 붉을 홍
籍 문서 적	織 짤 직	痛 아플 통	華 빛날 화
賊 도둑 적	陣 진칠 진	投 던질 투	歡 기쁠 환
專 오로지 전	珍 보배 진	鬪 싸움 투	環 고리 환
轉 구를 전	盡 다할 진	派 갈래 파	況 상황 황
錢 돈 전	差 다를 차	判 판단할 판	灰 재 회
折 꺾을 절	讚 기릴 찬	篇 책 편	候 기후 후
占 점칠 점	採 캘 채	評 평할 평	厚 두터울 후
點 검사할 점	册 책 책	閉 닫을 폐	揮 지휘할 휘
丁 장정 정	泉 샘 천	胞 세포 포	喜 기쁠 희
整 가지런할 정	聽 들을 청	爆 터질 폭	
靜 고요할 정	廳 관청 청	標 표할 표	
帝 임금 제	招 부를 초	疲 피곤할 피	

참고문헌

- 裘錫圭 지음, 《국문자학》, 신아사, 2001.
- 손예철 지음, 《중국문자학》, 아카넷, 2003.
- 오시마 쇼지 지음·장원철 옮김, 《한자에 도전한 중국》, 산처럼, 2003.
- 康 殷, 《中國文字源流淺說》, 學海出版社, 1980.
- 桂 馥(撰), 《說文解字義證(上, 下)》, 中華書局, 1998.
- Rick Harbaugh 지음, 《中文字譜》, 翰蘆出版社, 1998.
- 王宏源, 《字裏乾坤》, 文津出版, 1998.
- 王 筠, 《說文釋例》, 中華書局, 1998.
- 謝光輝, 《常用漢字圖解》, 北京大學出版社, 1999.
- Li Leyi, 《漢字演變五百例》, 北京語言文化大學出版社, 2001.
- 吳國璋, 《新說文解字》, 三聯書店(香港)有限公司, 2001.
- 徐中舒, 《甲骨文字學》, 四川辭書出版社, 2003.
- 祝孝先 祝振媛 祝振東, 《漢字溯源》, 中華書籍, 2003.
- 許 愼, 《說文解字》, 中華書局, 2003.
- 王貴元, 《說文解字校箋》, 學林出版社, 2004.
- 佟大汶, 《圖解漢字》, 三秦出版社, 2004.
- 藤枝晃, 《漢字的文化史》, 新星出版社, 2005.
- 林西莉, 《漢字的故事》, 貓頭鷹書房, 2005.
- 林西莉, 《漢字王國》, 山東畫報出版社, 2005.
- 左民安 王盡忠, 《細說 漢字部首》, 九州出版社, 2005.
- 朱葆華, 《圖示漢字書體演變史》, 齊魯書社, 2005.
- 馮國超, 《圖說漢字王國》, 當代世界出版社, 2005.
- 韓鑒堂(編著), 《漢字文化圖說》, 北京語言大學出版社, 2005.
- 沈康年, 《古文字譜》, 雲南人民出版社, 2006.
- 熊國英, 《圖釋古漢字》, 齊魯書社, 2006.
- 陳 政, 《字源談趣》, 新華書店, 2006.
- 許 愼(撰), 段玉裁(注), 《說文解字注》, 上海古籍出版社, 2006.

한자 & 일본어 학습 & 교육 지침서

현직 선생님이 들려주는 **한자를 알면 세계가 좁다**
김미화 글·그림 | 올컬러 | 32,000원

중학교 900자 **漢번에 끝내字**
김미화 글·그림 | 올컬러 | 19,500원

고등학교 한자 900 **漢번에 끝내字**
김미화 글·그림 | 올컬러 | 22,000원

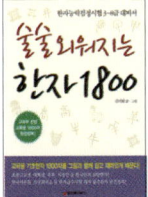  

술술 외워지는 한자 1800
김미화 글·그림 | 올컬러 | 22,000원

한자 부수 제대로 알면 공부가 쉽다
김종혁 지음 | 22,000원

중학 한자 부수로 끝내기
김종혁 지음 | 15,000원

술술한자 부수 200 박두수 지음 | 12,000원

인간 유전 상식사전 100
[한국간행물윤리위원회 청소년 권장도서]
사마키 에미코 외 지음 | 홍영남 감수 | 박주영 옮김 | 18,000원

인체의 신비
안도 유키오 감수 | 안창식 편역 | 15,000원

회화·문법·한자 한번에 끝내는
일본어 초급 핵심 마스터 강봉수 지음 | 18,000원

동화로 배우는 **일본어 필수한자 1006자**
이노우에 노리오 글·그림 | 강봉수 옮김 | 올컬러 | 12,900원

동화로 신나게 배우는 **일본어 新 상용한자 1130자로 N1 합격**
이노우에 노리오 지음 | 강봉수 옮김 | 13,000원

※ 무료 MP3 다운로드 : www.japub.co.kr

긍정 육아
아이가 성장하는 마법의 말
도로시 로 놀테·레이첼 해리스 지음
김선아 옮김 | 13,800원

전 세계 37개국 출간된 세계적 베스트셀러!

eBook 구매 가능

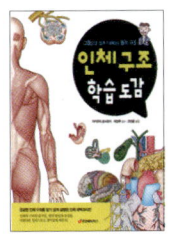

인체 구조 학습 도감
[다음 백과사전 선정도서]
주부의 벗사 지음 | 가카우치 요시유키·박선무 감수 | 고선윤 옮김
올컬러 | 22,000원

궁금한 인체 구조를 알기 쉽게 설명한 인체 대백과사전!

중앙에듀북스는 폭넓은 지식교양을 함양하고 미래를 선도한다는 신념 아래 설립된 교육·학습서 전문 출판사로서 우리나라와 세계를 이끌고 갈 청소년들에게 꿈과 희망을 주는 책을 발간하고 있습니다.

중학교 900자 漢번에 끝내字

초판 1쇄 발행 | 2009년 11월 23일
초판 10쇄 발행 | 2023년 1월 15일

지은이 | 김미화(MiHwa Kim)
펴낸이 | 최점옥(JeomOg Choi)
펴낸곳 | 중앙에듀북스(Joongang Edubooks Publishing Co.)

대　　표 | 김용주
편　　집 | 한옥수·백재운·용한솔
디자인 | 박근영
인터넷 | 김회승

출력 | 케이피알　종이 | 한솔PNS　인쇄·제본 | 영신사

잘못된 책은 구입한 서점에서 교환해드립니다.
가격은 표지 뒷면에 있습니다.

ISBN 978-89-961701-2-9(03700)
ISBN 978-89-961701-1-2(세트)

등록 | 2008년 10월 2일 제2-4993호
주소 | ㉾04590 서울시 중구 다산로20길 5(신당4동 340-128) 중앙빌딩
전화 | (02)2253-4463(代)　팩스 | (02)2253-7988
홈페이지 | www.japub.co.kr　블로그 | http://blog.naver.com/japub
네이버 스마트스토어 | https://smartstore.naver.com/jaub　이메일 | japub@naver.com
♣ 중앙에듀북스는 중앙경제평론사·중앙생활사와 자매회사입니다.

Copyright ⓒ 2009 by 김미화
이 책은 중앙에듀북스가 저작권자와의 계약에 따라 발행한 것이므로 본사의 서면 허락 없이는 어떠한 형태나 수단으로도 이 책의 내용을 이용하지 못합니다.

※ 이 도서의 국립중앙도서관 출판시도서목록(CIP)은 서지정보유통지원시스템 홈페이지(http://seoji.nl.go.kr)와 국가자료공동목록시스템(http://www.nl.go.kr/kolisnet)에서 이용하실 수 있습니다.(CIP제어번호: CIP2009003365)

중앙에듀북스/중앙경제평론사/중앙생활사에서는 여러분의 소중한 원고를 기다리고 있습니다. 원고 투고는 이메일을 이용해주세요. 최선을 다해 독자들에게 사랑받는 양서로 만들어드리겠습니다. 이메일 | japub@naver.com

그림으로 보는 부수 일람표

■ 총 214개 한자 부수의 명칭과 각각의 유래를 그림으로 표시함.

5획

尸 주검 시	弓 활 궁	斤 도끼 근	毛 털 모	玄 검을 현
屮 풀 철	彐 돼지머리 계	方 방향 방	氏 성씨 씨	玉(王) 구슬 옥 (구슬옥변)
山 메 산	彡 터럭 삼	无(旡) 없을 무	气 기운 기	瓜 오이 과
巛 개미허리 (내 천)	彳 천천히걸을 척 (= 두인변)	日 해 일	水(氵) 물 수 (삼수변, 물수발)	瓦 기와 와
工 장인 공		曰 가로 왈	火(灬) 불 화 (불화발)	甘 달 감
己 몸 기	### 4획 心(忄,㣺) 마음 심 (심방변, 마음심발)	月 달 월	爪(爫) 손톱 조 (손톱머리)	生 날 생
巾 수건 건	戈 창 과	木 나무 목	父 아버지 부	用 쓸 용
干 방패 간	戶 집 호	欠 하품 흠	爻 사귈 효	田 밭 전
幺 작을 요	手(扌) 손 수 (재방변)	止 그칠 지	爿 조각 장	足 발 소
广 집 엄 (= 엄호)	支 지탱할 지	歹 뼈앙상할 알 (= 죽을사변)	片 조각 편	疒 병들어기댈 녁
廴 길게걸을 인 (=민책받침)	攴(攵) 칠 복 (등글월문)	殳 몽둥이 수	牙 어금니 아	癶 등질 발 (= 필발머리)
廾 맞잡을 공	文 글월 문	毋 말라 무	牛 소 우	白 흰 백
弋 주살 익	斗 말 두	比 견줄 비	犬(犭) 개 견 (개사슴록변)	皮 가죽 피

皿 그릇 명	糸(糹) 실 사(실사변)	至 이를 지	襾(西) 덮을 아	身 몸 신
目(罒) 눈 목	缶 장군 부	臼 절구 구	**7획**	車 수레 거, 차
矛 창 모	网(罒) 그물 망(그물망머리)	舌 혀 설	見 볼 견	辛 매울 신
矢 화살 시	羊 양 양	舛 어그러질 천	角 뿔 각	辰 날 신, 별 진
石 돌 석	羽 깃 우	舟 배 주	言 말씀 언	辵(辶) 쉬엄쉬엄갈 착(책받침)
示(礻) 보일 시(보일시변)	老(耂) 늙을 로	艮 그칠 간	谷 골 곡	邑(阝) 고을 읍(우부방)
内 짐승발자국 유	而 말이을 이	色 빛 색	豆 콩 두	酉 닭 유
禾 벼 화	耒 쟁기 뢰	艸(艹) 풀 초(초두머리)	豕 돼지 시	釆 분별할 변
穴(宀) 구멍 혈(구멍혈머리)	耳 귀 이	虍 범 호	豸 벌레 치	里 마을 리
立 설 립	聿 붓 율	虫 벌레 충	貝 조개 패	**8획**
	肉(⺼) 고기 육(육달월변)	血 피 혈	赤 붉을 적	金 쇠 금
6획				
竹 대 죽	臣 신하 신	行 다닐 행	走 달릴 주	長(镸) 길 장
米 쌀 미	自 스스로 자	衣(衤) 옷 의(옷의변)	足(⻊) 발 족(발족변)	門 문 문

 阜阝 언덕 부(좌부변)
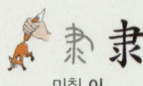 隶 미칠 이
 隹 새 추
 雨 비 우
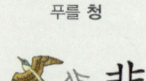 青 푸를 청
 非 아닐 비

 風 바람 풍
 飛 날 비
 食 먹을 식(먹을식변)
 首 머리 수
 香 향기 향

9획
 面 얼굴 면
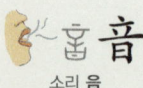 革 가죽 혁
 韋 가죽 위
 韭 부추 구
 音 소리 음
 頁 머리 혈

10획
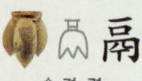 馬 말 마
骨 뼈 골
高 높을 고
髟 긴머리털 표
鬥 싸울 투
鬯 울창주 창
鬲 솥 격, 력

11획
 魚 물고기 어
 鳥 새 조
 鹵 소금 로
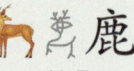 鹿 사슴 록
麥 보리 맥
麻 삼 마

12획
 黃 누를 황
黍 기장 서
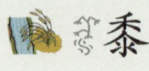 黑 검을 흑
 黹 바느질할 치

13획
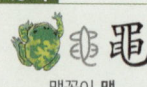 黽 맹꽁이 맹
鼎 솥 정
 鼓 북 고
 鼠 쥐 서

14획
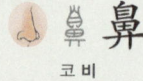 鼻 코 비
齊 가지런할 제

15획
齒 이 치

16획
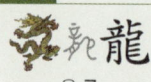 龍 용 룡
 龜 거북 귀

17획
龠 피리 약